Loudéac : Victoria quitte tout, vend tout et part faire le tour du monde en stop...

Notre correspondante à Loudéac, Victoria, nous aime bien. Mais elle nous plaque. Définitivement. Elle part faire le tour du monde en stop...

Ce n'est pas qu'on ne voulait pas la garder à Loudéac, nous, Victoria. Au contraire ! Son passage dans l'équipe
des correspondants du Courrier indépendant a beau avoir été court, elle nous a drôlement bien rendu service. Toujours partante pour des reportages avec son caractère enjoué, sa bonne humeur communicative…

Mais voilà :

> **Je pars, indéfiniment – je veux trouver ce qui me plaît vraiment dans la vie.**

Pour aller où ? Elle ne le sait pas vraiment. Combien de temps ? Elle n'en sait rien non plus. Elle sait juste comment : en auto-stop, à travers toute l'Europe. Peut-être aussi l'Asie. Et puis, avec le bateau-stop, plus loin encore. Pas en touriste – oh, ça non ! En voyageuse. Et la nuance n'est pas petite :

> **Un touriste voit ce qu'il est venu voir. Un voyageur voit ce qu'il se passe.**

Pas de limites. Pas de temps imparti. Pas d'objectif. Ou alors, « l'objectif, ce n'est pas la destination ; c'est la manière de voyager ».

Vide-maison chez elle ce week-end

Les samedi 15 et dimanche 16 juin 2019, elle organise un vide maison pour vendre tout ce qu'elle possède, au lieu-dit Le Rocher à Loudéac (qu'on se le dise).
Car désormais :

> Ma maison, je la porterai sur mon dos, comme un escargot !

Elle s'est acheté la meilleure tente sur le marché, question rapport qualité-poids. Et tout le matos de survie que conseille son livre de chevet depuis des mois : La bible du grand voyageur.
On est donc un peu tristes, mais on ne se fait pas trop de souci pour elle. A 25 ans, Victoria a déjà bien bourlingué en France et en Europe.

Les galères ? Elles nous rendront plus forts…

Et puis, elle ne part pas non plus toute seule. Il y a son compagnon Constantin, un Espagnol, kiné de profession, qui l'accompagne avec le même rêve qu'elle en tête. Ils pourront se soutenir, jour après jour, pour surmonter toutes les galères qui les attendent, étant donné leur mode pour le moins précaire de transport et d'hébergement.

Victoria n'en a cure : « Elles nous rendront plus forts. Ou plus riches ». À eux deux, ils ont réuni douze mille euros, histoire de voir venir. Mais ce n'est pas à ce genre de richesse qu'elle aspire.

> Ce sont les rencontres qui sont enrichissantes.

Ces deux âmes de grands voyageurs se sont rencontrées sur leur lieu de travail, au centre de rééducation de Plémet lorsque Victoria, jurassienne d'origine, y était venue pour un stage de BTS orthoprothésiste.

Elle est revenue y travailler plus tard, pendant quelques mois, en remplacement de son ancien maître de stage. Plutôt bien, comme boulot, mais tout de même :

> Au fur et à mesure de mes expériences professionnelles, de mes stages (j'en ai fait une dizaine…), je me suis rendue compte qu'il manquait toujours quelque chose, à chaque fois. Je n'étais pas totalement satisfaite. Je ne savais pas vraiment vers quoi m'orienter.

Victoria s'identifie peut-être un peu au héros du film Forest Gump (« j'adore ! ») quand elle déclare, d'une traite et le plus naturellement du monde :

> Se laisser emporter par le flux de la vie, ça peut être bien quand on y met tout son cœur ! Je pars trouver ce qui me plaît le plus dans la vie. J'ai besoin d'aller à la découverte du monde dans lequel je vis pour pouvoir cohabiter en harmonie avec lui.

C'est devenu un poncif, mais il faut bien en admettre la véracité : dans l'état où nous le laissons à nos enfants, il fait vraiment pitié, ce monde.

Alors Vic nous plaque. Sans complexes. Elle a soif d'infini et nous plaque nous, notre « campagne industrielle », nos « usines agroalimentaires », nos vies étriquées de pantouflards sédentaires, nos boulots à la c…

Et si sa quête doit prendre toute une vie, sa réponse éclate dans un grand « Oui ! » enthousiaste.

<u>Loudéac : Le Courrier Indépendant (actu.fr)</u>

4 juillet 2019

Ce matin Constantin et moi sommes partis de Luxembourg (la ville). Nous avons été pris en stop par une dizaine de personnes nous faisant avancer petit à petit. Chacun a son histoire, ses spécificités et sa personnalité. C'est vraiment cool de pouvoir rencontrer autant de gens variés. C'est très instructif quand on accepte de voir la diversité comme une source inépuisable de savoir.

Chaque point de vue est une nouvelle fenêtre sur le monde.

Nous sommes arrivés à Liège et nous avons trouvé un Couchsurfing (CS) de dernière minute. Nous sommes hébergés par un trentenaire qui a voyagé en Asie. Il m'a conseillé de tenir un "journal de bord". C'est cool de garder des souvenirs au fur et à mesure du voyage.

J'aime cette sensation d'évolution au fil de mes interactions avec des nouvelles personnes. J'apprends d'eux, même si le temps d'échange est court.

Une fois arrivés à Liège, nous avons bu de la bière et mangé des spécialités.

Je suis KO. C'est épuisant d'apprendre.
Bonne nuit.

ooooooooo

5 juillet 2019

Aujourd'hui on a traversé Bruxelles à pied. Mon sac est beaucoup trop lourd. Marcher sur plusieurs kilomètres me tue. Mon corps n'est pas préparé. Je vais me débarrasser des trucs inutiles. Mon appareil photo numérique fera partit du lot. 800 g c'est beaucoup quand on le porte sur le dos. C'est fou tout ce qui tient dans 65 l !

Je n'ai pas fait de véritable activité physique depuis mon Bac, il y a 7 ans. Mon corps a besoin de se réhabituer.

Ce soir, nous avons posé notre tente dans un champ. Pas trop loin de la route pour repartir au plus vite demain matin. On ne connaît pas toutes les formalités sur le camping sauvage. J'ai demandé à la maison d'à côté si ça ne dérangeait pas. Pour eux, non, mais là où l'on s'est posé, c'est un autre propriétaire. Autant être le plus discret et succinct possible.

Avec Constantin, on a envie d'arriver vite aux Pays-Bas.

Bonne nuit.

○○○○○○○○

7 juillet 2019

Nous sommes enfin arrivés à Rotterdam !
On a trouvé une auberge de jeunesse super sympa et pas trop chère en plein centre-ville.

Nous découvrons les différentes fonctionnalités de l'application CS. Nous sommes allés à un meeting ce soir. Il y avait trois locaux et quatre voyageurs. On a commencé par un repas local (viande en sauce) tous ensemble, pour continuer par une balade fumette entre voyageurs. C'était vraiment cool et super enrichissant !
En plus d'apprendre sur des cultures éloignées de mes habitudes, interagir avec des points de vue hétérogènes est une source de remise en question, d'évolution personnelle.
Je remercie chaque instant de ce voyage.
On rencontre des petites galères entre le stop et les hébergements, mais les partages et la beauté en valent la peine.
Bonne nuit.

ooooooooo

10 juillet 2019
Nous voulions rester un peu plus sur Rotterdam, mais l'auberge ferait un gros trou dans notre budget mensuel…
On a trouvé un CS en dehors du centre-ville. Il a 709 commentaires !
L'architecture de cette ville est très éclectique. Le centre fut ravagé pendant la seconde guerre mondiale. Depuis, les bâtiments construits sont tous uniques, certains sont exceptionnels. C'est

une des rares ville que j'ai visitée qui me crée de l'émerveillement. Il y a des œuvres d'art à chaque coin de rue. Un nain géant m'a fait beaucoup rire.

Arriver dans l'appartement, c'était comme débarquer dans un carrefour de voyageurs. Des carnets entiers remplis de mots de remerciements. Ici et là, des objets et des monnaies de plein de pays.
Le propriétaire, Hans, n'est pas là, c'est son coloc qui nous a accueillis. On aura peut-être l'occasion de le rencontrer pendant un autre séjour. En tout cas, je remercie l'existence de cet humain, ouvrant sa porte sans préjuger, voyant la différence comme une richesse.
Merci.
Bonne nuit.

ooooooo

11 juillet 2019
Ce soir, c'est camping sauvage à 15 km de Rotterdam.
Nous pensions faire plus de trajet, mais sortir de la ville s'est avéré plus compliqué que prévu…
Après une petite attente le pouce levé, un Syrien s'est arrêté. Nous avions de la peine à communiquer. On a compris qu'il voulait

d'abord passer chez son frère et, ensuite, nous déposer plus loin…

On est arrivé dans la périphérie opposée de notre point de départ, dans une petite maison où se retrouvaient 4 frères. On ne savait pas vraiment ce qu'on faisait là. On ne savait pas trop quoi dire ni quoi faire… Ils nous ont invité à leur table, nous offrant le repas, nous ont parlé de leur vie. Ils ont 54 frères et sœurs, rarement de même mère.

Ma surprise les a fait rire. Pour eux c'est normal.

Après le dîner, Sal nous a déposé à l'endroit de notre choix. Il faisait le trajet juste pour nous. Actuellement dans la tente, prête à dormir, je réalise que mon malaise venait du fait que je ne savais pas recevoir leur offre. Ces personnes nous ont offert un partage sympathique, un repas sans prise de tête, <u>sans attente</u>.

Ma sensation de redevabilité était puissante. Je ne pouvais rien leur offrir matériellement.

Mon sentiment est encore étrange. C'était un beau moment, sans condition, sans prix, avec beaucoup de valeur.

Toucher du bout du doigt une réalité si divergente de la mienne, réaliser l'existence des deux sur le même monde… Il ne tient qu'à moi de m'en sentir joyeuse ou anxieuse.

J'attends beaucoup de choses de ce voyage. Mais la vraie question est : qu'est-ce que j'attends de moi ?

∘∘∘∘∘∘∘

12 juillet 2019
Il pleut des cordes… On n'était pas très chaud de tout remballer au réveil. Du coup, on est resté toute la journée dans la tente à fumer.
Qu'est-ce que j'attends de la vie… ?
J'ai l'impression de toujours avoir été dans l'attente de quelque chose… La fin de l'école, la fin d'un contrat, le début d'un voyage, … Maintenant que je suis partie, je ne sais plus quoi attendre… Je m'agace pour des petites choses sans importance, avec plein d'excuses pour justifier ma colère.
Pourquoi je ressens de l'empressement ? Tout, tout de suite, sinon je pique une crise.
Le changement constant me met dans un état d'alerte proche de l'instinct de survie. Où dormir, où manger, où trouver de l'eau ? Les points d'eau potable publiques ne sont pas si nombreux…

Cet état demande beaucoup d'énergie et laisse peu de place au repos et à la détente.
Être curieux est un effort.
Cela fait 8 jours que nous sommes partis. C'est incroyable comme le temps est relatif ! Il se passe tellement de choses en permanence... J'ai l'impression de voyager depuis un mois ! Durant ces 8 jours j'ai découvert mon plaisir à donner de ma personne, mettre les gens à l'aise, ma panique instantanée quand je ne maîtrise pas la situation.
Je ne peux pas tout maîtriser. C'est impossible ! Je veux que tout se passe au mieux, selon mes critères. Mais ce ne sont pas forcément les meilleurs.
Avec le stop, le contrôle ne peut pas être au rendez-vous.
Ça m'aide à lâcher prise sur ce besoin de planification, en plus d'aller vers les autres. Rencontrer, découvrir, apprendre, surpasser les schémas profonds. Les déconstruire, pour ressentir joie et plénitude facilement.
Durant ce voyage, un seul mot d'ordre : profiter !
Bonne nuit.

ooooooo

13 juillet 2019
On a remballé très tôt et nous sommes arrivés à Utrecht après quelques heures de stop.
Un monsieur nous a déposé à un endroit peu pratique et nous a donné 20€. Avantages et inconvénients sont partout.
Nous avons trouvé un CS de dernière minute chez deux colocataires, dans une vieille maisonnette de centre ville.
On a décidé de rester quelques jours pour profiter de cette charmante petite ville. Il y a des canaux partout, Amsterdam n'est pas une exception.
Je suis contente de me poser un peu.
Bonne nuit.

ooooooooo

15 juillet 2019
Même si j'adore les rencontres improbables effectuées, le stop est un moyen de transport très aléatoire.
Mon plus gros défaut, c'est mon stress. Je veux que tout se passe bien, selon ce que je considère bien. Je veux contrôler les choses à cause de mes peurs.
Je constate avec les faits que mon stress est un symptôme de mes peurs. Mes projections, venant d'une temporalité inexistante, s'imposent à mon esprit dans l'action du

moment. **Quand je stresse, je réagis à ce qu'il y a dans ma tête, pas aux faits.**
Chaque instant présent est une preuve supplémentaire de l'inexactitude de mes projections.
J'ai peur car je ne sais pas, je ne maîtrise pas.
Mes seules certitudes sont le moment présent et les expériences passées. Les évènements sont fluides quand mes actions ont une intention bienveillante.
J'ai besoin de lâcher mes peurs, accepter que, dans le fond comme la forme, tout se passe à merveille. Je ne manque de rien.
NO STRESS, lâche prise.
Rien ne sert de stresser. Le calme sera la porte, respirer sera la clef.
Bonne nuit ma globe trotteuse.

ooooooo

19 juillet 2019
Après deux nuits à Haarlem, nous sommes arrivés à Deventer. Nous pouvons rester deux nuits chez un couple de CS très sympathiques. Lui est artiste peintre/tatoueur, elle travaille dans les maisons de retraite. Je suis reconnaissante.
Je me sens fatiguée de toujours me demander où l'on va pouvoir dormir…

Je comprends un peu mieux les personnes sans domicile fixe. Face aux difficultés de se loger, et à l'inconfort procuré, la précarité demande beaucoup d'énergie. Cela rend ardue l'implication dans quoi que ce soit et facilite les addictions.
Fumer a peu de chance de m'aider…
J'aimerais bien arrêter…
J'ai déjà changé tellement de choses dans ma vie…
La seule personne qui me bloque, c'est moi et mes peurs.
Bonne nuit jeune apprenti.

ooooooo

20 juillet 2019
Nous avons regardé "L'homme n'est pas unique", une série de 10 vidéos fait par Arte (rassemblées en une vidéo de 32 minutes). Chaque être vivant est unique. Chaque ensemble d'individus forme une société. En tant qu'être humain, nous sommes une espèce sociale, nous avons besoin de vivre ensemble. Nous avons également besoin de la nature, sous sa forme actuelle, pour vivre.
Je pense que notre espèce a besoin de se recentrer sur son statut d'être vivant parmi tant d'autres. Besoin de se reconnecter avec la

nature et l'art créatif. Abandonner la notion de profits et de possessions.
Qu'est-ce que l'on possède, à part la responsabilité de soi-même ?
Je ne peux pas avoir le contrôle sur tout, mais je peux m'en tenir à moi-même.
Je veux être en harmonie avec moi et la nature.
Je suis un colibri, j'avance petit à petit.
Merci la vie.
Bonne nuit.

ooooooo

21 juillet 2019
Nous sommes arrivés à Groningen. Nous avons trouvé une CSeuse de dernière minute, elle est espagnole et très indépendante.
Nous croisons des personnalités très variées, mais toutes ont un point commun : prendre plaisir à aider et partager.
Encore une fois, tout s'est passé fluidement.
Mes peurs sont restées infondées.
Tout problème peut être résolu d'une manière ou d'une autre.
Je suis libre de ne plus avoir peur.
Notre hôte nous a emmené dans un bar où il est autorisé de fumer. Nous étions 5 avec un couple d'Italiens. Nous avons beaucoup ri !
Constantin avait peur de la barrière des langues. Il a constaté que l'espagnol et l'italien

se ressemblent beaucoup. Ils se comprenaient dans leur langage respectif.
<u>Les mots ne font pas tout dans une interaction.</u>

Je crois savoir ce que je veux de moi : mettre les gens à l'aise.
J'ai envie que chaque personne se sente suffisamment détendue pour être elle-même, sans conditions, sans masque. Les rencontres authentiques sont si belles.
Pour cela, j'ai besoin d'être à l'aise avec moi-même.
Quelle que soit la pensée/l'émotion négative m'envahissant, si je bloque dessus je ne fais qu'empirer les choses.
Le présent est un flux constant !
Rien ne sert de bloquer sur une idée. Elle devient obsolète de manière proportionnelle aux flux d'interactions.
Dans la conversation j'ai oublié ce que je voulais dire. Plus je voulais retrouver mes mots, moins je les avait sur la langue. J'ai laissé tombé, et 10 minutes plus tard, au détour d'un sujet, j'ai retrouvé le mien.
Les moments où ça ne va plus, ce sont nos projections qui parlent. Quand on oublie de vivre le présent notre esprit part dans un instant inexistant.

Je remercie chaque personne rendant possible l'avancée et la sécurité de ce voyage.
Le premier pas, pour passer au-delà des peurs de l'inconnu, est le plus ardu.
Quand on cesse de créer des soucis pour ce qui n'est pas, on reçoit pleinement ce qui est.
Bonne nuit présentement.

ooooooooo

23 juillet 2019.
Partout j'observe la nature contrôlée par l'homme. Des zones tondues, des interdictions pour tout...
L'être humain s'autoproclame en haut de la chaîne alimentaire.
Il a oublié sa véritable place au sein de la biodiversité, gardant la loi du plus fort comme seule vérité.
Je pense qu'il est temps de se reconnecter à la Nature, celle qui nous a donné vie, vu évoluer.
Nous avons voulu nous émanciper de Terre Mère, et nous avons oublié. Oublié ce qui nous unit dans notre diversité : nos émotions !
Ni l'argent, ni les objets ne nous comblent.
C'est le partage, le fait d'être ensemble, donner et recevoir de l'amour.
Les réseaux sociaux fonctionnent car l'être humain s'épanouit avec de l'affection, de l'attention, du social, du « ensemble ».

```
        E
        M
        O
        T
        I
        O
RECONNECTION
        A
        T
        U
        R
        E
```

ooooooooo

24 juillet 2019

Ce matin nous avons raté le bus. Nous l'avons vu fermer ses portes et partir à 10 mètres de nous…

Ce n'est pas évident de relativiser quand on est fixé sur un objectif, sans voir les autres options s'offrant à nous. J'ai plus de mal à rester calme quand je suis fatiguée.

****

Finalement, après s'être posés dans un parc, on a trouvé d'autres façons d'avancer. Marcher, lever le pouce, s'ouvrir à l'inconnu.

Les conditions changent mais la finalité est la même.

Tant de solutions pour un seul problème. Les seuls existants sont dans ma tête. Les solutions peuvent être dans celle d'autrui, telle une nouvelle fenêtre sur le monde.
C'est en partie pour ça que j'aime rencontrer. Chaque apprentissage est précieux. Même si, sur le moment, son sens n'est pas flagrant, on comprendra quand on sera grand.
Bonne nuit petite enfant.

ooooooo

25 juillet 2019
Nous sommes arrivés en Allemagne.
Depuis le début du voyage je suis sidérée par les quantités de déchets par terre. Surtout le long des routes… Je me demande ce qu'il se passe dans la tête des gens quand ils lancent leurs ordures par leur fenêtre… ?
Nous vivons dans l'ère du plastique. Ça n'a pas l'air de choquer grand monde d'en voir partout…
Dès lors qu'un objet est produit c'est déjà un déchet.
L'une des personnes qui nous a pris en stop aujourd'hui travaille dans une déchetterie. Le tri sélectif et le recyclage sont une grande illusion. Entre ce qui est dit et ce qui est vraiment fait… Ça ne vaut pas le coup de trier

à ce niveau d'inutilité finale, tout est brûlé pareil.
Ce système de consommation court à sa perte.
Il n'y a aucun chemin viable pour la Vie si l'on continue dans ce sens !
Je ne comprends pas les personnes non impactées par cette réalité…
Ils ne la considèrent pas si ça ne les touche pas personnellement ? Si on ne le voit pas, pas la peine de se questionner ?
En tout cas, voir la nature dans cet état, ça me rend très triste… Surtout en pensant au sixième continent de déchets.
Bonne nuit malgrès tout.

ooooooooo

28 juillet 2019
Nous sommes arrivés à Flensburg aujourd'hui.
J'aime beaucoup voir la végétation évoluer au fil des kilomètres parcourus.
On a eu le temps de boire une bière face au port avant l'heure de notre rendez-vous CS.
Nous allons passer ces deux prochaines nuits dans une colocation féminine. Elles sont très adeptes de jeux de société. On a joué avec leurs amis pendant des heures.
Il y a une rue avec plein de chaussures suspendues à des fils. Nos hôtes nous ont expliqué que ce sont des étudiants qui fêtent

leur diplôme, ou des touristes souhaitant revenir.
Don't worry, take it easy.
Bonne nuit.

ooooooo

29 juillet 2019
Ce matin je me suis acheté un nouveau sarouel. En voulant réparer mes chaussures à la Super Glue, je l'ai taché…
J'étais tellement en colère contre moi.
Ma réaction était excessive comparé à la réelle gravité de la situation.
Je me suis beaucoup insulté à cause de cette tâche… Je me suis auto-flagellée pour de la colle sur un tissu. J'ai repensé à mon enfance, où je me faisais punir quand j'abîmais des choses.
Qu'est-ce qu'une tâche comparée à la misère du monde ?
Une fois que j'ai arrêté de m'insulter, j'ai pu trouver une solution esthétique en brodant une clé de FA.
Chaque problème a une solution. S'il n'y a pas de solution, c'est qu'il n'y a pas de problème.
Il y a tellement de chemins pour arriver à un même résultat.

Rien n'est définitif. CELA PASSERA est la seule vérité en tout temps. Tout a une fin, d'une manière ou d'une autre.
Comme la fin de mon énergie.
Bonne nuit.

ooooooooo

30 juillet 2019
Aujourd'hui nous sommes arrivés en Suède ! En partant à pied de Flensburg, quelqu'un s'est proposé pour nous déposer à un spot de stop très pratique. Un couple de Belges nous ont pris dans leur camping-car. On a traversé le Danemark d'une traite ! Ils nous ont déposés vers le centre de Malmö.
On a réussi à trouver un camping à l'extérieur de la ville.
Je viens d'apprendre la différence entre espace Schengen et espace euro. La monnaie est en couronne. 1 €= 9 Kr. Avec l'augmentation des tarifs les prix semblent mirobolants.

Je suis actuellement dans la phase dépressive de mes syndromes pré-menstruels. En ce moment, la moindre étincelle peut me faire pleurer des torrents. J'ai du mal à voir la joie.
Constantin fait de son mieux, merci à lui.
On verra de quoi demain sera fait.
Bonne nuit.

ooooooo

3 août 2019
Ces derniers jours, nous nous baladons et festoyons dans Malmö grâce aux rencontres CS.
Nous avons rencontré un quarentenaire qui voyage depuis 20 ans. Il est vétu de blanc avec un petit sac en tissus jaune. Ses rencontres lui offrent tout ce dont il a besoin.
L'être humain aime rendre service, voyager sans rien est possible si on va à la rencontre d'autrui.

J'ai découvert la mise en pratique sociale des consignes de bouteilles et canettes. Ici, comme dans d'autres pays, les contenants de liquides consommables sont consignés. On les paye, avec l'option de récupérer l'argent, en les ramenant dans des machines mises à disposition dans les super marchés.
Avec un groupe de CS, nous nous sommes rendus au concert de David Guetta. Nous avons trouvé un emplacement pour observer la scène depuis l'extérieur des barrières. On était loin d'être les seuls ! Je ne pouvais pas m'empêcher de constater les centaines de canettes d'alcool aux sols. Ma surprise atteignit son paroxysme en voyant des

personnes équipées de sacs immenses, déjà bien remplis, ramasser tous les contenants. Notre hôte, maintenant ami, nous a expliqué le fonctionnement. Il n'y a pas de mendicité, juste des gens ramassant les canettes. La légende dit qu'un SDF se serait acheté une Ferrari comme ça. J'admets rester sceptique…
****
Entre l'incertitude de où dormir et les soirées, je me sens complètement épuisée. Constantin est dans le même état. Nous avons créé un compte WorkAway. Une application permettant de mettre en contact des gens comme nous avec des hôtes aillant besoin d'aide. En échange de 25 heures/semaine de bénévolat, nous sommes nourris, logé, blanchit. Nous avons fait plusieurs demandes aux alentours. Ça nous ferait beaucoup de bien de nous poser.
D'ici là, bonne nuit.

ooooooo

5 août 2019
Aujourd'hui, nous sommes arrivés dans notre premier WorkAway (WA) !
Nous avons prévu d'y rester au moins un mois, histoire de se poser.
Notre hôte est un septuagénaire aux cheveux blancs dressés sur la tête, salopette de travail,

un T-shirt « Don't panic, go organic » et pieds nus.
Il m'a tout de suite paru sympathique avec sa camionnette jaune.
Sa ferme se trouve au milieu de nulle part.
C'est incroyablement silencieux.
Pour dormir, nous avons une caravane !
Dans la cuisine il y a une carte avec plein de punaises dessus. Chacune d'elle représente le point de départ des Workawayeurs venus ici. Grunköl, notre hôte, a hébergé plus de 200 personnes !
Avec nous il y a un autre WAyeur, Tom et son chien Findus.
Melie vit également sur le terrain depuis quelques années avec son chien Bob. En me voyant triste de rouler mon dernier pétard, elle m'a proposé un peu de weed, j'en suis ravie !
Tout se passe pour le mieux. Chaque expérience aide à le confirmer.
Aborder la vie avec envie et bienveillance entraîne beaucoup de bonheur.
Le reste dépend de l'approche que l'on a du monde et des évènements.
All you need is love.
Bonne nuit ma chérie.

ooooooo

8 août 2019

Aujourd'hui je me suis rasé la tête. L'eau étant une ressource rare, elle est privilégiée pour le potager. Mes cheveux gras me tombaient dans les yeux… Alors j'ai tout rasé. Constantin m'a suivi, maintenant on ressemble à deux petits moines.

Les sensations sont très intéressantes. Sentir le vent sur mon crâne est très agréable. Je me sens renaître…

Depuis notre arrivée, j'ai pu goûter aux joies du jardinage et de la cuisine de produits frais, cultivés nous-même.

C'est bien meilleur et rassasiant que n'importe quelle nourriture industrielle.

Je garde le désir de faire les choses par moi-même, mais je ne peux pas tout contrôler !

Me sentir mieux avec moi-même sera déjà un grand pas.

Ceux cherchant à contrôler les autres, ont souvent besoin de se contrôler eux-mêmes…

Bonne nuit, exploratrice de la vie.

ooooooo

11 août 2019

Tom m'aide beaucoup dans mon processus de ne plus contrôler les autres. Nous sommes tellement différents ! Mes manières sont chamboulées, mes principes remis en question.

En tout cas, vivre dans cette nature me fait beaucoup de bien !

Les paysages sont magnifiques. Beaucoup de végétations et des rivières avec des petites cascades.

C'est un véritable plaisir de me laisser « Être ».

Dans notre société, où l'on doit tout prévoir, pressé à vouloir en précéder le temps, nous avons oublié de vivre tellement la tâche est impossible.

Nous en oublions de nous regarder, de nous rencontrer.

<u>La planète s'en remettra, c'est nous qu'il faut sauver !</u>

Parfois les choses semblent graves. Mais c'est dans notre tête, selon nos critères préférentiels. La réalité peut être relativisée. Dans le fond, comme la forme, rien n'est grave.

Notre galaxie va en rencontrer une autre dans plusieurs milliard d'années. Cela passera. Tout a une fin. Elle prend des formes soudaines comme graduelles.

Nous sommes tous différents. Nous avons tous une notion spécifique du respect, de la propreté, … Les points de vue et manières d'interagir avec l'extérieur sont propres à chacun.

Je souhaite respecter les gens observant le monde autrement.

Rien ne sert d'amener autrui à mon point de vue, personne n'a la vérité absolue. Depuis nos fenêtres nous observons la vue, unique à chacun. Communiquer permet de partager, créer des ouvertures. Imposer augmente les chances de se renfermer.

Je ne peux pas toujours faire quelque chose pour améliorer la situation. Parfois je n'ai aucun pouvoir.

Aider spontanément résulte de mon interprétation de la situation. J'interprète que je peux aider. **Mon mieux n'est pas le mieux pour les autres.**

L'objectivité dépend des données accumulées. Il est impossible de tout savoir. Tout est subjectif, rien n'est absolu.

Bonne nuit.

ooooooo

19 août 2019

La vie va bon train ici.

Un autre allemand et une Flamande sont arrivés ce week-end. Ça change les habitudes. Les interactions au sein du groupe évoluent. J'ai rapidement voulu faire ma « chef de formation » auprès des nouveaux.

Toujours ce besoin de contrôle… Je continue d'essayer de lâcher prise, de comprendre et d'intégrer que je ne peux pas tout gérer.
Je constate à quel point je m'agace facilement pour rien.
Je peux aborder mes angoisses et ma colère en prenant du recul, en relativisant, en respirant.
Me poser, observer et agir en conséquence sera toujours mieux que rager et réagir en m'agitant.
Bonne nuit écolière de la vie.

ooooooo

22 août 2019
Aujourd'hui, j'ai demandé à Tom comment il avait eu Findus.
Avec ses tatouages (dont un « fuck off » au-dessus du sourcil), son style et son histoire… Findus est un petit chien à poil long aboyant tout le temps. Ils ne sont pas très assortis.
Sa réponse m'a laissé sans voix.
« Un jour je me promenais et je l'ai vu attaché à un poteau en train d'aboyer. J'ai attendu trois heures. Personne n'est venu… Je suppose que j'ai un chien maintenant. »
Je me sens pleine d'amour et d'espoir. Quelles que soient nos différences, nos erreurs passées, personne n'est complètement méchant, ni

gentil. La vie n'est qu'une grande nuance de gris.
Le yin et le yang interagissent et se mélangent perpétuellement.
Rien n'est figé dans le temps, tout évolue au rythme des interactions.
Je remercie tout ce qui rend maintenant possible.
Bonne nuit au paradis.

ooooooo

26 août 2019
Aujourd'hui j'ai découvert une vidéo de 3 heures avec Marshall Rosenberg sur la communication non violente (CNV) :
En jouant au jeu de « qui à raison », on crée le bien et le mal, le vrai le faux, normal et anormal… On fait culpabiliser ceux qui ont tort et on récompense ceux qui ont raison. Mais sur quels critères ? Où est l'objectivité de ces derniers ?

→ Nous sommes toujours libres de nos choix, de les conscientiser. **On ne fait jamais quelque chose que l'on n'a pas choisi.**
→ Ce qui est important, dans le fond comme la forme, c'est de faire quelque chose seulement par envie ! Non pour être récompensé ou par culpabilité.

1. Regarder les faits, Observer ≠ jugement. (On juge quand nos besoins ne sont pas satisfaits.)

2. Exprimer un sentiment ≠ diagnostique de l'autre.
   Exprimer l'émotion vivante en nous, qui nous anime dans l'instant.

3. Exprimer les besoins insatisfaits.
   Les besoins n'ont aucune référence sur la manière d'être comblés.
   Certains besoins peuvent être comblés par nous-même uniquement.
   Tant qu'on a pas essayé, on ne sait jamais vraiment comment un besoin peut être comblé.

4. Faire une requête pour nous aider à combler notre besoin insatisfait

≠ préférences, exigences, stratégies

Pour faire une demande claire, nous devons vivre l'instant présent et exprimer notre volonté avec des phrases positives.

Oublions la peur du jugement et soyons responsables de nos demandes.

Les étiquettes, les cases, deviennent des prophéties autoréalisatrices à force de répétition.

Lorsqu'une exigence est entendue, cela offre deux options : soumission ou rébellion. L'important c'est notre réaction face au « non ».

Écouter avant d'éduquer.
« Never put your but to the face of an angry person ».
Au lieu de dire « non », on peut exprimer pourquoi ce n'est pas « oui ».

Pas besoin de céder ou d'abandonner quoi que ce soit, tout le monde peut être satisfait.
<u>Les attentes sont des pensées, pas des besoins.</u>

→ Exercice : Listes de « Chacal » :
– Ce que l'on se dit quand on est moins que parfait
– Ce que l'on se dit quand on est en colère contre les autres

– Les paroles/actes nous faisant réagir sur la défensive/agressivement
– J'ai peur de ce qu'ils peuvent dire ou penser

Chacun est responsable de ces paroles/action, ainsi que de la manière dont il réagit.
N'oublions pas de célébrer la vie, de dire Merci

    Observation - Sentiments – Besoins

Cette vidéo m'a vraiment fait du bien…
Finalement, je suis mon pire juge.
ooooooooo

28 août 2019
Aujourd'hui je me suis retrouvée au milieu d'un combat de chien. J'ai été mordue à l'index, rien de grave en soi. En me lavant les mains, le nouveau me dit « tu peux en mourir, tu dois aller à l'hôpital ». Je sais que non. C'est émotionnellement que je ne vais pas bien.
Je suis allé m'isoler au fond du terrain, dans mon coin d'herbe haute.
Je suis restée allongée le reste de la journée, cachée par ces plantes, dans le creux de Gaïa.

Je m'y sens en sécurité.

J'ai eu la sensation de me reconnecter à Elle, cette Nature nous accueillant depuis le début de l'évolution, nous donnant tout sans rien demander. Se faisant exploiter en retour…

L'espèce humaine se sent au-dessus d'Elle. Tel un enfant gâté, il joue le rôle du propriétaire, maître des lieux. Il en a profité jusqu'à l'épuisement de la biodiversité.

Ne se sentant redevable envers personne, se croyant unique, il a gâché bien plus que ce dont son imagination est capable d'entrevoir. Cette dernière est étroite, nous réduisant à faire la même chose depuis des siècles. Utilisant toujours les mêmes solutions : ignorer ou écraser le problème.

Quand un événement me met en dehors de ma zone de confort, j'ai deux grands types de réactions :

    1)   Pourquoi moi ?

Prendre du recul en se focalisant sur « la faute des autres » est impossible. **Le malheur ne m'est jamais personnellement adressé.** En vivant dans un monde fait d'interactions, les probabilités de rencontrer des complications sont élevées.

Juger ces étapes « bonne ou mauvaise » dépend de nos besoins, de ce qui nous est « profitable ou non ».

    2) Si j'avais… , j'aurais pu…
« Avec des Si on referait le monde », on coupe surtout des doigts !
Nous avons peu de connaissances et aucun pouvoir sur ce(ux) qui nous entoure(nt).
L'autoflagellation ne résout rien. Pire, elle nous fait rentrer dans un cercle vicieux dépourvu de solutions.
La douleur fait partie de la vie. Apprendre à faire le deuil du passé est l'une des voies pour sortir de ce cercle vicieux.

En psychologie, les 5 étapes de deuils sont :
– Le déni (on ne veut pas que ce soit arrivé)
– La colère (on en veut au monde entier/à soi)
– Le marchandage (C'est peut-être réversible)
– La tristesse (pleurer fait du bien)
– L'acceptation

Il est facile de commencer un deuil sans le terminer, et de cumuler des deuils non finit.
L'acceptation est plus facile quand on reçoit de l'amour et de l'empathie.
****

Aujourd'hui j'ai partagé de l'amour avec Terre Mère.
Je me sens mieux, je me suis senti renaître.
Ressentir avec le cœur, penser avec la tête.
Sans équilibre l'existence est imparfaite.
Merci à l'apprentissage de la vie, aussi incongru soit-il…
Bonne nuit.

ooooooo

30 août 2019
Les points de vue de Grunköl et Melie ont divergés avec le temps. Depuis son installation, elle s'est fait diagnostiquer une pathologie chronique. Les fatigues physique et émotionnelle lui sont de plus en plus fréquentes.
Grâce à son vécu, à son point de vue, j'ai compris que nos capacités sont variables. Personne ne peut être à 100 % tout le temps. Et le 100 % de certains correspond à 50 % pour d'autres.
Je trouve ça triste de rejeter quelqu'un ou quelque chose à cause d'une incapacité à accepter la diversité.
Par définition, ce qui est différent ne colle pas avec notre réalité personnelle. Ça bouscule forcément quelque chose en nous.

Mais le rejeter nous conforte dans notre petite réalité imaginaire. On s'enferme dans notre bulle de confort.
Voir la différence comme une pierre à rajouter sur l'édifice de notre apprentissage nous ouvre l'esprit et nous libère de nos limites. Comme une nouvelle porte sur le champ des possibles.
La diversité nous donne l'occasion d'apprendre, cela nous rend plus grand et tolérant.
Merci à elle.
Bonne nuit ma curieuse.

ooooooooo

1ᵉʳ septembre 2019
Je suis dans le creux d'herbes hautes. J'ai l'impression de me reconnecter à quelque chose d'essentiel.
On ne peut pas tout savoir.
Chercher la connaissance absolue, en une vie, est vain. Un tel objectif peut créer beaucoup de frustration et d'aigreur.
Accepter l'impossibilité de TOUT expliquer permettrait à notre intuition de s'exprimer. Elle est plus qu'une voix dans notre tête, elle est émotive.
Nous portons toute notre attention sur le matériel, négligeant le reste.

La seule réussite méritant notre énergie, c'est celle du bien-être personnel, puis collectif.
Pouvoir être heureux tout le temps est une illusion. Mais le calme peut régner sur chaque situation.

Je ressens tellement de choses dans mon coin d'herbe haute! J'ai l'intuition que certaines de ces sensations proviennent de l'extérieur.
Tout est lié. Un atome fonctionne comme une galaxie. Tout a une énergie provenant d'un même point de départ, le Big Bang.
C'est difficile à exprimer avec des mots. C'est plus facile à ressentir.
Mais personne ne nous apprend à faire ça…
Personne ne m'a dit comment écouter mes émotions.
Son côté aléatoire et immatériel rend complexe, pour le mental, d'admettre cette réalité sensitive.
Lâcher prise sur nos acquis pour ouvrir son cœur à l'inconnu avec bienveillance.
Ce serait merveilleux d'apprendre ensemble.
Bonne nuit utopiste de vie.

ooooooo

3 septembre 2019

Je n'ai pas écrit sur nos activités depuis longtemps. En même temps, il se passe tellement de choses ! C'est impossible de retranscrire sans rien délaisser. Je ne suis pas omnisciente non plus.

Tom est parti. Une Japonaise et un Chilien sont arrivés.

Le camion est complètement repeint, avec un jaune encore plus flash et des légumes personnifiés.

Nous avons fini la ligne de plantation de fraises, avec les pousses préalablement triées.

Nous avons changé la bâche de la grande serre, celle de 20 m sur 13 m. C'était une grosse mission, Grunköl stressait et râlait en suédois, Constantin s'est fait poursuivre par un essaim de guêpe… Au bout de 4 heures, la bâche était posée !

On a également terminé l'enclos pour les poules.

Quand on est arrivé, il en restait une soixantaine sur les 100 de départ. Le problème, c'est qu'elles partaient trop loin, se perdaient avant la nuit et se faisaient manger par les renards. Du coup elles ne pouvaient plus sortir de leur « maison » de 15m². Elles pondaient 4 œufs pas jours, pour 60 poules… Une fois, Constantin a déplacé un pneu, débloquant la chatière à poules. Elles se sont baladés et ont pondu beaucoup plus ! C'est pour ça qu'on leur a fait un grand enclos.

Ça va faire 1 mois que je n'ai pas touché au tabac.
Chaque jour je fais un rituel : je marche pieds nus jusqu'à mon coin d'herbe, où je m'entraîne à ressentir, sans penser.
Ça me fait beaucoup de bien.
On va souvent se balader aux alentours pendant notre temps libre. La Nature est verdoyante et plate dans cette campagne Suédoise. Entre les champs il y a des forêts pour se balader.
Elle est magnifique. Nous avons besoin d'Elle. Après tout, c'est notre milieu naturel.

Demain, c'est jour de marché. On vend nos productions et on fait les courses. J'aime beaucoup cuisiner les légumes récoltés nous-même, utiliser le moins d'ingrédients transformés possible.
Voir le processus de nos aliments ajoute un sens. Les saveurs sont incomparables !

L'autre jour, j'ai cuisiné des lasagnes aux fanes de betteraves, c'était si bon !
Grunköl m'a confié que je suis la cuisinière la plus économique de tout ses WorkAwayeur !

Même si on se sent très bien ici avec Constantin, on a bien envie de continuer le voyage. On a décidé de partir le 9. Grunköl nous a demandé de rester jusqu'au 28 pour son grand marché. Mais c'est dans trop longtemps. Constantin souhaite voir les fjords en Norvège avant le froid hivernal.
Moi j'ai envie de bouger et de découvrir autre chose.
Bonne nuit dans le ressenti.

ooooooυυ

7 septembre 2019
Aujourd'hui c'était « porte ouverte » à la ferme. C'était cool d'accueillir les gens. On leur a montré les variétés de légumes cultivés dans le champ, avec des carottes, poireaux, blettes, choux keil, patates, fenouil, courgettes, concombres et haricots verts et jaunes. Le champ de fraises à côté des poules et la serre de tomate à côté du champ de myrtilles.
Pour dîner, le WAyeur Chilien nous a fait un plat poulet ananas. C'était délicieux ! Je suis également tombée amoureuse des Kannel

bules, une brioche ronde à la cannelle et cardamome.

Je suis vraiment reconnaissante de cette expérience.
J'ai tellement appris, que ce soit sur Elle ou sur moi.
Je remercie chaque personne rencontrée, et Grunköl d'avoir accepté de nous héberger.
Bonne nuit pour de nouvelles aventures.
ooooooo

9 septembre 2019
Nous sommes partis précipitamment de la ferme…
J'ai oublié le code de ma carte bleue et je l'ai bloquée…
Cet incident me procure beaucoup de stress.
Le fait de passer du calme de la ferme au brouhaha de la grande ville ne m'aide pas du tout ! Je me rends compte de l'énorme brassage d'énergie en ville… C'est normal que les gens soient fatigués et stressés !
Ce matin nous sommes partis de Malmö pour Copenhague en train. J'ai gardé quelques pétards pré roulés pour la suite du voyage. J'ai réussi à bien diminuer ma consommation.

Toujours pas de tabac depuis le 5 août. L'envie de fumer se fait de moins en moins ressentir. J'étais plus accro au tabac qu'à la weed.
En médecine j'avais vu que la marijuana est une drogue douce, procurant peu de dépendance, contrairement au tabac ou l'alcool.
Je me sens prête à arrêter.
Nous avons marché et flâné un peu dans la capitale danoise. Dans un parc j'ai décidé de fumer. Quand l'effet a commencé à monter, j'ai ressenti le stress d'une non-légitimité, une interprétation du « qu'en-dira-t-on ». À ce moment un mec est arrivé. Il a tiré une table de pique-nique vers un endroit stratégique. Il a posé une grosse enceinte sur la table et mis de la musique.
Une autre personne était en train de faire du Yoga.
Cette situation me surprenait. Deux mondes se juxtaposant. Moi au milieu, me faisant plein d'histoires dans ma tête.
Quand la musique "you're welcome" de Vaiana commença, j'ai senti qu'il fallait sortir de ma tête pour laisser vivre mon cœur. Avec Constantin nous nous sommes assis avec ce Danois pour partager un pétard et discuter.

Fumer est un moyen très pratique pour sociabiliser.

Au bout d'un moment je recommence à penser du « qu'en-dira-t-on ? ». Je pose des questions sur les flics et les modalités légales de cette drogue douce. Mon interlocuteur avait l'air détendu et confiant. Mais je suis restée dans ma tête. J'ai laissé la peur d'avoir des problèmes avec les flics m'envahir. Alors j'ai préféré bouger vers la campagne danoise, dans le AirBnB réservé plus tôt.

****

La sécurité que je ressens dépend de moi, de comment je prends les choses.

→ J'ai bloqué ma carte bleue.
    \→ Je ne peux plus rien payer, je suis dans la merde, si j'avais…
    => Stress, colère, peurs, désarrois
        => Insécurité

    \→ J'ai encore de la monnaie, Constantin est là avec sa carte, j'ai déjà fait tout le nécessaire pour en avoir une autre.
    => Compassion, calme, patience, sérénité
        => Sécurité

Si je ne fais rien, rien évolue. Je ne peux pas attendre que ça vienne de l'extérieur, surtout si je ne communique pas. Dans le cas où mes actions seules ne comblent pas mes besoins, je peux demander de l'aide. Communiquer et demander font partie des champs d'action possibles.
Mes peurs et les « si » me tétanisent, m'empêchant d'avancer.
Avec les Si, on vit partout, sauf Ici.
Quand je suis moi-même, sans stress, je suis une personne magnifique.
J'aime, je respecte, je m'émerveille…
Ma façon de voir le monde évolue à chaque seconde.
Chez Grunköl je me sentais libre d'être, sans jugement, libre du regard des autres.
Dans la société, c'est qui les autres ?
Les autres sont les médias, les publicités.
Toute cette propagande sur la meilleure façon d'être, pour bien consommer…
Ce système s'en fout de l'épanouissement.
Nous ne comblons plus nos besoins, mais nos maisons. Accumuler pour être un bon sujet, faisant partie du manège à billets.
Le capitalisme ne peut pas combler mes besoins, car il est incapable de combler les siens. Même financièrement, l'objectif du

profit éternellement croissant est biaisé par la quantité finit de matières premières.

Je souhaite me sentir en paix.

Je ne peux pas me sentir comme telle dans un fonctionnement où ma rentabilité n'est jamais suffisante. Où les autres ont le droit de me dire ce qui est le mieux pour moi, alors qu'ils ne me connaissent pas.

Avant de vouloir régler les problèmes du monde, je peux commencer par les miens.

Bonne nuit.

ooooooo

10 septembre 2019

Notre première nuit à Tølløse s'est bien passée dans ce Airbnb luxueux et pas cher.

L'argent… C'était tellement bien de ne pas avoir à me soucier de ça en WA !

Maintenant que j'ai goûté aux joies de la nourriture cultivée, à la Nature respectée, j'ai envie de vivre comme ça.

Mais je préfère continuer le voyage avant de m'implanter quelque part.

J'ai encore des choses à apprendre.

****

J'ai discuté avec notre hôte, une jeune grand-mère cumulant deux jobs et plusieurs propriétés. Elle m'a dit « more you have, more you want ».

Plus on en a, plus on en veut. Il y a plus de chance de perdre, donc plus de peurs, de difficultés à lâcher prise.
Tout est relatif, chacun fait de son mieux. On ne peut pas connaître l'entièreté d'une personne au premier regard. Juger est le reflet de nos défauts, étalés sur autrui tel un miasme. Nos différences sont une représentation des chemins respectifs, spécifique à chacun.
La culpabilité n'est pas une émotion, c'est une projection !

Fait < = > Émotions < = > Besoins

ooooooo

11 septembre 2019
Pour partir de Tølløse, nous pensions prendre le bus. Sur le chemin, j'ai senti une envie asociale. Nous avons donc marché 5 heures. Ça m'a fait un bien fou !
Je me sens en phase avec moi-même, avec mes choix.
Fumer ne devrait pas être une nécessité. Un plaisir ponctuel, tout au plus.
Mon corps supporte de mieux en mieux le poids du sac et les longues distances.
L'essentiel tient dans moins de 65 l.

Je constate également que je m'énerve beaucoup moins, même Constantin l'a remarqué.

Fait < = > Émotions < = > Besoins

Prendre du recul sur une situation permet une analyse d'ensemble. Actionnant une réponse plus juste et sincère, comparé à une réaction parfois regrettable…
Quel que soit le choix, il y aura toujours des avantages et des inconvénients.
Ma satisfaction sera plus grande en tournant mon regard vers les avantages.
Cela passera. Tout a une fin. Chaque événement s'enchaîne, sans forcément nous laisser souffler.
C'est à moi de prendre la patience, de respirer, pour aller mieux.
Le bonheur vient de ce que je crée, avec amour et envie.
Bonne nuit.

ooooooo

12 septembre 2019
Cette nuit nous étions en camping sauvage, au bout d'un grand jardin, cachés sous un saule.
La peur de ma non-légitimité ne m'a pas aidé à passer une nuit calme et reposante. Dès l'aube

nous nous sommes activés pour remballer et faire du stop.
Un businessman nous a pris juste avant le ferry.
Nous avons eu accès à la première classe grâce à son statut. Là, je me sentais légitime. Je me suis émerveillée face à la mer du Nord embrumée.
On a profité de l'eau gratuite illimitée. La privatisation de cette ressource vitale est plus qu'inqiètante, ça devrait être en accès libre et gratuit. **Tous égaux face à l'eau !**
Après le ferry nous sommes allés jusqu'à Aalborg. J'ai offert à ce businessman un des trèfles à quatre feuilles trouvés chez Grunköl. J'ai vu un pétillement dans ses yeux.
Partager ma chance est un bonheur.
J'ai profité d'être en ville pour envoyer mes affaires d'été à ma mère. L'essentiel tient dans un sac de 65 l et s'adapte en fonction des conditions extérieures. Il commence à faire froid, avec des pluies par intermittence. Les vêtements chauds récupérés chez Grunköl nous sont d'une grande utilité.
Après avoir traversé Aalborg, nous avons été pris par un charpentier. Ne pouvant faire de détour avec sa voiture de fonction, il nous a déposés juste devant chez lui. Nous lui avons

demandé si nous pouvions remplir nos gourdes. Il nous a même offert des crêpes. Je lui ai donné un trèfle, créant de la magie dans sa famille.

Sur le chemin vers un autre point de stop, une femme s'est arrêtée à coté de nous. Elle nous avait vus faire du stop ce matin. Nous recroiser était un signe pour elle. En discutant on a sympathisé et elle nous a emmenés jusqu'au ferry de notre choix pour aller en Norvège. Je lui ai également offert un trèfle. Comme les autres, elle n'en avait jamais vu. Le pétillement dans leurs yeux est une magie pour mon cœur.

Quand j'offre mon trèfle j'aime dire « We are lucky we've met you, I share with you my luck ». Nous sommes chanceux de vous avoir rencontré, je vous partage ma chance.

Car c'est vrai. Merci à toutes ces personnes, toutes ces rencontres, ces partages, ces apprentissages, ces joies…

Quand on ouvre son cœur, la voie du bonheur est notre chemin.

Cette dame a écouté son intuition, cela nous a grandement aidé. Les rencontres sincères ouvrent une fenêtre sur le champ des possibles.

Le ferry arrivera à minuit en Norvège. On trouvera sûrement un coin de verdure pour camper rapidement.

ooooooo

13 septembre 2019
Dès les premières lueurs du jour on s'est vite levé pour remballer, ne laissant aucune trace de notre passage. Respecter les lieux et la Nature c'est important.
Au bout d'une heure on a compris l'inefficacité du stop en Norvège. Les voitures nous évitaient clairement. Certaines accéléraient à notre vue…
Du coup, on a marché toute la journée. J'aimerais tellement arriver à notre prochain WA. On en a trouvé un à Haugesund. On a plus de trois cents kilomètres à faire…
Me focaliser sur ce que j'ai, et non sur ce que je n'ai pas.
La nature est magnifique ici. Les forêts de bouleaux sont féeriques avec ces troncs blanc et noir.
En revanche, nous continuons de voir des déchets le long des routes… Beaucoup de contenants consignés. Les canettes de bière et de boissons énergisantes sont majoritaires. Sont-elles ramassées à un moment ?
Faits < = > Émotions < = > Besoins

Si la vue de ces déchets me rend triste, c'est parce que j'ai des besoins non comblés…
Le respect de la Nature, pouvoir admirer sa beauté sans qu'Elle ne soit souillée, l'harmonie entre Elle et ses habitants…
Je ne suis pas responsable de tous les malheurs du monde !
À la fin de la journée, on est épuisés. Je ne sens plus mes muscles tellement leur utilisation fût intense…
L'écriture m'aide à déplacer des montagnes. Je constate que <u>le mental lâche avant le physique.</u>
Mon agacement pour les petits rien sans importance provient de mon mental. Je bloque sur des problèmes inexistant.
J'ai trouvé un super outil avec la CNV, ça m'aide beaucoup. J'ai encore du mal à le mettre en pratique sur l'instant…
Prendre le temps.

Je fais de mon mieux à chaque instant.
Il commence à faire nuit…
Je me souhaite un bon repos.

ooooooo

15 Septembre 2019
Nous avons passé la nuit à l'hotel. Une chambre avec cuisine, comme un studio.
Je me suis lavée et décrassée. Ça fait du bien ! Je me sens nouvelle.
Nous avons regardé plein de documentaires sur les diverses chaines youtube Arte. Ce fonctionnement sociétal est un véritable non-sens… On est dans la merde. Et au lieu de changer, on consomme des choses. En même temps, tout est si bien orchestré.

Quand on marche et campe, on suit le rythme du soleil.
Dans l'appartement, avec le confort et l'électricité, on s'est couché à minuit.
Repoussant notre fatigue en consommant des documentaires. Le confort ne nous aide pas à nous écouter…
Finalement, plus l'abondance est présente, plus on cède à l'envie. Sans prendre le temps de conscientiser nos véritables besoins.
Nous sommes fières de notre progrès.
Cependant, il nous empêche d'évoluer.
Ce confort dépend d'une pollution détruisant le seul milieu vivable pour nous : la Nature et ses biodiversités.

Le greenwashing et autres slogans de lobby ne changeront rien.
Confort optimal n'est pas synonyme de bien être optimal.
Sans confort, on apprend à se débrouiller autrement, on réfléchit, on mûrit. On se satisfait plus simplement, plus facilement. On évolue.
Tout a une fin. Ce système insensé également. Cela ne va pas arriver en une seule fois, car il est très bien ficelé. Tel un puzzle, toutes les pièces sont complémentaires et s'emboîtent pour mieux fonctionner.
Je pense que le changement est en train d'arriver, doucement, depuis les années soixante-dix.
On découvre petit à petit les tenants et les aboutissants de toute cette mascarade, profitable à ceux qui asservissent.
Il y a tellement de manières de vivre !
Respectant la Nature et Notre nature.
Nous avons besoin d'accepter le changement.
On ne peut pas l'éviter. Il est, un point c'est tout.
La résilience aide à trouver d'autres voies.
Faits – Émotions – Besoins
Bonne nuit mon écolière de la vie.

ooooooo

16 septembre 2019

Mon stress vient de scénarios catastrophes imaginaires.
On nous éduque à nous préparer au pire.
C'est une manière efficace de pallier des désagréments, mais on ne sait jamais quoi faire quand le bonheur est là… Alors on guette.
Oubliant de profiter. Laissant passer ce bon moment sans y goûter. Seule l'amertume du danger potentiel reste en souvenir.
Regarder vers le pire nous y entraîne.
Quoi qu'il arrive, chaque moment est parfait.
Soit on savoure l'ensemble, soit on savoure l'apprentissage.
Celui qui pense tout savoir peut mourir tout de suite, la vie n'a plus rien à lui apprendre.
****
Nous sommes arrivés à Haugesund assez tôt dans l'après-midi. Nous avons pu rencontrer notre hôte, Troling. Il vient d'acheter une maison. Il est infirmier de garde aux urgences et fait beaucoup de compétitions sportives. Il a besoin d'aide pour des travaux, de la peinture et du rangement. Nous sommes ses premiers WAyeurs. Nous l'avons vite mis en confiance.
Mon super-pouvoir c'est d'être ouvertement sincère et bienveillante.
Bonne nuit être social.

ooooooo

17 septembre 2019
Je me rends compte que la plupart de mes comportements proviennent de la façon dont j'ai été élevée.
Nous devions retrouver Troling à 16 heures. Durant notre balade avec Constantin nous nous sommes perdus. J'étais en état de stress intense d'arriver en retard. À chaque fois que Constantin tentait de relativiser, j'avais l'image de ma mère me frappant pour ne pas avoir respecté un horaire.
Une seule fois a suffi pour créer un trauma…
Aujourd'hui, je discerne ma souffrance trimballée depuis tant d'années. J'aimerais entendre ma mère l'accepter, sans le prendre personnellement. Je sais qu'elle a fait de son mieux.
Petite, on m'a répété que j'étais terrible, une peste, un monstre ingérable ne faisant rien de bien. J'ai fini par l'intégrer. En tant qu'adulte, j'ai toujours peur de mal faire.
<u>Je ne dois rien à personne.</u>
Je souhaite le bonheur de chacun et l'épanouissement collectif. Je fais de mon mieux à chaque instant, avec mes capacités et mon savoir, évoluant à chaque expérience.

« Mieux » est une notion relative aux besoins.
J'ai tous les droits d'être et de ressentir.
L'être humain est faillible, la perfection est une illusion de notre imagination.
Bienveillance et amour sont bons conseillers pour nous guider.
Bonne nuit mon ange.

ooooooooo

18 septembre 2019
Troling est très peu présent. Nous avons l'occasion de regarder beaucoup de documentaires sur l'écran géant du salon.
En plus d'Arte, j'ai découvert la chaîne de RTS, avec "Dans la tête de…". Ils abordent des sujets sociétaux variés.
Il est tellement plus simple de rejeter les nouvelles idées plutôt que se remettre en question.
Après n'importe quel crash économique, on a juste recommencé de la même manière, comme s'il n'y avait pas de problème.
Entre les grandes puissances gérant presque tout, l'écart des classes ressemblant plus à une tranchée qu'un fossé, la corruption généralisée et le coût de la vie…

Je ne comprends pas pourquoi on continue têtes baissées, alors qu'on est tous un peu malheureux.
Nous pourrions faire un boycott géant, comme expliqué dans le film "La belle verte".
On pourrait utiliser des façons variées de vivre, sans retourner à la préhistoire pour autant !
Réutiliser et réparer à la place de créer du neuf jetable.
Nous enterrer dans des capsules Mundi, pour créer des forêts sacrées où chaque défunt a son arbre.
On n'est pas obligé d'abandonner le confort pour vivre en harmonie avec la Nature. Il suffit d'arrêter de produire, d'utiliser et de réparer ce qui existe déjà.

Je pense que nous avons besoin de mieux nous connaître personnellement, pour profondément comprendre vers quoi nous voulons tendre, avec amour et envie.

Notre système existe car nous lui donnons une valeur. Notre imaginaire collectif accepte qu'un bout de papier vaut 20 ou 50 €. C'est notre imaginaire collectif qui accepte la valeur tangible de lignes de codes informatiques.

Notre imaginaire collectif, aidé par la propagande de films grands publics, idéalise le mode de vie consumériste et la possession par l'argent.
Mais l'argent ne se mange pas. C'est un arbre tué, découpé, transformé, peint chimiquement, pour en acheter d'autres… La croissance infiniment exponentielle est une illusion.
En réalité, cela passera.
Autant désobéir avec amour le plus vite possible.
Bonne nuit ma rebelle bienveillante.

ooooooooo

19 septembre 2019
Nous avons trouvé des vélos sur un site norvégien de seconde main.
Ça sera moins cher que le bus et plus rapide que la marche.
Le souvenir de cette rencontre à Malmö, avec Tommy (parti de Milan à vélo pour aller jusqu'au Cap Nord) a influencé notre décision.

Après avoir un peu bichonné nos vélos, j'ai regardé des documentaires dans le salon.
Quand Troling est rentré, une boule au ventre de culpabilité m'est tombée dessus.

Comme si je devais mériter ma place…
Comme si la valeur de mon être dépendait de la quantité de travail effectué.
Ça n'a pas de sens.
En plus, toutes les tâches que j'ai à faire sont faites. Troling est très content de notre aide. Il est vraiment cool.
C'est moi qui me dévalorise.
<u>Je ne suis pas inutile.</u>
Même si je ne fais rien, je ne suis pas un déchet pour autant.

La méritocratie a remplacé la démocratie et les faitnéants sont rejettés et méprisés.
Actuellement on produit beaucoup plus que le nécessaire. On doit faire mieux chaque année.
Le mieux est l'ennemi du bien.

Regarder un documentaire et écrire ce n'est pas « productif », mais je ne fais pas rien !
Écrire me permet de réfléchir posément. Cela me procure du calme, du bien-être et comble mon besoin d'accomplissement.
Quand je suis en groupe, je me mets la pression pour prouver ma valeur. Le plus évident c'est l'action. « Les actions parlent plus que les mots ».

Mais les mots ont leur importance ! Chaque mot dit ou écrit peut avoir un impact émotionnel bien plus fort que des actions. Sinon, les politiciens ne seraient pas élus à coups de grands débats.

Finalement, je n'ai pas besoin de montrer ma valeur. J'ai besoin de confiance en moi et d'estime.
Je me juge beaucoup. Je suis très sévère envers moi et mes défauts. Personne ne m'a rien reproché aujourd'hui. C'est moi qui interprète les silences. Je les prends personnellement par habitude d'un conditionnement.
<u>Ne pas prendre les choses personnellement.</u>
Si je m'accepte comme je suis, je ne serais plus en conflit avec moi-même et je me sentirais mieux.
En stoppant la dépense d'énergie pour ce conflit intérieur, je pourrais libérer de l'énergie et en déployer pour mon épanouissement.
Je pourrais être plus à l'aise avec les autres en arrêtant d'imaginer leurs pensées à mon égard.

Faire pour les autres, sans leur demande préalable, c'est interpréter ce qui peut les satisfaire. Cela revient à se torturer l'esprit dans l'espoir de se voir gratifier, alors que personne ne nous a rien demandé.

L'accomplissement se fera sentir si mes actions sont en phase avec mes choix, mes envies, mes valeurs.

Si les génies avaient attendu la validation des autres, nous nous penserions encore au centre de l'univers.

Les éléments nouveaux nous aident à évoluer.

Avec des persuasions on reste bloqué, stagnant, fataliste. L'évolution est quelque chose de naturelle. C'est plus fluide quand on lâche prise du rocher de nos croyances, pour se laisser bercer par le flot de l'incongrue inconue.

Nous vivons dans cette vie, faite de matière, pour expérimenter, interagir, jouer, Être. Exister.

Chaque expérience est une nouveauté formidable enrichissant nos vies.

Du bonheur à la peine, toutes les nuances, tout est cadeau, car expériences.

Un adulte est un enfant évoluant avec des « je dois ... », « il faut que, ... ». Un sage est un enfant vieillissant sans prétendre être adulte.

Je suis un enfant jouant au jeu de la vie, je n'ai pas besoin de la gagner, je vis.

Bonne nuit ma douce folie.
ooooooo.

20 septembre 2019
Les travaux avancent bien dans la maison. Peinture par-ci, jointure par-là, rangement ici et là.

Durant mon temps libre, je regarde documentaire sur documentaire. Sociologique, historique, actuel, scientifique, … Je m'intéresse à tout. Voilà ce que j'ai envie de retenir :

<u>Expérience scientifique n°1</u> :

On film un faisceau de lumière passer dans des fentes verticalement parallèles, la lumière se comporte comme une onde et projette de petits traits horizontaux.
Quand le faisceau de lumière projeté est observé par un individu, le résultat change, les photons se comportent en particules et se projettent comme de la matière.
Conclusion : L'observation par une conscience influence la matière.

Expérience scientifique n°2 :

On fait naître des poussins dans des milieux clos en leur attribuant comme « mère » une boîte électrique, dont les mouvements sont complètement aléatoires.
Les mouvements de la boîte sont préalablement testés sans les poussins.
Résultat : La boîte se dirige 2 fois plus souvent vers les poussins.
Conclusion : La volonté de proximité du poussin envers sa mère influe sur les déplacements de la boîte.
La pensée influence la matière

Expérience scientifique n°3 :

On fait pousser deux carrés de gazon avec les mêmes conditions. L'un reçoit de l'amour et des pensées positives, l'autre se fait insulter et détester.
Celui qui reçoit de l'amour pousse beaucoup mieux que celui qui reçoit de la haine.
Conclusion : La pensée influence la vie.

Si la conscience influe sur la matière alors :
→ La conscience est une source d'énergie.

=> Nous sommes une unité faisant partie d'un Tout
=> Nous avons une influence sur ce Tout

Le Big Bang est-il un événement induit par une forme d'énergie ?
Rien ne se perd, rien ne se crée, tout se transforme.
Les fondements de la science reposent sur la remise en question de ce que l'on croit établi.
****
Je ne peux pas avoir réponse à tout. Je ne pourrais jamais tout savoir. Cela ne m'empêche pas d'être curieuse. J'ai fait une filière scientifique car mes cours de physique-chimie me fascinaient, ils me donnaient un outil de compréhension de la matière.
****
Aujourd'hui, la corruption et l'argent sont dans tous les domaines.
Je me souviens de mon travail en hôpital public. Les médecins prescrivent, les infirmières et autres soignants n'ont pas le temps ou les moyens d'appliquer tout ce qui est prescrit. Une prestation non effectuée est un bénéfice, car remboursée par la Sécurité Sociale. Pendant que ceux qui galèrent sont

payés aux lance-pierre, les présidents et patrons sont dans les hautes sphères.

Assénée de propagandes, la majorité fonce dans une direction profitant aux plus riches. Par facilité, et dé-responsabilité, on se laisse guider dans un QCM de la vie. Orientation à choix multiples, ciblés, car on a besoin de main-d'œuvre pour l'économie.
Nos choix ne dépendent que de nous.

Je vois beaucoup de documentaires montrant les origines de notre fonctionnement actuel, ces conséquences sur l'espèce humaine et sur l'écosystème (dont on fait partie).
On a eu besoin de sécurité, on a voulu posséder. On a fini par exploiter jusqu'à notre propre espèce, par avidité et corruption. Par peur du manque...
Nous sommes une société d'egos blessés, violentés, ne sachant plus vivre ensemble ni comment aimer. Alors nous acceptons des règles autoritaires mais rassurantes, au lieu d'ouvrir notre esprit sur l'insécurisante inconnue.
De quoi voulons-nous nous protéger ?
Il y a des adultes violents à cause d'enfances vécues dans la souffrance.

Nous acceptons un fonctionnement violent sans même nous en rendre compte tellement nous en avons l'habitude.
Nous avons écrasé nos émotions à coup de « pleurer c'est pour les mioches, il faut être fort ! ». À force de faire la sourde oreille, on en a carrément oublié nos besoins. Nous ne savons plus comment nous épanouir.
La ville ne m'aide en rien. Privé de la Nature, il est beaucoup plus ardu de prendre le temps, d'écouter simplement.
On pense nos besoins physiologiques et d'habitation comblés. Le sont-ils vraiment dans la sérénité ?
J'ai rencontré plus de personnes en galère que de personne au rêve américain sans défaut.
Si on n'est pas heureux, pourquoi on continue ?
Nous n'y pensons pas… Le système ne fait pas de pub pour ses alternatives. Comment penser à quelque chose sans connaitre son existence ? Comment imaginer une autre voie dans un système nous faisant courir dans tous les sens ?
Lâcher prise, accepter, se détacher, écouter, prendre conscience, remédier intuitivement.

J'aimerais une société où les gens écoutent leurs émotions, comprennent leurs besoins et partagent par plaisir. Un système où l'harmonie de tous les Êtres est un but commun.

J'aimerais aider les gens à dénouer leurs peines pour calmer leur rage.

Il y a suffisamment de productions pour nourrir tout le monde équitablement, assez de toits pour loger tout le monde.

Nous pourrions simplement nous tourner vers une répartition équitable. Pas parce que c'est rentable, mais parce que c'est juste.

Écoutons les besoins plutôt que l'ego.

Bonne nuit ma révolutionnaire révoltée.

ooooooo

21 septembre 2019

Aujourd'hui j'ai revu le documentaire Arte sur le temps, l'espace-temps et les théories quantiques.

La répétition est sécurisante. Dans notre besoin de sécurité, le temps a une place centrale.

Avant l'ère industrielle, chaque ville avait son heure spécifique, lié à la position du soleil sur le lieu de mesure.

Avec l'arrivée des trains, une heure collective fût établie. En plus d'être un premier pas vers l'uniformisation de la mondialisation, cela nous a déconnectés de notre temps présent, lié à la réalité environnante.

Le temps se mesure par le mouvement vibratoire de chaque atomes. Chaque individu est un amas spécifique d'atomes.

Le temps, comme le ressenti, est une expérience purement personnelle et subjective.

Passé, présent, futur, sont une interprétation matérielle du temps qui s'écoule.

Cela semble passer de manière linéaire à notre petite échelle, nous sommes des atomes dans l'univers.

Ma théorie : avant le Big Bang (BB), il n'y avait que de l'énergie et de la conscience (peut être de l'énergie consciente). Cette conscience a voulu explorer les possibilités de son énergie, elle a déclenchée le BB et produit la matière. Ainsi se matérialisa la flèche du temps, s'étirant jusqu'à l'épuisement de l'énergie initiale.

Je pense que notre conscience personnelle, si unique, est une partie de cette « grande conscience » de départ. Nous faisons tous partie d'un grand Tout. S'y reconnecter c'est prendre conscience de notre lien. Se rendre compte de quoi on fait partie aide à savoir vers quoi on veut tendre.

La Nature est une clé importante de ce puzzle de conscience.

Bonne nuit.

ooooooo

22 septembre 2019

Aujourd'hui, Troling nous a invités à une course de voitures.

Je suis impressionnée par la quantité de poussière déplacée… Sans parler du bruit ! Je me sentais tellement inconfortable.

En voyant la poussière s'accumuler sur l'écran de mon portable, je me suis éloignée, pour mon bien.

Après 40 minutes de marche, en me retournant, je n'ai eu aucune difficulté à voir d'où je venais. Au milieu de cette Nature verdoyante, avec ses champs de vaches et ses forêts, se trouve l'énorme nuage de sable créé par la course.

Si le CO_2 avait une couleur, les spéctateurs ne verraient même pas les voitures…

À part pour l'adrénaline, je ne vois pas en quoi c'est un sport.

Ça brasse surtout autant d'argent que de poussière. Un événement bien juteux pour le monde des engins motorisés et du pétrole…

Tiens ; il y a justement des plates-formes d'extraction à Haugesund…
La Norvège exporte du pétrole et presque tous les Norvégiens ont une voiture électrique…
****
J'ai fini "La psychologie des foules" de Gustave le Bon. L'un des livres ayant inspiré Edward Berney pour la création de la propagande.
Voilà ce que j'en retiens :
→ La science nous a promis la vérité, pas la paix, ni le bonheur
→ Une période de transition anarchique précède toujours une nouvelle société
→ L'impôt le moins lourd en apparence sera le mieux accepté (TVA plutôt qu'impôts mensuels)
→ Lorsqu'une foule se forme, les sentiments et idées de chacun sont orientés dans la même direction => âme collective.
→ Un même individu peut se comporter complètement différemment en foule qu'isolément. De par le nombre, l'individu acquiert un sentiment de puissance invincible.
→ Plus la foule est grande et anonyme, moins chaque individu se sentira responsable.
→ Une foule est guidée par l'émotionnel. Plus les sentiments sont forts et intenses, plus la

foule est touchée. D'où des slogans « choc » répétés sans cesse.

<u>Finalement</u> :
La foule est une conscience collective, où l'identité personnelle est vite submergée par le besoin d'appartenance. Digérer une information complexe s'avère plus compliqué pour une foule que pour chaque individu séparé. Plus l'idée est simple, imagée, et émotionnelle, plus la foule l'intégrera facilement.

Je me rends compte que, dans notre société, nous sommes une foule d'individus séparés, ne cherchant pas à se rencontrer. C'est encore plus simple pour être manipulé.
« Diviser pour mieux régner ».

Pour chaque guerre, si les soldats avaient déserté tous en même temps, il y aurait forcément eu une remise en question. Eux aussi font un choix pour "servir leur patrie".

J'aimerais tellement un système différent, où la seule récompense serait la joie et le partage. Un système où l'on agit par véritable envie, non pas par nécessité. Où l'amour de l'action

suffirait à la satisfaction, les besoins comblés par l'utilisation du matériel déjà existant.
Avec un fonctionnement social plus communautaire. Des petites structures, de grands jardins. Où les enfants et les grands-parents se retrouveraient pour prendre soin les uns des autres. Permettant aux anciens de transmettre leurs savoirs, aux jeunes de prendre conscience. Les gens n'auraient plus peur, car la bienveillance et la confiance seraient les guides de chaque interaction.
****

On nous fait évoluer par tranches d'âge. À l'école, on est plus ou moins toujours avec des êtres de même ancienneté. On nous divise pour mieux nous différencier, nous priver du pouvoir que donne le mélange du savoir des anciens avec la fougue de la jeunesse.
Nous sommes une espèce sociale, nous avons besoin d'amour pour nous épanouir.
Quand je cesserai de juger et de comparer, je pourrais embrasser un nouveau monde bienveillant.
Bonne nuit ma révolutionnaire.

oooooooo

24 septembre 2019

Je n'ai toujours pas reçu ma carte bleue… Ça ne comble pas du tout mon besoin d'autonomie.

Mon indépendance dépend-elle de mes finances ? Ou de ma façon de consommer ?

Je pourrais très bien faire du porte à porte, proposer mes services en échange d'un repas.

Être indépendant, ce n'est pas avoir besoin de personne pour se débrouiller, c'est se débrouiller quelles que soient les conditions.

****

Troling est ravi de notre implication. Il nous a payé les vélos et le matériel associé pour nous remercier.

On récolte ce que l'on sème. Quand on comble des besoins avec envie, on voit les nôtres comblés aussi.

Grâce à notre naturel « don de soi », la seule chose nécessaire pour vivre dans un système épanouissant, c'est de **s'organiser Ensemble**.

À partir du moment où l'on sort de nos cases pour aller à la rencontre de l'autre, dans un but d'organisation commune, tout devient possible.

Reconnectons-nous ensemble à nos besoins !!

Changeons nos espoirs en actions.
Échangeons le « j'y suis pour rien » en « ça m'a fait plaisir ».
Bonne nuit ma révolté.

ooooooo

25 septembre 2019
Ajourd'hui, activité baby sitting.
L'une des premières choses demandée à un enfant c'est le métier de ses parents. Quelle que soit la réponse, elle donne peu d'infos sur l'enfant lui-même. Seulement sur le milieu socio-économique dans lequel il grandit.
Aucun enfant n'a demandé à naître. Chacun a des rêves et des envies propres, indépendamment des parents.
Chaque enfant est un individu à part entière. Ce n'est ni la possession, ni l'extension de ses géniteurs.
Élever les enfants en groupe permettrait plus de possibilités d'éveil pour eux, plus de liberté pour les parents. Un enfant demande beaucoup d'attention pour être épanoui.
Dans un système où on les entasse à 30 par classe, ce n'est pas étonnant d'avoir des adultes cherchant à attirer l'attention. La compétition commence dès le plus jeune âge.
On se compare pour savoir qui est mieux ou

moins bien. Les cours de récrés sont des champs de batailles sociales.
Les rues sont une extension de cette compétition, adaptée aux « adultes ». Le plus important c'est d'en mettre plein la vue ! Le fond importe peu si la forme en impose suffisamment.
Nous sommes si loin de l'essentiel…
Avec un objectif commun à chacun, la compétition n'aurait plus lieu d'être, chacun œuvrerait dans la même direction. La récompense serait la même pour tout le monde.
La punition serait obsolète, sans attente ni obligation.
L'envie serait source de motivation.
Bonne nuit mon utopiste.

ooooooo

26 septembre 2019
Aux infos je vois les Gilets jaunes se faire mutiler par les forces de l'ordre.
La punition est l'explication d'une règle déraisonnable.
La définition du conformisme c'est de faire/penser ce que l'on attend de nous.
<u>Désobéir est un devoir civil quand l'Etat devient hors la loi.</u>

L'expérience Milgram montre que n'importe qui peut engendrer des actes monstrueux si l'autorité est considérée comme légitime.

Qu'est ce qui fait la légitimité d'une autorité ?
→ Le nombre de personne décidant de suivre cette autorité.

S'il y a recours à la contrainte, ce n'est pas de l'autorité, c'est du pouvoir associé à la puissance.
Notre croyance donne du pouvoir aux autorités.
Un pouvoir par la force est facile à renverser, car le plus fort ne l'est jamais pour longtemps. Une autorité trop sûre d'elle, c'est de l'autoritarisme.
<u>L'autorité tient sa force dans la non-volonté de l'exercer.</u>

L'influence minoritaire d'une information/idée se fait en quatre étapes :
- Révélation (faisant d'abord face au déni)
- Incubation (regarder les Pour et Contre de la révélation)
- Conversion (l'idée est d'abord intériorisée au niveau personnel.

On l'accepte mais on n'en parle pas)
_ Innovation (on l'accepte à l'échelle sociétale, une fois que suffisamment de personne l'ont digéré)

Pour le réchauffement climatique, je nous sens dans l'étape de conversion.
L'acceptation est complexe à cause de la culpabilisation du consommateur et du peu de solutions proposées. Le green washing n'est pas une solution mais un prolongement de l'exploitation.
Les lobbies sont fort pour décrédibiliser les scientifiques.
****

Notre mémoire retient mieux les arguments confirmant nos croyances. Ce biais cognitif, allié aux algorithmes d'internet, n'aide en rien l'avancée des choses.
C'est plus difficile de réfléchir que de se laisser porter par son instinct. Ça demande encore plus d'effort de changer d'avis.
<u>La tolérance est vitale pour notre évolution sociétale.</u>
Bonne nuit.

oooooooo

27 septembre 2019

Aujourd'hui je n'ai pas réussi à dire non. On m'a demandé de faire des courses supplémentaires à celle que j'avais alors que j'étais à pieds. Je n'en avais ni l'envie ni l'énergie, mais j'ai dit oui pour être polie.

On est éduqué à être gentil. Nous nous plions souvent en 4 pour être accepté au sein d'un groupe.

Une gentillesse artificielle ne comble personne. C'est faire pour obtenir, pas pour le plaisir.

De plus, être gentil n'est pas synonyme de sincérité, rendant les relations instables.

Thomas D'Asembourg en parle bien dans ces conférences, surtout "Cessez d'être gentil, soyez vrai".

On a tout à gagner à être sincèrement vrai dans nos relations. Cela nous valorise, en plus de la relation elle-même.

Pour une société harmonieuse je pense que l'essentiel est :
    Respect – Responsabilité – Empathie – Entraide

Il y a toujours un moment où l'on a besoin d'aide. Loin d'être une faiblesse, c'est une force de savoir l'accepter.
Bonne nuit.

ooooooo

28 septembre 2019
Cette après-midi nous avons rencontré la grand-mère de Troling. Elle nous a raconté l'histoire de sa vie et de la ville en parallèle. En apprenant notre envie de voir des aurores boréales elle nous dit « On peut en voir à cette latitude ! Régulièrement, tous les 20-25 ans ». Ça nous à fait sourire.

Je m'entends parler et j'utilise des tics de langage de personnes qui m'ont marqués.
Je me vois comme le fruit de mes rencontres. Toutes ces personnes m'aillant aidé, aimé, pris soin de moi, … Elles ont toutes participé à mon évolution. Il y a une part d'eux en moi, car j'ai appris par/avec eux. **Ma personnalité est un patch work de mon entourage.**
Je suis reconnaissante d'avoir eu de nombreuses figures paternelles et maternelles au cours de ma vie.
Je suis reconnaissante d'avoir des ami(e)s. Idem pour ceux m'aillant fait de la peine. Ils m'ont aidé à cultiver ma résilience.

Les déboires font partie de l'équilire.
Bonne nuit pleine de rêves à réaliser.
∘∘∘∘∘∘∘∘

29 septembre 2019
Aujourd'hui c'était le grand départ à Vélo. Nous avons ramassé toutes les canettes trouvées le long des routes. Ça me rend triste de ne pas pouvoir faire 20 mètres sans voir de déchet. En ramasser le plus possible m'aide à me sentir mieux.
Après 6 heures et 32 km de vélo, on a décidé de s'arrêter pour camper. On est complètement épuisé. On est pas entraîné pour pédaler dans les Fjord ! Les côtes ont eu raison de nos muscles.
La nuit commence à peine à assombrir le ciel. On est déjà couché, prêt à dormir.
Ce fût une journée rudement merveilleuse.
Bonne nuit.
∘∘∘∘∘∘∘∘

30 septembre 2019
Le vent souffle très fort aujourd'hui, il pleut régulièrement. On voit les nuages pleurant des cordes se déplacer au-dessus des montagnes du Fjord.
On s'est débarrassé de nos canettes dans un magasin au bord d'un grand pont. On a récolté 102 Kr.

Sur le pont le vent soufflait si fort qu'on ne pouvait pas avancer en pédalant…
On marchait, le vent de face, voyant cet énorme nuage noir nous arriver dessus.
À la fin du premier tiers de la traversée, la pluie tombe à verse. Les gouttes étaient grosses. Avec le vent, ça donnait une sensation de grêle. Comme des fouets sur le visage.
J'étais contente d'avoir mon casque.
Avec Constantin on hurlait à tue-tête
« Toujours autant de pluie chez moi, MAIS IL FAIT BEAU, IL FAIT BEAU ! IL FAIT BEAU ! »
Qu'est-ce qu'on a ri !
On a décidé de s'arrêter après un village. Le temps était encore plus menaçant. On a rapidement trouvé un coin où camper.
J'ai regardé la météo. La pluie ne fait que commencer…
En même temps, quelle idée de partir à vélo en Norvège fin septembre ! ?
Mon besoin de confort se fait ressentir. Jusqu'à maintenant, tout va bien. Même s'il fait froid la nuit, on arrive à se reposer. Même s'il pleut, on a de quoi se protéger et se sécher.
Les problèmes sont dans ma tête, il y a trop d'options pour ne pas avoir de solutions.
Bonne nuit.

ooooooo

1ᵉʳ octobre 2019
Ce matin, on a vite remballé avant de se faire inonder.
Le poids de mon trolley est vraiment handicapant dans les montés. Après 7 km et un pétage de câble de ma part, on a échangé nos vélos. Celui de Constantin est moins chargé, ses bagages sont sur l'armature. Il a constaté l'effort demandé pour rouler avec un poids à tracter.
Au bout d'un moment on était trempé…
On a trouvé un vieux moulin avec une ruine et un toit.
On a décidé de s'y poser. On a étendu toutes nos affaires pour les sécher et on a fait un petit feu.
Au bout d'un moment, un bus accompagné d'un 4x4 se gare à côté de nous. Le chauffeur du bus, en nous voyant, avait appelé le propriétaire. En sortant du véhicule public, il a commencé à nous menacer d'appeler la police, qu'on n'avait pas le droit d'être là. On a commencé à flipper avec Constantin. Le propriétaire a directement calmé le jeu avec un geste de main et quelques mots au chauffeur.
Il a discuté avec nous, on lui a raconté comment on en était arrivé là.

Il commençait à avoir un regard concilient. Je lui ai offert un trèfle pour le remercier de nous laisser le temps de sécher à l'abri.

Il a finalement proposé de nous héberger pour la nuit. Sur le trajet, il nous raconte que lui et sa femme faisaient du vélo en Allemagne. Ils s'étaient pris la pluie et un couple d'Allemands les avait accueillis pour une nuit. Il s'était promis que si l'occasion se présentait, il rendrait ce service à d'autres.

Nous sommes chanceux de tomber sur cette occasion !

Je me sens reconnaissante. Les moments difficiles rendent encore plus délicieux les moments faciles.

On va passer la nuit dans leur caravane de luxe avec chauffage au sol.

Quand on n'a plus rien, la moindre petite chose devient merveilleuse.

On a mangé le dîner (à 17 heures) ensemble. J'ai même pu prendre une douche.

Je suis actuellement avec ma tasse de thé, au chaud et sèche. Mes besoins de confort et de sécurité sont comblés.

Il serait intéressant de faire du porte à porte quand on en a besoin. Offrir nos services, notre savoir, notre bonne humeur, en échange d'une douche chaude ou d'un repas…

Je suis une personne avec de nombreuses qualités. J'ai beaucoup à offrir et à donner.
J'ai la possibilité de vivre sans rien payer. Pas d'argent, pas de monnaie.
Par mes efforts et ma volonté, je peux créer des sourires et faire s'émerveiller. C'est tout ce dont j'ai envie, d'offrir et d'échanger, mes besoins s'en trouveront comblés.
Bonne nuit ma motivée de la vie.

ooooooooo

2 octobre 2019
On a discuté avec la femme de notre hôte. Elle nous a parlé de la façon d'être en Norvège :
→ Si on agit différemment on est mal vue
→ Il est plus facile d'acheter neuf quand l'ancien ne marche plus
→ C'est un peuple très riche, avec deux boulots en moyenne par habitant, et beaucoup d'activités.
Finalement elle nous a beaucoup parlé d'eux. Elle ne nous a posé aucune question.
Mon besoin de partage n'a pas été comblé par cette rencontre. Même si j'ai appris des choses, je n'ai rien changé dans la vie de ces gens.
Juste avant de partir, ils nous ont pris en photos. Notre hôte s'est mis à côté de nous, mais à distance. Avec Constantin on a eu la

sensation d'être des bêtes de foire… Qu'ils voulaient nous montrer leurs possessions, par fierté, se pensant humble d'accepter des gens avec si peu de moyens. Comme si nous n'avions rien à offrir puisque nous avons peu de biens matérielles.
Quand on leur a dit que nous avions vendu toutes nos affaires dans un vide maison, ils nous ont demandés, surpris, « et les gens ont acheté ? »
« Acheter des choses aillant déjà servi alors qu'on peut acheter neuf, pour quoi faire ? »
Plus l'argent coule à flots, moins l'envie de réutiliser/réparer se fait ressentir.
Donner une seconde vie aux objets évite la surproduction de produits et surtout de déchets.
L'usé dont on ne veut plus, il lui arrive quoi ? Brûlé ou entassé dans des îles à déchets, créant un sixième continent.
Produire pour jeter n'a rien d'étique…
Bonne nuit en toute sobriété.

ooooooo

3 octobre 2019
Les ferrys traversant les Fjords sont tout gratuits pour les piétons et les cyclistes !
C'est vachement pratique pour notre porte-monnaie. À chaque course c'est la fonte du

pactol. La Norvège est un pays riche avec beaucoup d'importations. Tout est hors de prix…
Vers 15 heures on arrive à Bjørkeim, épuisé. On décide de s'arrêter dans le premier hôtel venu. 115 € la nuit, c'est un investissement mais mes jambes me remercient.
La vue est magnifique ! Notre grande fenêtre donne sur le creux du Fjord. Sur cette insertion de la mer du Nord il y a un petit pilotis en bois, au creux des falaises recouvertes d'herbes hautes aux nuances automnales.
Vers l'heure locale du dîner (17 h 30) nous sommes descendus prendre un plat typique. Du saumon et des légumes, tout vapeur, avec de la crème épaisse. Un régal !
On a un peu discuté avec les serveuses. Comme beaucoup de monde, elles nous ont demandé comment on fait pour le travail. C'est important d'avoir de l'argent dans ce système capitaliste.
Constantin est fier de se définir comme kiné. Mais moi, je ne veux pas me définir comme orthoprothésiste. À l'heure actuelle, c'est un bout de papier et du passé. En plus personne ne sait ce que c'est… Sauf les concernés. Les gens pensent aux prothèses dentaires ou mammaires la plupart du temps.

Pendant le repas on discutait de « l'après voyage » avec Constantin. Je lui proposais de vivre avec un petit jardin, où je cultiverais, en parallèle de l'écriture d'un livre. J'aime écrire. J'ai toujours aimé ça. J'ai déjà essayé d'écrire deux livres. C'est un travail titanesque qui me fait envie.
Ça demande de l'énergie et surtout du temps. Le temps c'est de l'argent. Écrire un livre ça ne rapporte rien avant sa publication…
« Gagner sa vie »
Comme si ce n'était pas assez difficile comme ça d'être simplement en paix avec soi… Il faut en plus gagner le droit de survivre dans un monde ou l'argent est roi.
Méritocratie... Quelle infamie !
Bien sur nous avons des besoins de bases qui sont necessaires d'être comblés avant de pouvoir nous épanouir. La pyramide de Maslow représente bien tout ça. Et l'argent n'est pas un besoin de base.
Si j'écris quelque chose, ça serait pour aider les gens dans leur changement.
Je souhaite qu'ils puissent se sentir satisfaits.
Bonne nuit.

ooooooooo

4 octobre 2019

Aujourd'hui je me sens fatiguée. Pas de week-end pour les vacanciers. Camping et vélo commencent à avoir ma peau.

Il fait beau, ce serait dommage de ne pas en profiter.

J'ai tellement envie d'avoir la sécurité d'un confort après une journée à pédaler…

****

Nous avons réservé une chambre pas trop chère à 20 km.

Avoir un point d'ancrage pour la nuit m'a motivé.

À un croisement, on s'est trompé de route, ça nous a rajouté 10 km…

À 6,9 km de l'hôtel, je n'en pouvais plus. J'ai commencé à faire sortir la douleur et la fatigue en vocalisations.

J'ai crié, pleuré, crisé et jeté des trucs.

Ma réaction augmentait ma peine.

Mon autojuge m'accablait de reproches, « ne fais pas l'enfant ».

Je suis reconnaissante auprès de Constantin, faisant de son mieux face à cette crise.

J'écris actuellement depuis le sauna de l'hôtel. Après avoir eu si froid, je comprends tout le sens de cette pièce.

On a décidé de rester là jusqu'à lundi pour prendre un peu de temps.
La douleur fait partie de la vie, participant à sa beauté. Le corps peut tout endurer s'il est soutenue par les croyances.
Je suis reconnaissante d'être ici.
Bon repos.

ooooooo

5 octobre 2019
Ce matin j'ai regardé un documentaire sur la Chine. Profit et asservissement sont inséparables apparemment…
Plus je regarde des documentaires (Arte pour la plupart), moins j'aime le capitalisme…
Certains épisodes de Black Miror sont déjà une réalité !
Pour changer la société c'est important de la connaître.
Il est tout aussi primordial de se connaître soi-même.
Je dis « la société », comme s'il n'en existait qu'une. C'est dire à quel point on est aveuglé. Aveuglé ou ignorant ? Les deux sont liés.
J'aime m'abreuver de connaissances. Cela m'aide à faire des choix éclairés.
****
<u>Définition de douleur</u> : expérience sensorielle et/ou émotionnelle désagréable associée à une

lésion tissulaire réelle, potentielle ou décrit comme telle.
La douleur est observable, descriptible.
<u>Définition de souffrance :</u> altération de son rapport à soi et aux autres avec une perte plus ou moins importante de ses capacités.

En psychologie, la souffrance est une création de l'esprit. On peut avoir mal sans souffrance. Quand l'esprit se focalise sur la douleur, qu'il tourne en boucle dessus, ça engendre la souffrance.
Nous sommes une société en souffrance. Nous nous sommes bloqués, tous ensemble, dans un système déshumanisant, loin de tous besoins réels.
Notre imaginaire collectif est persuadé de vivre de la meilleure des manières. Mais connaissons-nous d'autres manières ?
Le gouvernement sous désinforme et divise le peuple pour régner sur des individus apeurés, traumatisés.

Depuis le début de mon voyage j'observe une énergie pétillante animer les gens. Comme une envie de liberté associée au respect. Cette énergie apporte un vent de changements dans les rouages du système de consommation.

La transition se fait petit à petit. Quelque chose bouillonne…
Bonne nuit ma survolté.

ooooooo

Dimanche 6 octobre 2019
Ce matin nous avons fait plusieurs demandes WorkAway (WA).
Maintenant je suis dans l'attente… L'attente de savoir comment mes besoins de confort et de sécurité seront satisfait, tout en continuant la découverte.
Une liberté totale a peu de sécurité. Une sécurité matérielle laisse moins de liberté.
Tout a ses avantages et inconvénients.
Si aucun WA nous accepte, les options sans geler la nuit se font rares.
Et je n'ai pas envie de rentrer.
L'option « porte à porte » me fait envie et me terrorise. Honte de déranger, de faire pitié…
Tous ces codes sociaux si profondément ancrés en moi, en nous…
Pourquoi on ne nous apprend pas à aller vers les autres ?
« Ne parle pas aux inconnus, méfis toi. »
C'est paradoxal, pour un être social, d'en être arrivé à avoir peur des « autres »
L'ignorance dans le présent, additionnée aux expériences traumatiques passées, créent la

peur de l'inconnu. Cette peur se cache sous un bouclier d'agressivité.
Quand je vois toutes ses personnes, d'horizons multiples, prendre plaisir à nous venir en aide, je ne peux pas croire en la méchanceté humaine innée.
La souffrance des enfants développe des adultes aigris.
Merci à toutes ses rencontres qui m'aident à comprendre.
Écoutons-nous.
Faits – Émotions – Besoins

ooooooooo

7 octobre 2019
L'hotel que nous louons est complêtement vide. Le grenier est aménagé en grande salle de jeu. Nous avons une grande télé dans la chambre. Je continue de regarder des documentaires.

Documentaire avec Pablo Servigne :
Le seul facteur commun à tout effondrement c'est la non-réaction des dirigeants.
Si nous attendons de ces derniers de réagir pour notre bien, nous allons finir par mourir sur une Terre invivable.

Aujourd'hui, nous sommes coincés dans différentes boucles de rétroaction positive.
L'effet papillon, ou effet boule de neige.
Réchauffement climatique => fonte des glaces => moins de surface réfléchissant la lumière solaire => eau plus chaude => moins de glace…

Toutes les personnes en situation de précarité ne peuvent même pas imaginer au-delà de certaines fins de mois…
Si on avait un salaire universel, le système pourrait être viable et sécurisant pour tout le monde.
Mais non… Il faut mériter de vivre…

<u>Économie du don</u> = donner en fonction de nos ressources personnelles et remplir ses besoins avec les ressources données disponibles.

La violence engendre la violence. Nous récoltons ce que nous semons.
Comment peut-on prétendre « contrôler » ceux agissants avec violence en les réprimant avec violence ? Trouver un seul responsable à blâmer allège notre pluri-responsabilité.
Donnons comme la Nature donne, inconditionnellement.

La propriété est une illusion, tout peu appartenir à tout le monde !
Au monopoly, le jeu s'arrête quand les pauvres ne peuvent plus payer les riches. La fin de la partie est proche. Réinventons les rêves du jeu.
Bonne nuit pleine d'espoir.

ooooooo

8 octobre 2019
Un WA nous a acceptés à Øystese.
En attendant, dans l'hôtel, je continue de regarder différents documentaires, surtout sociologique.

« Ce n'est pas la conscience des Hommes qui détermine leur existence, c'est au contraire leur existence sociale qui détermine leur conscience »

Karl Max.

L'intérêt de sortir des cases sociétales, c'est d'être soi-même, entier, Vrai.
J'imagine une communauté de CNV, où jugements et cases seraient prohibés. Où l'argent n'a plus le pouvoir de nous détourner de nos émotions et de nos besoins.
Bonne nuit ma révolutionnaire.

ooooooo

9 octobre 2019
Aujourd'hui, nous sommes partis de l'hôtel.
Sur la route, nous avons recyclé nos canettes.
On a obtenu 292 Kr, presque 30 € !
Nous sommes arrivés au WA après 24 km,
surtout de la descente.
Des WAyeurs nous ont accueillis. Ils partent
tous ce week-end. D'ici là, on dormira dans
l'appartement vide en dessous de la maison.
Ça ne va pas être très confortable à même le
plancher, mais au moins on est au sec !
La ferme est immense avec plusieurs hectares
de pommiers et des moutons.
Notre hôte s'appelle Olaf, comme le
bonhomme de neige !
Il a l'air sympa, un campagnard Norvégien.
Ça à l'air chouette. Bonne nuit au sec.

ooooooooo

10 octobre 2019
J'ai une autre idée de livre où il y aura 4
personnages principaux :

- Un Norvégien, d'une famille riche, avec le syndrome de Klinefelter (XXY), il voudra être poète (RESPECT)
- Une Espagnole, avec deux mères faisant partie des « nouveaux riches » et s'aimant dans l'ombre. Elle voudra

étudier les océans/mer (RESPONSABILITÉ)
· Un Jordanien, immigré à 4 ans avec sa mère veuve à Marseille. Il voudra devenir médecin (ENTRAIDE)
· Une Américaine à la main verte, d'un père fermier célibataire. Elle découvrira le système de Kerterre et prodiguera de beaux potagers (EMPATHIE)

Chaque personnage percevra un des défauts du capitalisme. Ensemble, ils créeront une « communauté idéale ». Elle sera composée d'un grand château commun, avec une bibliothèque, une pièce à instrument de musique, une pièce à expérimentations scientifiques/médicinales, une pièce avec le plus de savoir possible…
Chacun d'entre eux trouverait un moyen de garder du confort sans ruiner la planète. Mettant en commun leurs savoirs pour venir en aide à ceux qui souhaitent changer de fonctionnement. Petit à petit, le monde s'organiserait en réseau de communautés, gérées localement et bienveillantes entre elles.
Bonne nuit pleine d'inspiration.

ooooooo

11 octobre 2019
Le travail à la ferme d'Olaf consiste à faire de grandes structures pour tutoriser les petits pommiers.
J'ai fini "l'Existentialisme est un humanisme" de Sartres.
Le destin de l'Homme est en lui-même.
Quand nos idées évoluent nous avons besoin d'un nouveau vocabulaire pour les exprimer.
Ce soir nous dormons dans l'appartement aménagé pour les WAyeur !
C'est bien plus confortable qu'un plancher.
Bonne nuit.

ooooooo

12 octobre 2019
Ce midi, pour dire au revoir aux WAyeurs, Olaf a fait une spécialité du coin : des têtes de moutons.
Ce sont des têtes coupées en deux (du museau à la nuque). Il faut d'abord ouvrir la mâchoire, enlever la peau (mangeable, mais pas à mon goût) pour accéder aux muscles faciaux. Il y a aussi l'œil et l'oreille à déguster…
C'est typiquement le genre de plat qui me donne envie d'être végétarienne. La viande était bonne, mais faire face à un demi-visage ramène à la réalité…

Je n'aurais jamais pu tuer cet animal moi même, suis-je légitime de lui casser la machoire post mortem ?
C'est en dehors de ma zone de confort que j'apprend le plus.
Bonne nuit mon élève de la vie.

ooooooo

16 octobre 2019
La vie suit son cours ici.
Après avoir fini les tuteurs de pommiers, nous nous occupons de la coupe de bois. J'ai pris la tronçonneuse, Constantin la hache. Je fais des rondins, il fait les bûches.
À côté de ça, j'avance plutôt bien sur mon livre. Je développe surtout les personnages et leur milieu d'enfance pour le moment. C'est de la recherche avant l'écriture.
Je continue de regarder des documentaires. Je commence à avoir fait le tour maintenant.
J'ai l'impression de voir toutes les nuances de merde.
"La fabrique de l'ignorance" d'Arte est la cerise putréfiée sur le gâteau industriel.
La plupart d'entre nous sommes complètement ignorants des monstruosités effectuées pour fabriquer un T-shirt pas chère ou un téléphone.
Tant que ça ne nous touche pas, ce n'est pas grave.

Ce n'est pas parce qu'on a « toujours » fait comme ça, que c'est une bonne chose pour autant !

Avec mon expérience, je vois les erreurs comme un apprentissage. Si la leçon n'est pas intégrée, c'est à recommencer… **En voyant l'erreur comme un mal à éviter, on évite par la même occasion d'évoluer.**
Il y a encore beaucoup à apprendre.
Bonne nuit l'esprit ouvert.

ooooooo

18 octobre 2019
Aujourd'hui, un couple de WAyeurs est arrivé ! Ce sont des trentenaires Hongrois. Ce ne sera pas du luxe d'avoir un peu d'aide pour couper le bois.
Ce soir, j'ai découvert des petits reportages sur le monde alternatif avec plusieurs écolieux et leurs habitations rondes. La communauté que je souhaite créer en livre existe peut-être déjà dans la vraie vie.
Bonne nuit mon utopiste.

ooooooo

22 Octobre 2019
Aujourd'hui, avec Constantin on a pris la décision de continuer le voyage en transport en commun. Entre l'hiver et le stop infructueux,

c'est plus sécurisant. Je suis contente de continuer, de ne pas rentrer tout de suite comme Constantin en avait parlé… J'aimerais bien aller jusqu'en Grèce.

Avec les Hongrois on rigole beaucoup ! J'ai appris à trinquer « egészégedre » !
Les langues me fascinent. En écoutant la radio locale je me suis amusée à imiter la sonorité du norvégien. Olaf passait à ce moment, m'a entendu et m'a regardé avec les yeux écarquillés en me demandant ce que je venais de dire.
Cela me fait penser au tattoueur hollandais rencontré à Deventer. Il ne savait pas parler français, mais pouvait avoir une élocution aux sonorités française. C'était vraiment surprenant.
Mon livre avance bon train. Je n'ai pas le temps de m'ennuyer !
Bonne nuit.

ooooooooo

4 novembre 2019
La luminosité ambiante est magnifique, tel un coucher de soleil permanent.
Constantin est au bord de la dépression. Il fait beau, mais le soleil se couche à 15 heures…
J'ai également besoin de changement.On a

prévu notre voyage jusqu'à Tallinn, où j'ai fait une demande WA dans un hostel.

Après deux mois de sobriété j'ai eu envie de fumer aujourd'hui… Heureusement je suis bien occupée !
On a rentré les moutons dans la bergerie ! Il a fallu les guider sur 3 kilomètres à travers champs. C'était sportif et très amusant !
Bonne nuit.

ooooooooo

8 novembre 2019
Constantin voudrait passer noël avec sa famille, en Espagne, puis trouver un job comme kiné en France.
Je ne sais pas encore si je veux le suivre ou continuer le voyage.
J'ai envie de bouger, de voir des gens et faire des rencontres. Ici, au fin fond de la campagne norvégienne, les rencontres se font rares…
Bonne nuit mon aventurière de la vie.

ooooooooo

10 novembre 2019
Hier soir j'ai beaucoup trop bu ! Le cidre maison m'a filé une gueule de bois d'enfer !
En tout cas, après cette cuite, je ne sais pas pourquoi, mais je me sens plus apte à suivre Constantin en Espagne...

ooooooooo

13 novembre 2019
On part demain. Olaf nous a racheté nos vélos.
Ça nous débarrasse bien et on a du cash pour les prochains jours.
Ça fait deux semaines que j'attends de partir.
C'est le moment, et je me sens triste…
Je n'attends rien de rentrer, j'attendais tout du voyage…
Mais bon, après 5 mois, j'ai déjà bien évolué.
Et puis, je souhaite surtout devenir végétarienne et écrire mon livre. Ça, je peux le faire partout.
Je ne suis pas douée pour les aux-revoirs…
En suivant Constantin, je ne m'enchaîne pas, c'est mon choix.
<u>Seules mes réactions sont ma prison.</u>
Le voyage m'a enrichi grâce à mon ouverture d'esprit et aux rencontres.
Bonne nuit voyageuse hivernale.

ooooooo

14 novembre 2019
Ça y est ! Nous sommes dans le train direction Oslo ! La longue attente m'a laissée face à moi même à cette heure tardive.
J'ai encore cette tendance à stresser pour peu.
Les mauvaises habitudes ont la peau dure.
Tout se passe bien.

Bonne sieste dans le train.

ooooooo

15 novembre 2019

Notre train est arrivé à Oslo vers 6 heures du matin. On est allé dans un coffee house pour se réveiller. Puis on s'est dirigé à pied vers notre CS, à 11 km du centre.

La ville est très sombre avec son ciel bas de nuages gris et sa luminosité hivernale.

Après avoir discuté un peu avec notre hôte, nous nous sommes couchés, épuisés.

Bonne nuit.

ooooooo

16 novembre 2019

Nous sommes allés au marché de Noël en centre-ville. Quelle fût ma surprise d'apprendre l'existence d'un parc dédié à la consommation de boisson alcoolisée.

Les Norvégiens sont vraiment très stricts sur l'alcool. Déjà, sa vente est interdite après 18 heures.

Après 4 verres et 2 snacks pour 75 €, on a décidé de rentrer.

On va en profiter pour se reposer. On se sent épuisé.

Le coucher de soleil à 15 h 30 n'aide pas trop…

Bonne nuit d'après-midi.

ooooooo

20 novembre 2019
Nous sommes arrivés à Stockholm.
Le CS meeting de ce soir s'est révélé fort en amitiés !
Que des voyageurs. Deux filles Espagnoles, un Syrien et un Allemand (on dirait le début d'une blague raciste…) On a beaucoup ri !
La nuit en pleine après-midi rallonge le temps de l'apéro. Je comprends mieux pourquoi il existe une telle régulation sur la vente et la consommation d'alcool.
Bonne nuit longue folie.

ooooooo

23 novembre 2019
Nous avons quitté l'hostel hier vers 11 heures. Nous nous sommes occupés jusqu'aux retrouvailles avec nos amis de CS. Il y a un rassemblement hebdomadaire au Red Lion.
Ce meeting s'est révélé énorme ! On utilisait quasiment tout le bar !
Après la fête, vers 2 h du matin, on avait nulle part où dormir et notre ferry était prévu à 5 h 30. On s'est donc dirigé vers l'entrée du port. Nous avons essayé de dormir dans un couloir très exposé aux vent. En gros, on n'a pas dormi !

Une fois dans le ferry, interdiction de dormir dans les lieux communs. Pour se reposer il fallait prendre une chambre. On s'est vengé sur un buffet à volonté à 68 € chacun.
Notre arrivée à Turku se fit dans une fatigue extrême.
Notre Airbnb est carrément chouette ! Il y a même un sauna ! (Apparemment il y en a dans tous les foyers en Finlande).
Après en avoir profité, je compte bien me reposer.
Bonne nuit.

ooooooo

24 novembre.
On a dormi 14 heures !!!
La nuit est tombée à peine deux heures après notre levé. On est complètement déboussolé ! On a visité la ville. Tout est cher dans les pays du nord. On a visité le petit marché de noël. On a goutté au Gloggy. C'est du jus de pomme chaud, avec de la cannelle. Si on en veut alcoolisé, ils rajoutent un shot de vodka dans le verre. Comme en Norvège, on doit le boire dans une zone définit. Il y avait deux bancs recouverts de tissus épais et des couvertures à disposition. La boisson chaude était délicieuse et réconfortante.
Dormir le sera tout autant. Bonne nuit.

∘∘∘∘∘∘∘

25 novembre 2019
Nous sommes restés au Airbnb aujourd'hui.
Nous avons beaucoup partagé avec notre hôte.
Elle nous a raconté comment elle a rencontré son mari finlandais. Après une première rencontre dans un cadre professionnel, il est retourné en Thaïlande pour la chercher et lui proposer de venir vivre avec lui. C'est une femme vraiment gentille, c'était doux de discuter avec elle. Elle nous a offert un marque-page chacun. Ce sont des porte-bonheur thaïlandais, en or. Elle m'a offert « Peace ». Constantin a eu « Joy ».
J'ai reçu tellement de cadeaux pendant ce voyage.
Je me sens grandit, plus calme.
Bien sûr, la vie réservée et planifiée est plus sécurisante. Mais je sens que j'évolue vers une autre moi.
Merci encore.
Bonne nuit.

∘∘∘∘∘∘∘

27 novembre 2019
Nous sommes tranquillement arrivés à Helsinki hier.
La nuit tombe encore tôt, environ 16 heures.
Le temps gris ne nous motive pas trop pour

faire des trucs dehors… Le marché de noël de la capitale est un peu décevant. Mais l'hôtel a un sauna.
On fait une journée canapé.
J'ai décidé de suivre Constantin. Comme compromis, on repasse par la hollande avant de rentrer.
On commence à en avoir tous les deux marre du voyage. Un besoin de stabilité se fait ressentir.
Les pays nordiques sont vraiment hors de prix ! Notre budget a fondu comme neige au soleil.
Et je n'ai toujours pas de carte bleue…
Cela dit, j'avais trouvé un WA rémunéré à Tallinn. Il y a tellement de solutions. Ne pas en trouver pour les problèmes existants, c'est manquer d'imagination, de communication, ou se contenter de ce qui est.
Je commence à bloquer un peu sur la création de mes personnages.
J'ai besoin de faire des recherches pour avancer, mais je ne sais pas par où commencer.
Parfois, on a tout simplement besoin d'aide.
C'est une force de l'accepter.
Bonne nuit jeune padawan.

ooooooooo

28 novembre 2019
Le CS meeting de ce soir était sympa. On a surtout rencontré des locaux. Il y a peu de touristes en cette saison. Même les Finlandais fuient la pénombre ! La plupart ont une maison secondaire. J'ai rencontré le propriétaire d'une maison dans le sud de la France. On a beaucoup parlé des Français et de leur problème de racisme… Chaque personne que j'ai rencontrée m'a raconté le même type d'accueil en France sans savoir parler français, : froid.
« On est en France ici, on parle français ! ».
L'agressivité face à ce qui n'est pas compris…
Je suis contente de me fondre dans la masse. Avec mon accent anglais et ma tête, tout le monde me prend pour une allemande.
Je préfère m'identifier comme citoyenne du monde.
Bonne nuit.

ooooooo

30 novembre 2019
Nous sommes partis d'Helsinki avec le soleil. Cette luminosité hivernale est magnifique. Une lumière jaune orangée englobe l'atmosphère. Une fois arrivés à Tallinn, nous nous sommes baladés en ville pour trouver de quoi manger. Le hasard de nos pas nous a amenés dans un

marché de noël gigantesque, avec une magie tant visuelle qu'olfactive. On s'est régalé ! Les prix sont carrément plus abordables de ce côté de la mer baltique !
On peut également se balader partout avec son verre d'alcool !
À la nuit tombée, pendant 10 minutes, il a même grêlé ! C'était euphorisant !
On est rentré à l'hôtel ravis !
Prêts pour une bonne nuit.

ooooooo

1er décembre 2019
Aujourd'hui, nous avons visité le centre historique. C'est une ville magnifique avec ces rues pavées et son architecture médiévale orthodoxe.
On a gardé l'option marché de noël pour nous régaler. En se baladant dans les rues, on parlait de notre envie de fumer, on a hâte d'arriver aux pays-bas. Et là, on tombe sur un coffee-shop ! Cette coïncidence nous a incités à rentrer dans la boutique. Il vend uniquement de la CBD. On était ravis quand même ! J'ai appris que la CBD est légale au niveau des lois européennes. C'est génial !
C'est un relaxant musculaire efficace, sans la défonce due à la THC. Ça aide beaucoup de pathologies.

Nous avons fini notre journée dans un salon de thé cosy, à jouer aux échecs.
C'est cool la vie à un prix abordable.
Cette phrase me choque maintenant que je l'écris…
La vie ne devrait pas être conditionnée par la monnaie.
Elle devrait même être inconditionnelle !
Bonne nuit ma révolutionnaire.

ooooooo

2 décembre 2019
Nous sommes dans le bus, direction Riga.
Les sièges sont équipés d'écran avec des films gratuits ! J'ai pu regarder "Bohemian Rapsody".
Ce film m'a mise face à mon besoin d'acceptation.
Acceptation de moi dans mon entièreté, avec ma tristesse, ma rage, ma joie… Toutes mes émotions vienent à moi comme des boulets de canons, ne demandant qu'à sortir. Garder mon calme est rare. Pourtant je cherche cette tranquillité d'esprit comme un but en soi.
How full I am…
Je cherchais le calme sans passer par l'acceptation de mes émotions existantes. La plupart du temps, je les réprime avec mon autojuge. En rejettant ma colère, ma violence,

je rejette une partie de moi. Quand j'entrevois des émotions « négative » je leur cherche une solution. C'est de la positivité toxique.
Un souvenir me revient en tête : on est en voiture pour aller en vacance. J'ai la tête dans mes pensées, ma mère me voit dans le rétro, « Arrête de faire ta tête de veau ! Souris, la vie est belle. »

J'ai besoin de m'aimer et de m'accepter dans mon entièreté avant de pouvoir changer.
Autoflageller mes défauts et mes émotions « négatives » me fera juste devenir plus hargneuse.
Je ne peux pas changer mes émotions. Elles sont là pour exprimer des besoins.
Je peux changer ma manière de les écouter et de m'exprimer.
Changer ma sévérité pleine de jugements et d'insultes pour prendre le temps d'accueillir, d'écouter et d'accepter.
En prenant connaissance de mes besoins, la solution viendra d'elle-même. Sans avoir à crier.
****
J'aime donner, aimer et chérir.
J'aime la beauté des âmes dans leur sincère entièreté.

J'aime contempler et m'émerveiller.
Mais je ne pourrais jamais « gagner ma vie » avec tout cet amour.
On ne peut pas monétiser l'amour. Il n'a aucune règle, aucune régularité, insaisissable et spontané.
L'Amour prend autant de forme qu'il existe d'interactions. Il est inépuisable sous sa forme inconditionnelle. Ce n'est pas un gâteau partagé à nos amis/amour. C'est un puits dont la profondeur dépend du donneur. Plus une personne s'aime et comble ses besoins, plus le puits est profond, libérateur d'un amour infini.
Dans notre langage, nous avons conditionné nos sentiments amoureux. En utilisant des formulations comme « je serais contente si… », « si tu fais ça, tu serais mignon », « tu es méchant d'avoir fait ça ».
L'amour toxique se définit par le chantage et la dépendance.
Mettre tous nos besoins sociaux et amoureux sur une seule personne est dangereux. Les répartir en élargissant nos groupes d'interractions intimes nous aidera à nous sentir soulagé.
L'enfant est pur amour innocent. Redevenons des enfants.

Nous avons oublié beaucoup de choses essentielles.
« L'essentiel est invisible pour les yeux »
L'essentiel est immatériel.
Bonne nuit aux rêves impalpables.

ooooooo

4 décembre 2019
J'avance assez bien sur le fil rouge de mon livre. À la fin de l'histoire, j'aimerais un système communautaire fonctionnant à l'échelle mondiale. Un réseau de collectifs, reliés comme une toile d'araignée. Chaque groupe s'organiserait de manière spécifique, déterminée par les habitants et leurs activités de prédilection.
En sociologie ils expliquent qu'au delà de 100 individus, il y a moins de confiance au sein d'un groupe car il est difficile de connaître personnellement tous le monde.
Avec tous les petits villages c'est déjà possible de se gérer localement. S'organiser à échelle humaine et non « nationale ».
Bonne nuit vers un nouveau monde.

ooooooo

5 décembre 2019
Nous sommes arrivés aux pays bas !
Nous sommes retournés chez le couple de Deventer, habitant à Zutphen maintenant.

Après 3 mois sans fumer, je suis complètement éclatée dès les premières barres !
La rareté d'un événement lui permet de rester magique.
Bonne nuit.

ooooooo

7 décembre 2019
Nous sommes partis ce matin pour aller à Utrecht. Après avoir récupéré les clefs de notre hébergeur CS, nous nous sommes rendus à notre coffee-shop préféré, le Culture Boat.
On a beaucoup fumé et ça nous a plu !
Je constate les différences après une si longue sobriété.
Dans le fond, qu'est ce qui me manquait tant dans la défonce ?
Penser différemment ? Fuir ?
Non…
Je passe un bon moment, je partage avec des gens, mais le pétard n'améliore rien. C'est comme l'alcool, on l'utilise pour se déshiniber, comme un connecteur social, alors que c'est addictif.
Je suis plus calme avec un pétard car je ressens moins. Ça rend les choses plus simples.
Avec la Communication Non Violente j'ai de merveilleux outils pour gérer mes émotions

sobrement ! Il suffit de les accepter, de m'écouter et de me soulager.
Bone nuit pleine de messager.
ooooooo

11 décembre 2019
Nous sommes arrivés à Rotterdam !
On avait RDV avec Hans à 17 heures. Je suis tellement contente d'avoir pu rencontrer ce propriétaire de carrefour mondial ! Il nous a expliqué qu'il a toujours aimé recevoir et rencontrer du monde. Il avait mis son appartement sur Airbnb, mais ça lui restreignait l'accès aux pièces communes. Alors il a choisi d'accueillir des gens via CS. Je n'ai pas très bien compris toutes ces activités d'occupations. En tout cas, il voyage beaucoup.
Petit à petit je fais le deuil de ce voyage. Revenir là où l'on a commencé m'y aide beaucoup.
Je n'ai pas noté chaque détail.
J'espère m'en souvenir quand je relirais ces pages.
****

Je viens de feuilleter mes notes. J'ai eu beaucoup de reflexions, j'ai vraiment peu décris ce qu'il se passait. En même temps il se passe tellement de choses ! Faire 200km en

stop c'est renconter jusqu'à 20 personnes. Soit des conversations philosophiques, soit des rencontres fortuites. Une journée c'est des milliers d'évènements, autant de questionnements. Ce n'est pas avec un seul changement que l'on évolue, il en faut tout le temps pour que ça remue.
Mes yeux se remplissaient à chaque instant et mon cerveau a carburé.
Je me sens transformée !!
Aller voir ma mère dimanche sera une nouvelle naissance.
Je sortirais de moi-même cette fois.
La différence nous apprend toujours quelque chose, à propos du monde extérieur ou de soi.
Apprendre à la côtoyer rend le monde plus petit, les faussés moins grands. Nous sommes des êtres constitués du même acabit. Besoins et émotions sont notre liant.
Il y a des ressemblances dans la diversité.
Bonne nuit fée du changement.

ooooooo

13 décembre 2019
J'ai goûté le plaisir du space cookie hier, je recommence aujourd'hui.
Je me sens souvent coupable de consommer de la weed.

Si la loi ne l'interdisait pas en France, je n'aurais pas de raison de me sentir coupable. Je me demande pourquoi Marie-Jeanne est encore considérée comme dangereuse et horrible ? Comparée à l'alcool, elle est vachement plus soft. Le temps dont un alcoolique a besoin pour évacuer la drogue de son corps s'appelle le Délirium. Se sont trois jours de fièvre délirantes, potentiellement mortels.
Le chanvre a beaucoup de qualités (isolation, fibre textile, …) et pourtant il est mal vu, associé à un « stupéfiant illégal ».

On ne peut pas faire la guerre contre un objet…
Traduction : quand l'état déclare faire la guerre à une drogue, il vise en réalité les consommateurs et/ou les vendeurs. Politique et économie… Corruption et profits.
Nixon a rendu illégale la plupart des drogues. Aujourd'hui les chercheurs se rendent compte de leurs avantages et souhaiteraient les étudier pour mieux les comprendre, le LSD et les champignons en particulier. Les scientifiques savent déjà que le chanvre, contenant de la CBD et parfois de la THC, procure beaucoup

de bienfaits pour diverses pathologies (parkinston, maladie de chrone, ...).
Dans tous les cas, le plus simple c'est de légaliser.
La qualité du produit serait certifiée. Le suivit médical des consommateurs serait aisé. Sans parler des bénéfices pour l'état, entre l'entrée en bourse de la plante et les taxes, je ne comprends pas pourquoi ils ne l'ont pas encore légalisée.
De toutes les drogues prises pour supporter notre rythme moderne (antidépresseur, cocaïne, …), la weed n'est pas la pire.
Je ne dis pas que c'est génial et qu'il faut en consommer. Je constate juste qu'il y a beaucoup de consommateurs, c'est donc un marché réel.
En plus les effets varient beaucoup d'une personne à l'autre. Chaque cerveau étant unique, la récéptivité l'est également.
Bonne nuit douce folie.

ooooooooo

16 décembre 2019
En fait, j'attends beaucoup de ma mère… Je cherche à combler le manque affectif de mon enfant intérieur. Je veux rattraper ça avec elle, mais c'est impossible. C'est déjà passé.

Aujourd'hui ma mère est stressée, blessée par la vie, avec peu d'énergie.
Les autres ne peuvent pas surmonter nos épreuves.
Je ne peux pas attendre qu'elle soit fière de moi alors que nos valeurs sont opposées. Je dois être fière de moi directement, c'est plus simple.
Ma mère a l'importance que je lui donne dans ma vie, idem pour son avis.
Merci à elle d'avoir fait de son mieux et de m'accepter telle que je suis.
Bonne nuit.

ooooooo

18 décembre 2019
Nous sommes arrivés hier dans le Jura.
J'ai recroisé le cousin de mon père, ancien fermier laitier. Il se sens beaucoup mieux sans sa ferme et son labeur quotidien, ne rapportant rien. Maintenant il a des week-ends et un salaire fixe, c'est plus sûr.
Comment en est-on arrivé à un système où les métiers nécessaires pour nous nourrir sont dévalorisés, au point de transformer les agriculteurs en asservis ?

L'homme a perdu son humanité quand il a commencé à se croire au-dessus de sa place.

S'autoproclamer propriétaire de Celle qui l'a vu naître… Drôle d'idée…
Bonne nuit.

ooooooo

21 décembre 2019
Nous avons roulé toute la journée d'hier pour arriver chez les parents de Constantin, à Castellón.
Le voyage continue, mon journal de bord aussi.
Aujourd'hui, il fait un temps magnifique !
C'est la journée la plus courte et le soleil brillera jusqu'à 17 h 30 !! Vive l'Espagne !
Je peux écrire et lire autant que je veux, en débardeur sur le toit de la maison. D'ailleurs, parmi les livres achetés, il y a "Les mots sont des fenêtres (ou des murs)" de Marshall Rosenberg. Ça rejoint la conférence de CNV de 3 heures sur youtube. J'ai aussi trouvé "Et maintenant, on mange quoi ?" de Christophe Brusset. Il a travaillé dans l'agroalimentaire pendant 40 ans. Il a écrit un premier tome racontant les horreurs vendues à manger. Là il a l'air de proposer des alternatives sûres.
Je n'ai plus besoin de fuir quoi que ce soit. Je suis en phase avec mes choix. En phase avec moi, écrivaine.
Bonne nuit cheftaine de vie.

ooooooo

27 décembre 2019

Les études payantes forcent une entrée rapide sur le marché du travail, afin de rembourser les crédits. Cela empêche les nouveaux diplômés de prendre le temps de remettre en question le système, puisqu'ils coulent déjà dedans.

Les demandeurs d'emploi regardent plus souvent le salaire que la fonction d'un poste.

Si la connaissance est payante, alors les écoles sont des entreprises financées par les élèves.

Aux états unis, le phénomène est tel qu'il y a une bulle économique de prêts étudiants !

Quand est-ce qu'on se recentrera sur l'essentiel ?

Quand arrêtera-t-on de foncer, en autruche, vers un profit immédiat temporaire ?

Quand ouvrirons-nous les yeux sur nos besoins réels ?

J'ai mis du temps avant de comprendre les miens. J'aimerais aider les autres, pour transitionner plus vite.

Mon empressement, en plus de me faire inventer des mots, me fait me questionner sur un moment.

Je demande « Quand ? ».

Mais une transition, c'est comme Rome, ça ne se fait pas en un jour. C'est une suite

d'événements, pouvant durer des siècles. Comme la transition agricole, encore en perpétuelle évolution.
Demander une date précise pour LE changement n'a pas de sens, **c'est en train d'arriver.**
Petit à petit depuis des décennies, les mœurs changent et évoluent.
« Le profit avant tout » mettra du temps à s'effacer des mœurs.

L'énergie pétillante grouillant dans l'ombre, tous ces gens rencontrés rayonnants sur leur chemin… J'ai de l'espoir pour l'humanité. Le changement, doucement, gronde. Évacuer les charges émotionnelles du passé prend du temps. Tout le monde n'en est pas au même stade, spécifique à chacun. Parfois il y a des niveaux communs. Empathie, écoute bienveillante, tendresse, peuvent aider un deuil jusqu'à la phase d'acceptation.
D'ici là, bonne nuit.

ooooooo

7 janvier 2020
Aujourd'hui, on a vu "Le Joker", sorti l'année dernière.

J'ai rarement vu un film si… Actuel. Les adultes « méchants » sont des enfants élevés dans la souffrance.
Si on continue d'être violent les uns envers les autres, ça ne s'arrêtera jamais.
Dépasser l'agressivité réactionnaire demande un effort au début, puis ça devient naturel.
L'amour délivre, c'est un remède puissant.

Notre système nous rend malheureux au point d'en créer des pathologies psychiques. (Le burn-out est un bon exemple). Le fatalisme est dangereux avec sa phrase « c'est comme ça ».
<u>En ignorant les problèmes, ou en tapant dessus, ça n'ira pas mieux.</u>

Fait < = > Émotions < = > Besoins
= > demande si nécessaire.

En perdant ce que l'on a, on peut réaliser dans quel état ça nous met.
Embrassons nos douleurs, acceptons-les. Faisons-leur une place dans nos cœurs, où toutes nos émotions s'enlacent.
Tel un Yin Yang, l'assemblage de toutes choses crée l'équilibre. La douleur fait partie de l'harmonie, l'acceptation et la sérénité aussi. Bonne nuit.

ooooooo

11 janvier 2020
Constantin a été accepté pour un job dans une clinique privée à Albi.
Nous partons demain.
Après de nombreux détours, j'ai trouvé le chemin me plaisant le plus : l'écriture.
D'aussi loin que je me souvienne j'ai toujours écris. J'avance plutôt bien sur mon livre, j'ai les deux premiers chapitres. Je vais sûrement devoir les retravailler, mais c'est satisfaisant de progresser.
L'avantage, c'est que je peux faire cette activité partout !
Bonne nuit pour de nouvelles aventures.

ooooooo

17 janvier 2020
Pour le moment je dors chez une amie du BTS, à Castres.
Elle n'attend qu'une chose : ne plus jamais avoir de devoir.
Une autre amie qui travaillait avec moi commence à se faire exploiter par les patrons.
Elle se sent coincée dans ce boulot.
Et Constantin a déjà l'air fatigué…
Il y a quand même beaucoup de désavantages dans ce système…

Même si je vis dedans, je me sens moins impliquée avec mes choix.
Je me suis mise d'accord avec Constantin, j'ai 6 mois pour m'y dédier. Après je trouve un job.
Je vois bien qu'il n'est pas chaud à l'idée de quasiment tout payer. Mais je vais faire un maximum de trucs pour que la vie soit la moins chère et la plus saine possible !
Bonne nuit pleine d'espoir.

ooooooooo

18 janvier 2020
Aujourd'hui on a signé le contrat de bail avec les proprios. On pourra emménager début février.
Un collègue de Constantin, vivant dans une grande maison vide, nous a proposé une colocation.
Je vais pouvoir pleinement me dédier à l'écriture et à la recherche de meubles pour notre futur appart.
Bonne nuit organisatrice de vie.

ooooooooo

19 janvier 2020
Je viens de regarder un documentaire sur le personnel d'un abattoir.
On parle beaucoup de la souffrance animale, mais je n'avais jamais pensé à celui qui tire le

coup fatal… Une vache toutes les 10 secondes… L'objectification de la vie...
On est parti sur un tel matérialisme, on en a oublié l'âme des Êtres.
« Tu deviens un problème quand tu te syndicalises »
C'est toujours la même chose ! Au nom du profit, les patronats désirent uniquement des salariés sans droit et sans projet d'avenir. Bref, des esclaves.
Plus je m'informe, plus je constate les problèmes multiples aux causes encore plus nombreuses. Mais tout va dans le même sens => l'exploitation aveugle.

Prise de conscience – Responsabilité
Prise de risque – Action
Pour un monde plus juste !

oooooooo

22 janvier 2020
Quand j'explique aux gens mon choix de ne pas exercer le métier pour lequel je suis diplômée, c'est toujours la même réaction. Une incompréhension totale, avec des raisons variées en fonction de la personne qui me parle.

De mon côté, je ne comprends pas les gens qui acceptent de faire la même chose toute leur vie, avec des centaines de contraintes. Si le plaisir est présent au quotidien, tant mieux pour eux ! Mais le changement fait partie de la vie. 10 ans à faire la même chose c'est déjà très long.
Il existe si peu d'informations sur TOUS les métiers existants.
Et, à part pour des jobs pourris, il faut un diplôme spécifique pour chaque activité tellement tout s'est spécialisé.
Peu de choses sont mises en place pour faciliter la reconversion, rien dans le sens du changement.
Un avantage de vivre en communauté serait de pouvoir toucher à tout si l'envie nous prend. Tant que les tâches sont accomplies, tout est permis !
Bonne nuit vers l'utopie.

ooooooo

23 janvier 2020
Depuis notre arrivée dans la coloc, je regarde les annonces d'emplois sur Albi en envoyant quelques demandes… Ce matin j'ai passé un entretien pour un job de réparation mobile alors que je n'ai aucune compétence dans ce domaine.

Je trouve injuste de me sentir plus en sécurité avec un salaire.
À chaque rencontre, le sujet de l'argent vient avant le bien-être.
Le voyage me manque…
La sécurité et le confort sont au rendez-vous dans cette vie… Mais je ne suis pas heureuse !
A la naissance on nous colle une étiquette sociale. Pour sortir de cette condition il faut le mériter.
Nous nous comparons, nous nous classifions sur une liste de méritocratie.
Mais nous sommes tous interdépendants !
Nous dépendons tous d'autrui pour obtenir ce dont nous avons besoin dans nos vie.
****

Il y a de plus en plus de fake news sur internet et dans les médias.
L'information, c'est comme le reste, elle se vend. Pour être mieux vendues, des titres chocs, des photos tape à l'œil et des textes dignes de grands romanciers. Est-ce toujours de l'information ?
N'avalons pas leur corruption ! Cherchons nous-même les moyens de résoudre notre mal-être.
Personne ne peut avoir le savoir absolu, ni une réponse pour chaque problème.

Ensemble nous pouvons créer autant de solutions qu'il y a d'interactions, d'échanges et d'informations !
Bonne nuit.

ooooooo

25 janvier 2020
Le manque d'intimité dans cette coloc' commence à nous impatienter avec Constantin.
J'ai hâte de pouvoir vivre chez nous !
Ça me redonne cette sensation de toujours être dans l'attente de quelque chose…
Depuis plusieurs jours j'ai envie d'un mc do.
Je sais que ça ne me procurera rien, à part un peu de dopamine.
On est allé dans deux restos spécialistes du burger, ils étaient délicieux. Mais un mc do reste une idée fixe, une drogue...
Cette envie cache quelque chose de plus profond.
Je ne peux pas me sentir comblée sur du long terme avec des satisfactions passagères.
Le plus dur est de passer outre cette faim, digne d'un réflexe Pavlovien, pour écouter mes véritables besoins.
Si je cède en espérant que ça passe, je vais juste cumuler les consommations.
L'image des herbes hautes du jardin de Grunköl me vient à l'esprit…

La Nature est inexistante en ville. Voir tous ces « espaces verts », contrôlés de près par l'homme, ne comble pas du tout mon besoin de connexion avec Elle.

Quels sont mes besoins dans une société me proposant tout pour ne pas y penser ?

Bonne nuit petite toxico banalisée.

ooooooooo

31 janvier 2020

J'ai regardé un CASH investigation sur le neuromarketing et le sucre.

Le sucre est une drogue plus addictive que la cocaïne. C'est prouvé et re re prouvé...

Une mère a porté plainte contre mc do pour avoir rendu son enfant accro, avec les jouets notamment.

Le journaliste demande « Mais ce n'est pas à vous de lui dire non ? »

Bien sûr ! Va dire non à un enfant croyant demander un petit plaisir. Voyant plein de publicités propagandes à longueur de journée. Sans parler du bouche-à-oreille !

<u>Les enfants sont endoctrinés !</u>

Tout le monde trouve ça normal que les parents soient accusés.

Notre système aime pointer des coupables, il en oublie de trouver de VRAIES solutions.

C'est tellement pratique de juger ! En plus de déresponsabiliser les accusateurs, ça laisse oublier le vrai drame. Aucune blessure, aucune douleur n'est entendue. Seulement des reproches hurlés dans tous les sens…
Une fois « les fauteurs de troubles » punis, on se pense tiré d'affaire.
Tant que la peine n'a pas été entendue, acceptée, évacuée, elle se propagera.

Espérer un résultat différent en faisant toujours la même chose, c'est comme espérer apprendre en pensant tout savoir.

N'oublions pas le côté social de notre espèce, nos besoins sociaux sont vitaux.
Notre imaginaire collectif donne tout pouvoir aux lois. Je ne parle pas de les supprimer, simplement de les réévaluer. Constater par nous-même, discuter. Se faire notre propre opinion, échanger. Laisser l'option à nos croyances de s'élargir à chaque interaction. Nos codes et nos règles dépendent de Nous. C'est l'ensemble des individus qui forment société. Chaque individu peut choisir d'effacer et de recommencer. Moins de cases, plus de libertés.

Moins d'exploitations et de punitions, plus d'écoute et de compassion.
C'est un devoir civil de désobéir quand l'état est hors la loi.
Bonne nuit vers un monde meilleur.

ooooooooo

Dimanche 2 février 2020
Nous sommes arrivés chez nous !!!
Après la journée d'hier, notre première nuit dans notre lit fût confortable et reposante !
Tous les meubles sont en vrac dans le salon. J'aime ces moments de transition. Créer quelque chose de nouveau à partir d'un gros bordel.
La nouveauté rend tout possible !
****

Il est maintenant 18 heures, et notre nouveau chez nous est quasiment fini d'aménager (à quelques décos près).
On s'y sent déjà bien.
Un nouveau chapitre commence.
Bonne nuit dans ce cocon carré.

ooooooooo

4 février 2020
Aujourd'hui fût une autre journée pleine d'actions et de courses.

Plus je m'investis dans cette vie, moins j'ai de joie et de motivation… Et plus j'ai envie de consommer.
Je me sens coincée dans une spirale sans espoir. Et sans amour…
Constantin travaille depuis presque trois semaines, et j'ai déjà cette sensation de routine dans notre quotidien.
Il est tellement fatigué… Je n'ai plus l'impression qu'il m'aime.
Ou c'est moi qui ne l'aime plus ?
Je me sens malheureuse… Revenue à une place que je n'aime pas dans un capitalisme qui me déséspère.
Je suis dans ma semaine de dépression prémenstruelle. Les hormones ne m'aident pas à me sentir en joie.
Pendant le voyage j'avais moins de symptômes, moins de douleur aussi.
Je n'ai jamais trop aimé la constance, ni la routine. Peut-être ma sensibilité aux changements du monde m'empêche de rester statique, sans rien faire.

Tellement de choses m'attendent…
J'ai grandi dans la montagne boisée.
J'ai survécu à ma première ville grise.
Je suis descendue dans une ville dorée.

J'ai appris dans celle aux milles couleurs.
Je me suis perdu dans une année de hantise.
Peu à peu j'ai retrouvé mes valeurs.
S'en est suivie la découverte de la bêtise,
L'esclavage pour me payer le voyage.
Après, j'ai enfin pu voir du paysage.
Maintenant je suis rentrée, je me sens plus sage.
Mes émotions continuent de tourbillonner, en présage.
Mes besoins ne sont plus comblés…
Je me sens décalée de la réalité imposée
Au point où je pense être folle alliée.
Pleine de nuances, ma camisole est grise
Elle me donne l'impression de bouger à ma guise
Mais c'est une illusion aux choix multiples.
Un étalage à consommer, un nouvel article.
C'est ainsi pour s'intégrer,
Faire comme tout le monde pour ne pas être rejeté.
Il y a trop de choses qui se bousculent
Je ne peux pas rester dans ma bulle.
Tellement de choses se passent, j'aimerais que tout s'arrête.
Une pause pour réaliser que tout provient de nos têtes.
Pas évident de remettre en question

On peut très vite tourner en rond.
Car un déni peut être long.
Mais le changement n'a pas d'intention. Il est.
Les nouvelles idées permettent d'évoluer.
Elles se partagent, se propagent, pour devenir majorité.
C'est ainsi que nous pourrions avancer.

ooooooo

11 février 2020
On a eu un moment d'amour avec Constantin hier soir. Cela a grandement influencé mon humeur.
C'est peut-être ça que j'avais à combler. Un shoot de dopamine pour mieux avancer.
Bonne nuit dans les bras de morphée.

ooooooo

12 février 2020
Notre système est bien ficelé. Droguant ses esclaves avec du sucre et autres substances légales.
J'ai pourtant cette sensation de fragilité. On enlève une pièce et tout peut s'écrouler…
L'avantage d'internet dans notre mondialisation est indéniable.
Partager les infos pour devenir plus autonome.
Il va falloir y passer si je veux avoir une plus grande portée.

De toute façon, j'y suis déjà dans le système !
C'est lui qui risque de s'effondrer, pas les gens !
Probablement la viabilité de la Nature à notre survie aussi… Mais si on se dépêche, on peut limiter les dégâts.
Bonne nuit pleine de hâte.

ooooooooo

24 février 2020
J'ai eu un entretien d'embauche aujourd'hui à la mie câline.
L'argent…
Mon pactole d'avant voyage a fondu à vue d'œil avec l'emménagement et les courses à la biocoop.
J'ai 95 % de chance d'être prise. Avec mes antécédents et mon baratin, c'est quasiment dans la poche.
J'ai du mal à être enthousiaste vu mon intérêt pour ce poste…
Je ressens un bouillonnement dans la société…
Il y a du changement dans l'air…
Bonne nuit.

oooooooo

28 février 2020
J'ai eu le job.

Maintenant que je vais avoir un salaire j'ai la sensation de me relâcher sur l'écriture… Le troisième chapitre me donne du fil à retordre. Ce n'est pas facile, mais je ne dois pas me reposer sur mes lauriers. Je n'ai pas envie de mettre deux ans pour l'écrire !
À la radio ils viennent de parler du corona virus. Le timing pour rentrer en France est bien tombé. Je ne sais pas comment ça va se passer, mais il va y avoir du changement !
Il est plus facile pour notre cerveau d'accepter des changements quand il y en a déjà un en cours.
Le gouvernement en place peut en profiter, la fameuse stratégie du choc.
De lui ou du peuple qui prendra les devants ?
Bonne nuit.

ooooooo

4 mars 2020
Pandémie, confinement, … C'est en train d'arriver.
Je n'en reviens pas… Le scénario de mon livre, l'élément perturbateur, est en train d'arriver !
J'ai beaucoup de peurs. Peur de la souffrance et de toutes ses sensations douloureuses. J'ai peur du jugement d'autrui, du rejet.

J'ai peur d'une panique générale et d'une guerre civile…
Il est temps de trouver des solutions et de les appliquer !
Ça urge !
Il n'y a que toi qui peux faire ce qu'il te plaît.
Il n'y a que toi qui peux satisfaire tes besoins, tes rêves.
Si tu ne te lances pas, tu ne sauras jamais si tu en es capable.
Tu as une idée germée, va donc la planter.
Comme un virus, elle peut vite se propager.
Par amour, avec bienveillance,
Je veux rompre l'indifférence.

ooooooooo

5 mars 2020
Ce que je retiens du livre "Les mots sont des fenêtres (ou des murs)" :

Ce qui compte vraiment dans nos actions, c'est la qualité de nos intentions.
La véritable récompense c'est d'Être qui nous sommes vraiment.
La paix ne peut être fondée sur la peur !
Nous pouvons changer le monde si nous changeons nous-même.
Cela peut commencer par changer notre façon de communiquer.

La communication des émotions et des besoins nous aide à renouer avec nous-même et les autres.
Dès l'enfance, nous apprenons à communiquer de façon impersonnelle. Sans moyen pour comprendre notre for intérieur.
On se focalise sur les torts, les erreurs, entraînant une réaction de défense/résistance ou de crainte/culpabilité/honte. Empêchant des relations durables de confiances.

Un <u>jugement de valeur</u> se porte sur les qualités auxquelles nous attachons de l'importance dans notre vie (honnêteté, liberté, paix, …). Il reflète nos convictions sur la façon de servir la vie.

Un <u>jugement moralisateur</u> se porte sur les personnes et les comportements n'étant pas alignés avec nos jugements de valeurs. (Ex : la violence est un mal, les gens qui tuent sont mauvais)

« Il faut faire » => Voile la responsabilité de chacun sur ses actes (langage bureaucratique)
« Tu me… » => refus d'assumer la responsabilité de nos propres sentiments et pensées, en accusant l'autre (le tu qui tue).

Nous sommes dangereux quand nous ne sommes pas conscient de notre responsabilité.
Nous ne sommes jamais obligés de rien. « Je dois… » est une illusion.
La réalité c'est « je choisis de… pour combler ça… »

Lorsqu'un petit nombre de personnes dirigent à leur profit une population nombreuse, il est dans leur intérêt que les masses soient éduquées de manière à développer une mentalité d'asservie.
Le langage réprobateur (« je dois », « il faut ») est parfaitement adapté à cet objectif.
Plus les gens sont formés à adopter des jugements moralisateurs, mettant l'accent sur les torts et les fautes, plus ils sont conditionnés à se tourner vers ce qu'il se passe en dehors d'eux-mêmes. Vers des autorités extérieures définissant si c'est bien ou mal.
Lorsque nous sommes reliés à nos sentiments/besoins, nous ne constituons plus des sujets dociles et soumis.

Faits/Observations circonstanciées
< = > Sentiments personnels < = > Besoins

Nous avons besoin d'empathie pour en donner.

Personne n'a tort ou raison, il n'y a que des besoins.
Résoudre un conflit est bien plus efficace dans le présent, au moment où il arrive. Résoudre des conflits passés demande plus de temps et d'écoute empathique, car l'émotion non écoutée a grandi.

J'ai trouvé la bible de ma vie.
Bonne nuit.

ooooooo

6 mars 2020
J'écoute les infos. Avec le corona il y a beaucoup de choses que l'on ne peut pas faire, qu'on ne doit pas… La seule demande positive c'est « d'être responsables »
Pas étonnant que nous devenions fous. Ces consignes laissent un champ des possibles à la fois gigantesque (de par les formulations négatives) et minuscule (de par la répression).
Ce confinement nous divise plus que jamais. Chaque personne que j'ai rencontré a un sentiment de solitude plus ou moins prononcé. On se sent démuni face à la masse du système. Mais la masse, c'est Nous. Individuellement on est impuissant, mais Ensemble on est un géant. C'est ensemble que nous formons société, c'est ensemble que les choses pourrons changer.

Prendre conscience que nous sommes déjà interdépendants pour agir localement.
Bonne nuit vers mon utopie réaliste.

ooooooo

14 mars 2020
J'ai quitté mon job à la mie câline.
C'est un soulagement.
J'ai simplement envie de vivre à mon rythme.
Je ne peux pas forcer les autres à changer leur fonctionnement, quels que soient mes arguments.
Mais personnellement, j'en ai marre de survivre avec le capitalisme. Je veux
Vivre avec mes choix !
Certains peuvent voir ça comme de la rébellion, de l'insoumission. Je préfère me dire en phase avec mes besoins. Je ne vois pas en quoi ça peut poser problème. Mon intention est bienveillante, je ne fais de tort à personne.
« Mais les braves gens n'aiment pas que l'on suivent une autre route qu'eux ».
Je repense aux internes en médecines qui se font bizuter car les anciennes générations en ont pris plein la tête. « J'ai galéré alors tu vas galérer aussi ».
Je veux bien faire partie des coupeurs de cercle vicieux. Même si je serais méprisée par ceux qui ne veulent pas essayer.

Bonne nuit pleine de liberté.
∘∘∘∘∘∘∘∘

16 mars 2020
J'ai fait plusieurs recherches sur les possibilités d'obtenir des matériaux avec peu de moyens.
La Chaux provient d'une poudre de charbon, mélangée avec de l'eau, cuit à 400 °C pendant 12 ou 13 heures.
C'est incroyable toutes les capacités du bois sous diverses formes (copeau pour les toilettes sèches, cendre pour la lessive/savon, charbon pour le dentifrice…)
Pour les législations d'habitations, la loi Alur, de 2014, est intéressante. Elle autorise les habitats légers, facilement démontables, sans fondation. Apparemment c'est en fonction du terrain et des autorités locales.
STECAL = Secteur de Taille et de Capacité Limité = terrain non constructible où des habitations légères sont possibles. (15m² max)
Si je comprends bien, ça dépend surtout du maire.
Récupérer des savoirs c'est se réapproprier le pouvoir.
Bonne nuit ma curieuse de la vie.
∘∘∘∘∘∘∘∘

20 mars 2020

J'ai décidé de me lancer sur youtube. J'ai publié ma première vidéo sur ma chaîne "Victoria Legrand".

Si on commence à discuter ensemble, à se mettre d'accord et à avancer vers un but commun, sans rien attendre du gouvernement, on sera bien mieux servi !

Notre système tout entier fonctionne sur la simple base de notre travail asservis et de notre consommation compulsive.

Ensemble, notre pouvoir est si grand !

En ce moment on peut réaliser à quel point l'ensemble de la machine ne tient qu'à un fil. Il suffit d'un peu d'espoir pour le couper. De détermination pour tisser notre nouvelle société.

Nous pouvons constater les améliorations de la Vie face à l'arrêt quasi total de l'industrie.

Il est plus facile de changer quand il y a déjà des changements en cours, la perte de repère aide à accepter la nouveauté.

Profitons de ce changement pour nous demander si on veut vraiment la même chose qu'avant ?

Il n'y a pas un ou deux petits détails à améliorer ?

Le capitalisme est habituel, mais pas obligatoire.
Pour comprendre ce que l'on nous dit, on a besoin de connaître leur vocabulaire.

<u>Démocratie</u> = Régime politique dans lequel tous les citoyens participent aux décisions politiques.
→ Directe : le peuple vote les lois
→ Indirecte : le peuple élit des représentants votant les lois.

<u>République</u> = mode de gouvernement dans lequel le pouvoir est exercé par des personnes élues.
→ Aristocratique : ce sont les nobles qui votent.

Nous sommes en république, mais sommes-nous encore en démocratie ?

<u>État providence</u> = État prenant en charge certaines régulations
≠ État policier

<u>Communisme</u> = forme d'organisation sociale sans classe, sans état et sans monnaie, où les

biens matériels seraient partagés/mis en commun.

La Terre n'est à personne.

Socialisme = Théorie visant à rénover l'organisation sociale dans un but de justice. Le but : égalité sociale sans classe.
(l'Anarchisme est un mouvement socialiste, tout comme le communisme)

Sophisme = Raisonnement qui n'est logique ou vrai qu'en apparence, délibérément conçu pour tromper ou faire illusion.

L'idée n'est pas de régresser, mais de prendre le vieux pour faire du neuf !
"La stratégie du choc", de Naomie Klein, me laisse présager qu'à la fin du confinement, si nous ne réagissons pas, de nouvelles choses vont être imposées. Et pas pour le bien de nos libertés…
Bonne nuit.

ooooooo

7 avril 2020
18 vidéos sur youtube et presque 500 vues.
C'est pas mal, mais c'est lent...

J'ai envie d'avoir un débat avec les gens, de discuter, partager, pas de faire un monologue face à ma caméra.
J'aimerais voir des salles pleines où les gens seraient là pour interagir et solutionner.
D'ici là, bonne nuit.

ooooooo

18 avril 2020
<u>Fatalisme</u> = le cours des événements échappe à la volonté (notion de destin inéluctable).
Quand mon père me dit « c'est comme ça et pas autrement », il est fataliste.

<u>Finalisme</u> = présuppose un but, une signification dès l'origine, avec une cause finale.
La religion utilise ce principe pour « guider » les croyants.

<u>Déterminisme</u> = Chaque événement est déterminé, de cause à effet, vision scientifique et matérielle.

<u>Animisme</u> = Croire que l'âme est au centre de tous les phénomènes vitaux.

Avec de nouvelles idées, il est parfois nécessaire d'inventer de nouveaux mots.

Bonne nuit mon exploratrice.
ooooooo

28 avril 2020
Sur ma chaîne j'ai lancé un appel au Boycotte générale, sans reprise du travail. Pourquoi on voudrait ça ! ? Même la reprise de l'école ! Je connais peu d'enfants ne voulant rien apprendre, mais beaucoup n'aimant pas l'école.
C'est à nous de définir les conditions dans lesquelles on veut vivre !

À la base, l'école fût créée pour éduquer les citoyens en fonction des besoins du système industriel. Le besoin d'ingénieur explosa et l'éducation fût rendue gratuite et obligatoire en 1881.
De quoi notre société a-t-elle besoin actuellement ?
Je pense qu'elle a besoin de libres penseurs, d'esprits critiques, de remise en question et de cohabitation plus harmonieuse avec la Nature. Nous avons donc besoin de penser autrement, d'apprendre à nos enfants différemment, d'autres choses.
« Que voulons nous léguer à nos enfants ? »

Depuis peu il existe des « écoles démocratiques » en France. Les élèves choisissent ce qu'ils veulent apprendre. Ils gèrent également l'ensemble de l'établissement avec l'aide des encadrants.
Les enfants et adolescents sont l'avenir de l'humanité.
Avec une curiosité libérée, ils pourront se créer un avenir radieux sur cette Terre.
Bonne nuit.

ooooooooo

2 mai 2020
Avec le confinement les élagueurs ne sont pas passés. Quel spectacle floral sauvage j'ai pu constater en ville ! C'est génial et magnifique pour la biodiversité ! Des plantes libres de vivre, apportant ombre et humidité pour tout un écosystème.
C'est fou tout ce qui est possible pour changer. Et si plus personne ne tondait sa pelouse ?
Bonne nuit méditative.

ooooooooo

7 mai 2020
J'ai fait un tour en ville aujourd'hui, pour faire de la paperasse.
Je suis stupéfaite de constater l'attente de la majorité des gens : vivre comme avant covid.

On l'avait notre changement déboussolant…
Malheureusement l'isolement de chacun n'a rien fait avancer.
Se rassembler, <u>communiquer</u> !
Je ne veux pas recommencer la même erreur personnellement.
J'ai fait des demandes WA autour d'Albi.
J'aime Constantin, mais là, je n'en peux plus !
En ville j'étouffe ! J'ai l'impression d'être un lion en cage dans cet appartement.
Je veux vivre autrement !
Bonne nuit vers mon utopie.

ooooooo

12 mai 2020
Aujourd'hui, je suis arrivée dans une ferme.
Ça fait 20 ans qu'ils occupent les lieux et ils ne sont pas assez nombreux pour acceder à l'autonomie alimentaire.
Sur l'annonce ça me semblait sympa. Mais la famille, avec trois petites filles et leurs « bétails », me semblent loin de mon imaginaire…
On verra bien demain.
Bonne nuit.

ooooooo

14 mai 2020
J'ai décidé de partir.
Ce que j'ai retenu de ces deux jours :

· J'aime le calme
· Je n'aime pas l'exploitation animale (les meuglements de cette vache, pour appeler son veau séparé d'elle, m'ont brisé le cœur)
· J'aime créer, inventer et m'investir dans ce qui me plaît.

J'ai besoin de réfléchir pour m'orienter vers ce qui me plaît (autre que l'écriture).
Apprendre à me connaître pour savoir vers quoi je veux tendre.
Bonne nuit mon expérimentatrice.

ooooooo

18 mai 2020
Dans l'idée, j'aimerais faire partie d'une communauté indépendante du système politico-capitaliste actuel.
Mais ça reste peu concret comme objectif. J'ai besoin de plus de précisions.

→ Je ne veux plus participer à l'économie et l'enrichissement des grandes industries qui polluent et exploitent.

· Industrie agroalimentaire → jardiner, cuisiner et privilégier les marchés locaux, manger moins de produits animaliers.

- Industrie du transport/voyage → achats locaux = > peu de transports, privilégier la marche à pied, le vélo, cheval…
- Industrie de production d'énergie → panneau solaire, dynamo, moulin…
- Industrie informatique → entretenir, réparer et réutiliser ce qui existe déjà.

Ça fait beaucoup d'objectifs finalement.
En changeant de milieu j'y arriverais mieux.
L'entrain viendra de lui-même si je me sens bien où je vis.
C'est comme le voyage, une fois qu'on y est, on ne se pose plus de question. On agit en fonction de ce qui se présente.
Bonne nuit.

ooooooo

24 mai 2020
Je viens d'arriver dans un collectif fermier. Ça à l'air bien sympa.
Je repense à ma reflexion sur la séparation par tranche d'âge. J'ai appris à avoir envie de cohabiter avec des être similaires.
Le terrain est vaste, 38 ha. Il y a deux grands jardins pour cultiver les légumes. Des champs

d'arbres fruitiers en devenir. Une grange/salle des fêtes. Un bâtiment principal avec la cuisine, salle de bains, salon, bureau-bibliothèque au rez-de-chaussée et un dortoir à l'étage.
Il y a des cabanes en construction, une yourte, une caravane avec une grande serre et une autre serre faîte en fenêtres de récup'. Il y a aussi un grand enclos avec des poules.
Ça à l'air vraiment accueillant. Sur la porte de la cuisine il y a les 4 accords Toltèques :
Des paroles bienveillantes, ne pas prendre les choses personnellement, ne pas faire de supposition, faire de son mieux.
J'ai hâte d'en découvrir plus.
Bonne nuit mon exploratrice de la vie.

ooooooo

26 mai 2020
J'ai l'impression d'avoir trouvé ma place.
Je me sens comblée dans mon besoin d'intégration, d'appartenance et d'empathie.
Les repas sont tous aussi bon les uns que les autres. Nous sommes une dizaine à cuisiner à tour de rôle. Les saveurs me ravissent ! Nous utilisons tout ce qui pousse dans le jardin, le reste est bio.
Certains mettent des fleurs dans les salades. Cela réveille mon âme d'enfant.

La plupart des plantes sont comestibles et absentes des grandes surfaces.

Le propriétaire s'intéresse, entre autres, aux plantes vivaces. Elles repoussent chaque année, sans avoir besoin d'être replantées. La rhubarbe en fait partie.

Les activités se répartissent entre le jardin, les constructions, le bois pour l'hiver, les courses/récup' et la cuisine/transformation.

L'après-midi, les gens sont libres de proposer des ateliers, des partages divers et variés. Certains jouent de la musique toutes les semaines dans la grange.

Maintenant que j'ai trouvé un cadre de vie correspondant à mes valeurs, je vais pouvoir développer mes activités épanouissantes. Bonne nuit.

ooooooo

29 mai 2020

Ce matin j'ai pris personnellement une remarque qui se voulait bienveillante. La colère, puis le trouble m'ont envahi au point d'en verser des larmes.

Pourquoi ces propos m'ont-ils touché à ce point ?

Si je m'énerve, c'est qu'une chose souffre en moi.

La douleur fait partie de la vie. La souffrance est une option.
Quand je m'énerve, je jette la faute sur les autres, je me déresponsabilise de mes émotions et ne les écoute pas vraiment. L'autre se prend tout dans la gueule, ça ne donne pas envie de m'aider…
Qu'est-ce que j'ai vraiment ressenti ce matin ? De la honte. Honte d'avoir deux mains gauches. Je me suis cognée partout et j'ai fait un travail médiocre…
Quand j'ai entendu « tu devrais faire plus attention », j'ai tout de suite pensé « mais je fais déjà de mon mieux ! ».
J'ai entendu de l'autorité au lieu d'entendre l'intention bienveillante.
Je me suis cru attaquée. Cette croyance était dans ma tête.
Ne pas prendre les choses personnellement. Bonne nuit.

ooooooooo

31 mai 2020
Constantin est venu ce week-end. Il est content de me voir aussi épanouie.
C'est vrai, je me sens profondément bien ici.
Sa venue ne m'a pas autant enthousiasmée que ce que je pensais… Dormir avec lui fût étrange.

On se lasse peut être… Pourtant il est toujours aussi formidable, je n'ai rien à lui reprocher.
On vit, littéralement, dans deux mondes différents.
On verra bien comment ça évolue.
En attendant, je remercie grandement la vie de m'avoir amenée ici !
Bonne nuit au sein de mon utopie.

ooooooooo

2 juin 2020
Cette semaine on met les bouchées doubles niveau boulot extérieur car il va pleuvoir dans trois jours.
J'ai fait du tissu aérien avant-hier et je me sens toute courbaturée !
Hier, lors de la réunion hebdomadaire (se séparant en trois parties : les infos pour la semaine ; la répartition du travail et des équipes ; et une « météo émotionnelle ». Le principe de cette dernière est d'exprimer ce qu'il se passe en nous, chacun notre tour, afin de mieux se comprendre (Dans un groupe de 10, on ne parle pas forcément avec tout le monde…)) j'ai annoncé mon envie de rester ici pendant un an.

Aujourd'hui, j'ai eu l'occasion d'en parler avec Catherine, une des habitants permanents.

Elle a temporisé un peu les choses en exprimant qu'un an c'est long. C'est important d'apprendre à se connaître avant de s'engager sur une si longue période.
Je le comprends très bien. Ses paroles étaient pleines d'expériences.

Je ne veux pas retourner dans une boîte de béton, coincée avec un boulot où je dois être rentable.
Je souhaite rencontrer, m'attacher à plein de gens ! Je souhaite gambader et méditer quand je le veux.
Je souhaite m'investir à mon rythme, avec mes capacités et mon enthousiasme !
Mon projet peut être d'offrir mes services pour profiter du lieu.
Bonne nuit.

ooooooo

5 juin 2020
Ce matin j'ai partagé un moment avec Blanche Neige. C'est une allemande en relation intime avec Kheil (le propriétaire). Elle a la peau très pâle, des cheveux charbon et un regard d'ange céleste.
Cela m'a fait très plaisir de l'écouter et de lui faire un massage. Je partage beaucoup de tendresse avec elle.

J'ai envie de faire des câlins à tout le monde.
Bien plus qu'à mon adolescence.
En même temps, la seule personne à m'avoir touché depuis le début de l'année, jusqu'à mon arrivée ici, c'est Constantin.
Je découvre l'Amour et ces multiples facettes. Ça ne peut pas se limiter aux simples « en couple », « ami(e) » ou « famille ». Il y a autant de façons d'aimer qu'il existe d'interaction entre deux individus.

Ce soir j'ai appelé Constantin pour lui parler de mon envie de partager de la tendresse avec Georgio. Lui aussi, de son côté, il commence à ressentir de l'attirance pour une autre.
Cette conversation m'a soulagée. C'est l'une des raisons pour lesquelles j'aime toujours notre relation. On discute de tout sans tabou. Aujourd'hui, elle prend un tournant, mais ne s'arrête pas pour autant. Il y a plusieurs façons d'aimer, d'interagir. De multiples façons d'Être en relation.
Parfois il y a de la sexualité, parfois non. Ce n'est pas la seule manière de faire quand on aime.
Bonne nuit.

ooooooo

6 juin 2020

Aujourd'hui c'était trop cool !

Dans l'aprèm, Éric a organisé une « danse consciente ». Moi qui adore danser, ça m'a fait beaucoup de bien. Le but était simple : danser en conscience de notre corps, de ceux autour, seul ou ensemble si l'envie se partageait.

Le soir, Flo a organisé une soirée Vogueing, un défilé avec des challenges. Jean faisait l'animation, c'était tellement drôle !

Chaque individu de ce groupe a son histoire, ses shémas et ses traumas. La bienveillance générale crée des moments irreproductibles et inoubliables.

Ici je peux être moi-même, avec ma folie, en toute liberté, sans jugement.

C'est fou comme ça fait du bien ! C'est merveilleux de se sentir accepté tel qu'on est. Merci à chacaine.

Nouvelles idées, nouveau vocabulaire.

Chacaine est la version inclusive de chacun/chacune. Iel est la version inclusive de il/elle.

Bonne nuit pleine de nouveautés.

ooooooooo

7 juin 2020

Aujourd'hui, Blanche Neige organisait un atelier de dessin. Je me suis proposée comme

modèle. L'idée de poser m'avait toujours plu. C'était satisfaisant d'essayer. La nudité m'a aidé à décomplexer sur mon corps.
Georgio est entré dans la grange à ce moment-là. Je crois que je lui plais également…
Bonne nuit pleine d'envies.

ooooooo

8 juin 2020
J'ai encore oublié le code de ma carte.
Le distributeur l'a avalé, je ne peux pas la récupérer. Je dois m'en faire une autre si je souhaite utiliser l'argent sur mon compte…
À croire que je n'en veux vraiment pas.
C'est un problème si je le considère comme tel. Je connais déjà la marche à suivre. C'est l'avantage d'être passé par cette expérience. Il n'y a que des solutions.
Alu m'a avancé de l'argent. Toutes les semaines on paye 25 € pour la nourriture. Le travail des WAyeurs est réduit à 3 heures/jour au lieu de 5 heures pour cette raison.
L'objectif étant de diminuer le plus possible ce prix avec les productions du jardin collectif.
En ce moment, on aide beaucoup Catherine. Nous terrassons l'hectare dont elle gère la culture pour vendre sur les marchés. Elle est maraîchère avec le label bio.

J'aime vraiment travailler avec la Terre. C'est physiquement complet en plus de donner du sens à la cuisine.
Bonne nuit.

ooooooo

17 juin 2020
Au vu de la manière dont les choses évoluent dans ma vie, je me suis fait une adresse au CCAS d'Albi (Centre Communal d'Aide Sociale). Je ne vis plus chez Constantin et la situation n'est pas si simple pour me domicilier ici, au lieu-dit Ralequai. Cela me permettra d'être autonome pour mon courrier. Je vais faire une demande de RSA également. Ma mère m'en avait parlé durant le confinement. Je ne trouvais pas ça nécessaire, mais pour un peu d'indépendance et de confort ça peut être pratique. Le temps de trouver un autre moyen de combler mes besoins.
Bonne nuit.

ooooooo

19 juin 2020
C'est vraiment chouette de pouvoir proposer les activités que l'on souhaite. Cette aprèm j'ai proposé une scène ouverte :

Bon ou mauvais n'est pas l'enjeu
Le tout c'est de faire de son mieux.

Je me suis souvent sentie sous pression,
On me demandait plus que de raison
On m'a souvent dit que j'avais des problèmes
Je me sentais seule à critiquer le système.
Plus le temps passe, plus j'observe l'aberration
Pour notre survie, nous nous chamaillons,
Cherchant à savoir « qui à raison ? ».
Nous avons mis l'erreur sous une couche de honte
C'est avec terreur que l'on avoue ses fautes.
Par expérience, se tromper est un apprentissage.
Avec résilience se profilent de nouveaux paysages.
J'ai un rêve, j'voudrais que le monde s'arrête.
Qu'iels voient à quel point ces prises de tête
Sont le fruit de notre imagination.
Écoutons d'abord nos émotions.

ooooooooo

20 juin 2020

Il se passe tellement de choses ! C'est impossible de tout retranscrire. Vivre à 10 avec 4 voyageurs changeant régulièrement, c'est comme voyager sans bouger.

J'ai encore beaucoup de progrès à faire sur la communication de mes émotions. Il se passe plein de choses en même temps, chaque

événement déclenche en moi de multiples rebondissements émotionnels.
Quand je perds pied, mon timbre de voix hausse très vite. Il devient facile de se sentir agressé par ma personne…
Il y a eu quelques tensions au sein du groupe. Nous avons pris quatre heures de discussion pour dénouer les choses. Je me rends compte du rôle central de la communication pour le bon fonctionnement d'un collectif.
Dénouer des désaccords demande beaucoup d'énergie. C'est un temps nécessaire à l'ensemble. Une WAyeuse fait des études en communication et management de groupe. Elle avait plein d'astuces pour communiquer ensemble, sans que ça parte dans tous les sens. Des objectifs de réunion, un baton de parole, un temps prédéfini pour certains sujets (afin de ne pas s'éterniser) et recentrer la conversation quand le sujet dérive.

****

Avec les soirées jam autour du feu, je commence à prendre confiance en ma voix. J'ai toujours aimé chanter. J'ai jamais vraiment osé me lâcher en publique.
Faut dire qu'à 2 heures du matin on est trois. Alu et Dixi improvisent tout ce qui leur passe par la tête, ça aide à se lacher.

Dixi c'est un ami du collectif. Il vit dans le village voisin, à 5 km. Il sait jouer de tous les instruments possibles, beat box y compris. Son père est également un super musicien professionnel.
J'aime vraiment rencontrer des gens de tous les horizons en restant au même endroit. Avec les différents WAyeurs il y a beaucoup de découvertes.
Je suis ravie d'être ici.
Bonne nuit douce folie.

ooooooo

28 juin 2020
Vendredi j'étais partie pour aller voir les dessins de Dixi. Je me suis retrouvée invitée pour le week-end, avec un partage de tendresse en bonus.

Cette aprèm j'ai pu discuter longuement avec Kheil de mes projets : vivre ici et construire une Kerterre. Ça m'a aidé à combler mes besoins d'éclaircissement et d'approbation.
En rentrant de chez Dixi, cette pensée m'est venue : « je rentre à la maison ».
Je me sens chez moi ici.
Bonne nuit.

ooooooo

4 juillet 2020

Dixi m'a proposé de chanter pour le concert du 14 juillet, organisé avec son père au village.
Je vais chanter "Down to the river" avec un petit RAP (Rythme And Poésie) au milieu. J'ai plus qu'à écrire.

Cela passera, vérité de tout temps
Le présent est un flux constant
Cessons de nous contenter de survivre
Il est grand temps de s'épanouir
Penser au pire, c'est en oublier le meilleur
Plus rien n'a de saveur
Chaque instant est parfait
Soit on apprend, soit on est heureux,
Parfois les deux
Ni récompense, ni punition
Seulement besoins et émotions.

ooooooooo

5 juillet 2020

Les activités ne manquent pas. Construction, jardinage, entretient, création, …
Constantin est venu aujourd'hui, ça m'a fait plaisir. Pratiquement toutes mes affaires sont ici maintenant.
À force de ne rien accumuler, il ne me reste pas grand chose.
Bonne nuit dans mon lit.

ooooooo

9 juillet 2020

Aujourd'hui mes règles sont arrivées. Je suis très surprise de n'avoir rien ressenti. Aucune douleur pré menstruelle, aucun inconfort, tant physique qu'émotionnel.
Je commence à être persuadée du lien entre les émotions et les douleurs de règles. Mieux je me sens, en faisant ce qu'il me plaît, moins j'ai mal. À l'inverse, plus je me sens contrainte, stressée, hors de mes choix de vie, plus j'ai mal.
J'ai surtout besoin de lâcher prise !
Ma manie de tout contrôler est encore assez présente. Comme mon envie de résoudre les problèmes, je me mêle d'histoires qui ne me concernent pas. J'interprète qu'une solution est necessaire alors que pas du tout.

Ici, j'ai trouvé ma zone de confort. Je n'ai pas besoin de penser à demain, car aujourd'hui est déjà plein. Plus besoin de stresser avec des projections, seulement d'agir dans le présent. Chaque moment est parfait.
Joie et/ou apprentissage fait partie de chaque instant.
Le cerveau a besoin de trois mois pour transformer un élément nouveau en habitude.

Changer se fait petit à petit. Être trop exigent peut être contre productif.
Bonne nuit en douceur.

ooooooo

11 juillet 2020
Entre les départs et arrivées des WAyeurs et mon changement progressif de statut, je n'ai pas le temps de m'ennuyer.
Je vais bientôt faire partie du groupe "noyau", des « habitants long terme ». La différence avec les gens de passage c'est la responsabilité et l'investissement. Il y a des réunions en plus et le partage des charges d'électricité, internet, outils, graines.
La communication des besoins et des émotions a des effets très épanouissant dans mes relations (tant avec moi-même qu'avec les autres).
<u>Se communiquer pour mieux partager.</u>
La compréhension de mon Être, et l'acceptation que j'en fais, m'aide à m'investir avec plaisir sur le lieu et ses activités.
L'affluence d'expériences extérieures m'aide à orienter mes envies.
J'apprends tous les jours et c'est merveilleux.
Bonne nuit dans mon utopie.

ooooooo

12 juillet 2020
J'ai emménagé dans la yourte !
Ça change du dortoir. Un espace personnel et isolé pour moi.
Un élément de plus pour augmenter mon bien-être.
J'ai encore besoin de beaucoup de tendresse…
Mais j'apprends petit à petit à m'en donner.
Grâce aux rencontres et aux apprentissages offerts.
Je m'aime, j'aime la vie, merci !
Bonne première nuit.
ooooooooo

15 juillet 2020
Hier soir j'ai chanté au concert du village !
Tout Ralequai était là ! Je me sens en famille, entourée de gens aimants et bienveillants.
Je comprends que ma bienveillance et ma sincérité spontanée permettent un partage bilatéral à cœur ouvert. En étant moi-même je crée aussi de la joie. Quand je me prends la tête, mon cœur n'est plus honnête.
****

J'ai fait un massage à l'un des amis de Catherine. Après je me suis secoué les mains, comme pour évacuer l'énergie prise à l'autre.
Il m'a dit que c'est une très bonne chose.

Nos actions naturelles et instinctives nous sont bénéfiques. Laisser parler leur spontanéité aide encore plus à s'orienter vers un épanouissement.
S'étirer, bailler, se secouer, … En laissant la possibilité à mon corps de s'exprimer, sans passer par la tête, j'augmente mes chances de me voir satisfaite. C'est un pas vers mon écoute, avec le cœur sans aucun doute.
Bonne nuit.

ooooooo

17 juillet 2020
Ce matin je ne me sentais pas très bien avec mon manque de tendresse. À 9 heures, les gens tardaient à se mettre en œuvre. J'ai commencé à m'agacer et à râler. Alu m'a rappelé, avec une grosse voix, que si je n'en avais pas envie, personne ne m'obligeait. J'ai reçu de plein fouet ses propos. Ça m'a fait encore plus de peine. J'avais besoin de réconfort.
Je suis partie aider Kheil pour faire l'isolation de sa cabane. J'ai pleuré presque toute la matinée.
Pleurer ça fait du bien. J'ai l'impression que c'est l'un des meilleurs moyens pour évacuer la tristesse et la peine.
En discutant calmement avec Alu, j'ai compris sa réaction. L'autre jour, en allant couper du

bois, il a eu l'impression d'être avec une « maman condescendante ».

En y repensant, je vois très bien. J'ai beau ne pas vouloir ressembler à ma mère, c'est elle qui m'a élevée seule. En tant qu'enfant, je me suis imbibée de sa personnalité.

Toutes ces petites réflexions, sur comment faire ou ne pas faire, que je déteste moi-même !

À cette sortie, j'ai parlé uniquement de nos actions, surtout à l'impératif. Je n'ai pas cherché à créer une véritable discussion, je n'ai rien appris.

On devait se dépêcher, je voulais être efficace. Objectif réussi. Mais la relation en a pâti…

J'ai l'impression de donner des conseils pertinents. Mais mes phrases sont construites comme des obligations.

Ma condescendance se crée quand je dicte des solutions alors qu'on ne m'a rien demandé.

Si je souhaite contrôler la situation, autant m'en charger seule. Mais si je veux AIDER, je ferais mieux d'écouter les besoins de l'autre. Pour être optimale et moins envahissante. Loin de la complaisance.

Essaye d'abord de te contrôler avant d'empiéter sur les autres.

Bonne nuit élève de la vie.

ooooooo

20 juillet 2020
Je ressens une première impulsion de contrôle, à vouloir faire comme je pense être le mieux. Dans ce sens je deviens autoritaire, voire condescendante. Pire quand c'est envers moi.
Quand ça ne marche pas, je m'énerve, et je suis triste de m'énerver.
Ce pattern n'a rien de sain !
C'est voué à l'échec, car je ne peux jamais tout savoir ou prévoir.
J'obtiens surtout de la fatigue et de la tristesse.
Je me sens un peu démunie face au manque de solution pour me sentir mieux à ce niveau.
À part « lâcher prise », je ne vois pas quoi faire…
****

En parler pendant la météo émotionnelle m'a fait du bien. Même si personne n'intervient, le fait d'être claire aide les autres autant que moi. Poser des mots soulagent les maux.
Respire et aime-toi.
Bonne nuit.

ooooooo

26 juillet 2020
J'ai appris à tatouer à l'aiguille aujourd'hui !
Alu m'a prêté sa jambe pour mon premier essai au « hand poc », plutôt réussi d'ailleurs.

Je suis très contente ! Je vais pouvoir me tatouer moi-même maintenant. Plus besoin d'aller dans des salons et de payer un bras pour tatouer l'autre !
Toujours plus de compétences et d'autonomie !
Bonne nuit mon apprentis.

ooooooo

30 juillet 2020
Je suis devenue la référente du jardin collectif. Après des semaines d'apprentissages sur comment faire des terrasses, on va débroussailler et agrandir ce potager.
Kheil et Catherine me parlent beaucoup de rémunération. Je ressens un relent de méritocratie...
Ce qu'on apprend dès petit persiste longtemps.
J'ai du mal à me projeter dans une voie en particulier. De manière générale j'aime découvrir.
J'aime aussi sociabiliser. J'aime passer du temps avec les autres.

Un ami de Kheil, Jules, m'a dit que j'avais besoin de beaucoup d'attention.
C'est peut-être ça finalement… Je pensais avoir besoin de tendresse. Mais l'attention est plus variée par rapport à la tendresse.

Définition d'attention : sollicitude, gentillesse envers quelqu'un, marque d'intérêt, d'affection.

Oui ! J'ai besoin d'attention !!!
Mettre le mot juste soulage les maux.
Je peux m'aimer pleinement, me dédier du temps pour me découvrir, m'écouter. Lâcher prise pour mieux atterrir.
J'ai bien envie d'essayer la méditation. Ça m'a toujours attiré, mais je n'ai aucune base là-dessus…
Jules m'a expliqué que le but c'est de faire le vide dans son esprit. Se focaliser sur la respiration peut aider.
J'en ai marre de fumer, j'aimerais vraiment arrêter. Pourquoi je n'arrive pas à dire stop ? Comme avec le sucre, vivre sans gâteau reste impossible…
Je veux transformer mes addictions pour transcender mes émotions.
J'ai besoin de prendre du temps pour moi, m'aimer, m'écouter, décrocher.
Accepter que changer prend du temps.
Faire les choses avec amour me réussi souvent.
Bonne nuit pleine de compassion.

ooooooo

1ᵉʳ août 2020
En allant à la rivière nous avons vu un cadastre forestier rasé à nu. Ils ont dû venir avec des engins énormes, le sol est dévasté. Ça fait de la peine à voir. Des années pour pousser, deux jours pour être ravagés. Tout ça pour la rentabilité… J'avais entendu dire qu'il existait des lois interdisant le rasage à nu des forêts. Les délictueux ont des visages variés, les délinquants stéréotypés sont un leurre médiatique pour cacher les vrais brigants. Bonne nuit malgré tout.
ooooooo

17 août 2020
Depuis quelque temps j'ai l'impression de mettre mes émotions de côté, au lendemain. Mais elles sont là. Si je ne les écoute pas, elles ne bougeront pas. Quand je les repousse, elles s'entassent et s'empirent.
Hier, Constantin est venu. Ça m'a rendu morose.
Je suis ravie de rester amie avec lui, c'est une personne merveilleuse. Mais je suis dans la phase triste de mon deuil.

L'une des qualités que j'apprécis chez lui c'est son calme terre à terre.
Je manque d'ancrage avec la Terre. Je comprends mieux pourquoi travailler dans le jardin me fait tant de bien. Ici, je ressens une Terre familière et accueillante sur laquelle je peux et veux rester pour la première fois. Elle, Nature, m'acceuillera toujours.

Ce matin, je me suis énervée contre les légumes sautant en dehors de la poêle. Alu m'a confronté à mon comportement sans aucun sens. Après beaucoup de larmes, j'ai compris que cette colère superficielle cachait ma tristesse.
Je suis triste que ma relation de tendresse avec Constantin soit terminée.
Je suis triste de ne plus partager ce que nous partagions.
Je suis triste de ne pas encore avoir réussi à m'ancrer en Terre…
Je suis triste de ne pas pouvoir partager ma nouvelle vie, pas autant que je le voudrais, avec ma famille et les ami(e)s de mon
« passé ».
Je suis triste d'oublier de faire les trucs que j'aimerais faire.

Je suis triste, car je ne suis pas à la hauteur de mes attentes…
Je suis très exigeante et impatiente avec moi-même…
Quand je n'arrive pas tout de suite à être comme je veux, je m'autoflagelle. Je me punis si fort que je souffre deux fois.
Quand j'ai des attentes, je vis dans le futur. Mes émotions, elles, vivent dans le présent.
Patience
        Indulgence
                M'écouter,
                        Lâcher prise,

M'aimer, Vivre consciemment l'instant T.
Bonne nuit.

ooooooo

22 août 2020
Cette nuit c'était la folie !
Dixi et des potes à lui fêtaient leur anniversaire. Grosse soirée-concert. J'ai dansé jusqu'à 5 heures du mat' ! J'avais fabriqué des rubans de GRS avec du noisetier et du ruban de couture. Ça m'a fait beaucoup de bien de danser avec !
J'ai un peu pratiqué le ruban quand j'avais 8 ans.

Retourner aux activités qui me procuraient de la joie dans l'enfance m'aide à me reconnecter avec mon Moi profond.

Les enfants sont bien plus connectés que les adultes formatés.

Nous avons besoin de jouer et d'expérimenter !

Bonne nuit ma jolie fée.

ooooooo

30 août 2020

J'ai encore beaucoup de tristesse. C'est laborieux d'y remédier. L'envie de fumer des pétards et de manger du sucre s'y associe beaucoup.

****

Après deux heures à jouer aux cartes avec Emmy je me sens mieux.

Emmy est une allemande arrivée la semaine dernière. On s'entend vraiment bien et on se fait plein de câlins.

J'ai besoin de trouver de nouvelles habitudes. Échanger mon activité addictive contre autre chose d'épanouissant. Trouver de nouvelles manières de me combler, me ressourcer et me récompenser.

J'aime le point de vue d'Emmy sur la vie.

Elle m'a fait beaucoup rire avec sa vision du
« ça va ». En essayant d'apprendre à parler
français elle a trouvé ce concept très pratique.
Si quelqu'un lui demande « ça va ? », elle sait
que la réponse c'est la question.
Une preuve linguistique de notre frilosité à
parler de nos sentiments.
Bonne nuit pleine de tendresse.

ooooooooo

4 septembre 2020
Cette semaine Carlos est venu. Il fait du Qi
Gong depuis 8 mois. Il m'avait aidé à écouter
mon intuition et laisser s'exprimer mes actions
spontanées et bienveillantes.
Hier, après avoir longuement discuté à la
rivière, il m'a proposé de m'apprendre
quelques trucs.
Ce matin j'ai eu l'occasion d'avoir ma
première séance de Qi Gong.
Il m'a montré deux mouvements.
La synchronisation de la respiration avec les
gestes est centrale. La position de base pour
faire circuler l'énergie fluidement dans le
corps c'est : les pieds vers l'avant, parallèles,
positionnés au niveau des hanches, les genoux
légèrement fléchis, détendus, le bassin en
rétroversion, le dos droit, les épaules
relâchées, les paumes de mains vers l'avant, le

regard vers l'horizon et la mâchoire entrouverte avec le bout de la langue posé à la limite des dents et du palais.

Je constate que cette position est très similaire à la position anatomique de référence. Tout est lié, d'une manière ou d'une autre.

Le deuxième mouvement (dont l'intention est d'inspirer en se remplissant de l'énergie de la Nature et d'expirer les charges inutiles) m'a fait ressentir une palette de sensations physiques, scientifiquement inexplicables.

En tout cas, c'était agréable. Je me sens bien.

Après j'ai fait des gnocchis maison. Ça m'a pris 5 heures, à la main pour 12 personnes c'est normal.

C'est très satisfaisant d'entendre les gens se régaler.

Cette aprèm on a fait la réunion noyau. Je suis trop impactée par la manière d'être de Kheil. J'ai besoin de prendre de la distance par rapport à ça.

Nos avis diffères et ce n'est pas grave. Son désaccord n'est pas une attaque personnelle.

Ce soir, Constantin m'a envoyé un message m'exprimant sa peine. Je l'ai appelé et nous avons longuement discuté. Je lui ai conseillé de se donner de l'amour (quand on conseille,

c'est surtout valable pour nous). Je suis contente de l'évolution de notre relation.
J'ai passé une journée pleine de rire. Merci.
Bonne nuit.

ooooooo

7 septembre 2020
Aujourd'hui j'ai fait une séance d'étirements. C'est tellement agréable !
Je réalise à quel point j'ai utilisé mon corps comme un outil, sans penser à l'entretenir.
Mon corps est une extension de mon esprit.
J'ai beaucoup de besoins à combler et j'ai encore du chemin à faire pour découvrir comment les satisfaire.
Souvent je choisis la facilité de consommer, par peur d'échouer, par habitude aussi. C'est confortable et sécurisant de faire les mêmes choses, aussi néfastes soient-elles.
Mais ça ne fait rien avancer du tout.
M'investir dans une nouvelle façon de vivre m'aidera à m'épanouir.
Activer mon corps, l'étirer, le décrasser, m'aide à me détendre.
Mon corps n'est pas seulement un outil. Je fais partie de lui, c'est une partie de moi.
Si je tends l'oreille, je saurais ce qui ne va pas.
Bonne nuit dans mes bras.

ooooooo

9 septembre 2020

Carlos a envie de devenir enseignant dans son domaine. J'ai envie d'en apprendre plus sur ses connaissances.

Aujourd'hui il m'a officiellement pris sous son aile et m'a donné plein d'informations.

On a parlé des chakras, les 7 principaux. Son expérience lui a montré que les personnes prenant des drogues sont en recherche de spiritualité.

Il m'a également parlé des canaux de clair ressenti, de plans et couches énergétiques.

Je ressens ce dont il me parle, ce n'est pas vraiment explicable. C'est la théorie du ressenti.

Après notre discussion, j'ai réalisé ma terreur à l'idée de ressembler à ma mère.

Je lui ressemble déjà. Je ne suis pas elle, mais j'ai de ses qualités et de ses défauts.

Avoir peur d'être ce que je suis déjà ne m'aide pas à me sentir en phase avec moi-même.

Accepter ma mère signifie la reconnaître en moi, l'accueillir, garder le meilleur et avancer.

Avancer vers celle que je veux être.

  Calme - Confiance – Amour – Bienveillance

Tel le yin yang tournant à l'infini pour l'harmonie, je suis à la foi mon père et ma mère avec plein de nuances, car je reste moi, un grand mélange des autres.
Chaque facette de ma personne a le droit à sa place pour s'exprimer, pour s'équilibrer.
Être seulement une chose, sans nuance, c'est trop extrême pour être harmonieux.
Bonne nuit dans mes cieux.

ooooooo

12 septembre 2020
Les jours passent, les semaines défilent
C'est incroyable comme le temps file
Je n'ai pas 5 minutes pour me poser
Que, déjà, un autre jour va commencer
Prenons le temps de profiter
Avant de retourner creuser
Car, c'est ainsi à Ralequai
Les jours passent, les semaines défilent
Tout change en un battement de cil
Des nouveaux personnages,
Un nouveau flow
Dépassons nos clivages
Pour un nouveau morceau
Ensemble, connectons nous en musique
Échangeons des paroles poétiques
Lâchons-nous, laissons nous aller
Pour une nouvelle Jam à Ralequai !

Cet endroit m'inspire, j'ai envie d'chanter !
D'un coup j'inspire, j'vais tout donner
Mais ma gorge se bloque, rien ne sort
Parfois je suffoque, souvent à tors
Par manque de confiance, jamais je me lance
Avec un support je peux faire des efforts
Mais sortir de cette cage, n'étant qu'un mirage
Construis par moi-même, semble être un problème.
Je remercie les vibes et le flow
De cette harmonie entre pottos
Pouvoir m'exprimer en toute liberté
est le plus beau cadeau que vous puissiez m'apporter
****
Je veux apprendre à ressentir mon cosmique sans artifice.
Je veux apprendre à ressentir et vivre avec sincérité,
Avec mon être tout entier connecté.
Je veux apprendre à développer ma créativité.
Je veux me désintoxiquer, m'épanouir en toute sobriété.
Regarde-moi ça, je suis tombé du ciel
J'me suis crachée, j'ai brisé mes ailes
Je n'ai plus rien pour aller là-haut
Mais au moins j'peux aller d'l'avant
Faire son deuil ça prend du temps.

Je dois changer mes idéaux.
Cela fait un moment que j'tends l'oreille
Depuis que j'm'écoute, rien n'est pareil
Mes besoins et mes émotions répondent à tant de questions.
Que la société laissait en suspend, sous pression
Système ignorant les ailes cassées
Ne s'écoutant plus, de lui-même délaissé.
Société au peuple livide
Avec des cœurs bien vide…
Nous sommes tous des anges déchus
Asexués, mais genré à coups de massues
Chargés d'amour et de bienveillance
Obligés de l'exprimer en silence
Des individus faits de lumière
Coincés dans un système tanière.

ooooooooo

13 septembre 2020
Depuis une semaine des ami(e)s circassiens organisent le festival "LequaiJongle". Il aura lieu le dernier week-end de septembre, ici même.
Toute l'équipe est géniale.
Aujourd'hui, après être allé en ville, l'un des organisateurs revient avec un air épuisé et abattu. J'étais en train de cuisiner. Quand je l'ai vu, je lui ai proposé un câlin. (Je suis un

peu le bisounours du collectif). Il a lâché ses valises avec un « oui » de soulagement. Après quelques secondes il se sentait mieux et était prêt à passer à la suite de sa journée.
Ça m'a rappelé la fille d'un couple venu en juillet. Iels venaient de quitter un collectif après 4 ans de cohabitation. Les raisons de leur départ me sont restées floues, mais elle était très triste. Juste avant de partir, je lui offre un trèfle en lui souhaitant bonne chance. Je lui propose un câlin qu'elle accepte avec plaisir. Après quelques secondes, elle me regarde et me dit « c'est le meilleur câlin que j'ai eu de toute ma vie »
Le pouvoir du câlin est trop sous estimé dans notre façon d'aimer. Biologiquement parlant, un câlin de 6 secondes, ou plus, développe de l'ocytocine. En plus de nous faire du bien chimiquement, cette réaction en entraîne d'autres, dont la multiplication d'anticorps. Les câlins sont clairement un bienfait. Mais, je ne sais pas pourquoi, ça se fait peu…

Un cœur qui bat doux contre mon oreille
Un bruit chaleureux qui m'émerveille.
Câlin cœur contre cœur, ensorcelle
Brûle d'une douce chaleur, essentielle.
Six secondes de ce rythme suffisent

Pour que des êtres s'harmonisent.
Le pouvoir du cœur est magique
Il change les mœurs sans clic.
Cette harmonie divine, seulement on la devine.
Car, des mœurs, on en retient le silence…
Communiquons ! Communiquons ensemble !
Un lien éternel nous rassemble
Le même nous reliant à la Terre
Celle nous ayant vus grandir, telle une Mère.
Nous lui devons tout, mais la mettons à genoux…
De cette Terre sacrée, il n'en reste plus beaucoup
Exploitée, pillée, ravagée !
Nous nous sommes dissociés.
C'est pour ça qu'Ensemble est une clé.

ooooooo

18 septembre 2020

J-8 avant LequaiJongle. Nous sommes 17 à vivre dans les espaces communs. Les affaires changent régulièrement de place et l'eau de la source, reliée à l'évier, commence à se tarir. Plein de trucs s'accumulent en moi…
C'est incroyable comment la psychologie des foules s'applique même à une si petite échelle. **Plus on est nombreux, moins on se sent responsable.**

« Ce n'est pas moi qui l'ai fait/rangé, ce n'est pas à moi de l'arranger. » Ou encore « Je ne suis pas le (la) seul(e) à le faire, alors ce n'est pas grave/ma faute ».

<u>C'est la faute de personne mais tout le monde est responsable !</u>

C'est bien beau de vouloir profiter du moment présent dans l'inconscience des conséquences, mais qui résout les difficultés rencontrées ! ?

Je sais que tout peut être relativisé. Mais depuis mon retour dans le dortoir, à cause de l'humidité de la yourte, beaucoup de mes besoins ne sont plus comblés.

J'ai besoin d'y remédier et d'avoir du temps pour moi, m'écouter.

L'harmonie se fait quand les moments peuvent s'alterner. Moins je passe de temps seule, en procrastinant sur mes besoins, plus la solitude se fera nécessaire et de longue durée.

D'ici là, essaye de passer une bonne nuit.

ooooooo

22 septembre 2020

Il pleut enfin !! On verra dans combien de temps l'eau se remettra à couler à la source. La pluie est la bienvenue, même si ça rendra LequaiJongle moins confortable pour les festivaliers.

C'est ce week-end ! Le temps passe si vite, et il reste tellement de choses à faire ! On a dû aplanir et nettoyer l'ensemble de la terrasse dédiée au camping. La grange est complètement réaménagée. Un système son et lumière est arrivé hier, prêt à être installé. La scène et la moquette ont été prêtées par l'école de cirque d'à côté, dont font partie certains organisateurs. On va vendre des pizzas au feu de bois cuites dans le four en argile tout juste fini. Le vendredi il y aura un spectacle de feu, une « scène ouverte » (où l'on va jouer avec Catherine) et des spectacles travaillés jusqu'à 22 heures, puis concert. Le samedi matin il y aura une initiation au jonglage. L'après-midi un autre spectacle de feu et grosse session Jam pour la soirée.
Ça va être épique ! J'ai bien travaillé ma dance avec les rubans, un dans chaque main. J'ai hâte de partager ça !
Bonne nuit ma danseuse préférée.

ooooooooo

26 septembre 2020
Je me suis cassé la gueule dans les escaliers. Je ne peux même pas toucher le sol avec ma cheville énorme.
Je suis triste de plein de choses. En voulant rendre service, je me suis fait mal. Maintenant,

mon week-end cirque est condamné à l'immobilité…
****

Je reste là, à sourire en silence
Personne ne sait ce que je pense
J'fais c'que j'peux pour combler mes besoins
Seule, c'est rude, je souhaite des câlins
Une tendresse intime, un laps de temps infime
Une nuit sublime pour sauver ma détresse
Comblant mes besoins et sûrement mes faiblesses.
Les gens sont-ils réticents à s'ouvrir comme je le fais ?
Car, plus j'en veux, moins j'en ai…
Ou est-ce mon état émotionnel,
Faisant fuir les gens à la pelle ?
À force de vouloir de la tendresse,
Je me remets en question sans cesse.
Pourquoi cela semble-t-il compliqué,
Alors que je suis si bien entourée ?
Je pense m'aimer suffisamment pour le partager,
Sans plus attendre que quelques baisers.
Attendre…
Les premiers mots ont une importance
Souhaiterais-je mon indolence ?
Apercevant ma vision pessimiste
Personne ne veux monter en piste.

En ce moment mon regard n'est pas aimant.
Je ne peux donc m'aimer suffisamment
Et partager inconditionnellement.
C'est peut-être pour ça que la tâche est rude
Je peux à peine entrevoir la plénitude.
En ce lieu, à l'abri de la pluie,
Des gens partagent, c'est magnifique !

J'adore la mentalité des circassiens. Je pense que leur énergie agréable provient de leur pratique. L'exercice répété d'une activité liant le corps et l'esprit dans un seul moment. Un peu comme une méditation finalement.
****
Renégate, je ne connaissais pas. J'adore ! Je suis triste de ne pas pouvoir participer. Ravie de pouvoir Être là !
Le principe : Quelqu'un fait un truc impressionnant. Soit il gagne une bière, soit une autre personne relance le défi avec quelque chose d'encore plus impressionnant dans la même catégorie. Si le challengeur réussi, c'est lui qui gagne la bière. Le défi peut être relancé à l'infini, la seule condition : enlever une fringue.
Seb nous a offert un magnifique poirier cul nu.
La photographe est traumatisée à vie.

Même complètement ivres, les gens ont un équilibre supérieur à mes capacités sobres. L'art du cirque met à l'épreuve la proprioception (entre autres). Je trouve ça magique.
Merci pour cette folie.
Bonne nuit des étoiles plein les yeux.

ooooooo

6 octobre 2020
L'eau est revenue ! L'eau, l'eau est là ! L'eau c'est vraiment la joie !
Plus besoin d'aller au village pour aller en chercher !
Faire des choses me fait du bien ! Je ne pouvais plus bouger depuis LequaiJongle.
Reprendre les activités petit à petit comble bon nombre de mes besoins.
Être dans l'action permet de se vider la tête, d'éviter de se poser des questions.
Merci la pluie et la vie. Bonne nuit.

ooooooo

10 octobre 2020
Cette nuit j'ai eu une discussion avec le gardien d'un hôtel :
« Le monde va mal car le monde va mieux. Actuellement, on sait que le monde va mal. Nous pointons les problèmes du doigt pour

essayer d'y trouver des solutions. C'est en ça qu'il va mieux. »

Ça me fait penser à un mec venu le mois dernier à Ralequai. Il a grandi en cité, lieux délaissés par les municipalités… Il a pris conscience du problème écologique et souhaite agir. Découvrir la vie en collectif fermier était son point de départ. Il voulait rester une semaine. Il est parti sans rien dire au bout de trois jours. J'ai bien senti sa perplexité face au milieu alternatif représenté par les habitants du lieu.

Je me souviens de sa tête quand Emmy a enlevé son T-shirt pour travailler sous la chaleur (comme les mecs le font). La plupart des WAyeurs, comme les habitants, ont expérimenté plusieurs modes de vie. Pour ce jeune homme, c'était une première découverte en dehors de sa zone connue. C'est comme un choc culturel. Je ne sais pas s'il a continué vers une voie écoresponsable.

Je salue sa bravoure d'être sorti de sa zone de confort pour découvrir un autre monde. C'est en ça que le monde va mieux.

Petit à petit les choses évoluent. Une énergie pétillante envahie le système. J'ai confiance en la voie de la bienveillance.

Bonne nuit pleine d'espoir.

ooooooo

12 octobre 2020

J'ai toujours les mêmes besoins à combler. Je n'arrive pas à m'aimer et m'accepter dans mon entièreté. J'attends beaucoup de moi-même. Au point où je me flagelle quand mon exigence n'est pas satisfaite. Dur dur...
Les choses prennent du temps. Changer prend du temps.
C'est un effort de chaque jour de me donner de l'amour. L'effort deviendra une habitude quand la répétition aura été suffisante. 3 mois minimum pour être intégrée.
N'oublie pas la connexion avec la Nature. Cette Terre, ce grand tout, ne t'a pas abandonné.
Je peux m'y connecter quand je le souhaite. Elle sait aimer inconditionnellement. Elle participe à ma sécurité émotionnelle.
La patience sera ton alliée petite fille. Pour aider ton adulte blessée. Faisant de mon mieux face à la vie et sa complexité.
Bonne nuit pour progresser.

ooooooo

17 octobre 2020

Cette semaine je suis allée me reposer chez Constantin. Ça m'a soulagé. J'ai fait un bilan

des désavantages de Ralequai. Je ne pourrais pas les gérer sur le long terme.
J'ai besoin d'une routine, mais l'insécurité aux multiples provenances ne me permet pas cette stabilité.
Je vais essayer d'en discuter pour arranger les choses. Exprimer mes besoins et faire des demandes claires avec les personnes concernées.
Bonne nuit pleine d'espoir.

ooooooo

19 octobre 2020
En ce moment la vie est plus agréable. Les personnes présentent sont là depuis presque un mois et souhaitent s'investir au long terme.
C'est une autre ambiance comparée aux festivités de l'été.
Ça commence à être une famille soudée.
Avec Philippain on rit beaucoup. En épluchant des châtaignes, on a bloqué sur la prononciation de « châtaignes sèches ».
Pendant 10 minutes on était comme deux glands à « éplucher des châtaignes sèches » en répétant cette phrase en boucle.
Vivre ensemble amène un besoin de communication proportionnel à la taille du groupe. Le temps des repas est un super moyen d'interaction conviviale. L'absence de

Kheil pour la plupart des dîners éveille joie et peine. Ce n'est pas vraiment de la peine... C'est juste dommage. Apparemment Kheil a une forme d'autisme. Une fois qu'on le sait, ça explique beaucoup de choses. Mais la communication reste sous tension. C'est la raison du soulagement de son absence.

C'est drôle comme l'animosité du groupe envers lui créer une cohésion plus profonde, avec des blagues sur un sujet commun.

Une chose commune peut rassembler des personnes d'horizons variés.

Dommage que ce soit au dépend de quelqu'un. Bonne nuit quand même.

ooooooo

21 octobre 2020

Cette nuit, la tempête a fait rage, plusieurs arbres sont tombés. La seule route d'accès était bloquée par un gros chêne. La priorité c'était de l'enlever.

J'apprécie ça, adapter le travail en fonction de la Nature. Changer d'activité quand le besoin s'en fait ressentir, à la place de rester fixé sur un programme définit trop en avance.

****

Je suis en plein changement, en pleine transition.

Ma reconstruction prend du temps, c'est normal.
Depuis un moment je déconstruis. Petit à petit je désapprends.
Certains de mes réflexes sont encore présents. Les changer en un instant serait indécent.
J'ai besoin de m'armer de patience pour me laisser m'épanouir, loin de la peur et de l'intolérance. Cesser de fuir.
Je m'autorise à m'ouvrir. M'ouvrir vers une nouvelle vie, un nouveau fonctionnement. M'ouvrir à moi, réapprendre à me comprendre, à me combler, à m'aimer. Ma seule responsabilité c'est mon épanouissement. Une fois trouvées les réponses pour moi, aider les autres ne m'épuisera pas.
Bonne nuit dans mes bras.

ooooooo

23 octobre 2020
La vie suit son cours ici. Nous finissons de nettoyer et pailler le jardin collectif pour le laisser reposer cet hiver.
Avec le mauvais temps nous en profitons pour aménager l'intérieur de la maison.
J'ai encore du mal à instaurer une discipline matinale. Parfois je fais des exercices de Qi Gong, des étirements et quelques positions de yoga.

Je me blâme encore beaucoup pour chaque chose ne se déroulant pas comme je voudrais… Mon auto juge est très sévère. Heureusement, je suis entourée de bienveillance et soutenue.

Aujourd'hui, la réunion noyau nous a demandé beaucoup de communication avant de nous comprendre vraiment. C'est incroyable comment les interactions peuvent s'envenimer quand les points de vue divergeants ne veulent pas se rejoindre ou s'accepter.
Il y a toujours plein de manières pour arriver à un résultat similaire.
Parfois on utilise des mots différents, mais on exprime la même idée, la même intention. On se dispute alors qu'on est d'accord et l'égo ne veut pas avouer sa méprise.
Bonne nuit en toute clarté.

ooooooo

28 octobre 2020
Blanche Neige a proposé une « réflexion d'automne » pour cette après-midi.
Dans l'idée, nous échangeons sur notre évolution depuis l'année dernière. Elle avait fait des gâteaux et du thé. On a discuté pendant 5h, une heure chacun en moyenne.

De manière générale nous avons tous partagé une envie de ralentir.

L'arrivée de l'hiver, ses journées courtes et grises, semblent peu compatible avec l'envie de courir dans tous les sens.

Ça m'a rappelé ma rencontre avec Melie, en Suède. Nous ne pouvons pas toujours être à 100 %. Parfois notre 100 % correspond à du 15 %.

Je suis reconnaissante de cet après midi. Nos relations se fortifient quand on échange nos envies.

Bonne nuit.

ooooooo

30 octobre 2020

Je ressens de plus en plus le besoin d'avoir mon espace personnel. Le moment où je peux être seule à l'intérieur c'est lors de mes exercices matinaux, quand tout le monde dort encore.

J'aime beaucoup cette expérience de vie en collectif. Et je ne souhaite plus m'implanter ici.

Vivre en communauté c'est partager qui Je suis avec qui Nous sommes. C'est vivre ensemble.

Cela implique de me demander « qui je suis » et « vers quoi Nous allons ».

Je souhaite vivre avec un Nous dont les besoins et les émotions sont au cœur des relations.

Dans ma communauté idéale :
· Une hiérarchie horizontale
· Une grande communication
· Bienveillance (avec conscience des besoins et émotions)
· Une volonté d'autonomie et de détachement du capitaliste
· Une possibilité d'avoir un espace personnel rapidement
<u>· Une valorisation du temps passé à communiquer</u>
Parce que, se partager pour s'assembler, ça demande beaucoup de discussions. C'est un effort comparable à creuser une terrasse dans son cerveau. Surtout dans nos habitudes d'individualisme.
Nous venons tous du même système, c'est normal d'en retrouver des traces dans nos comportements et idées.
Encore une raison pour apprendre et évoluer.
Bonne nuit ma fée en déconstruction.

ooooooo

5 novembre 2020

Cette après-midi j'ai fait le « schéma de ma personnalité ». J'ai rassemblé les activités me procurant joie et satisfaction, vers lesquelles je veux tendre.

Me connaître me permet de mieux me communiquer. Cela facilite mes démarches auprès des autres communautés à visiter.

La plupart de mes préférences vont pour le partage avec autrui et mon évolution personnelle (écrire, danser, chanter en marchant).

Je me vois bien en révolutionnaire. Communiquer, planifier, rassembler, pour avancer vers notre Humanité. Ce profil est possible quand tout est déjà en place, comme en ville. Si je souhaite habiter au sein de la Nature en intégrant un collectif, j'ai besoin de mettre en avant mon amour du jardinage et mes autres compétences pratico-pratiques.

C'est drôle, même dans le « milieu alternatif », pour une première interaction, on choisit toujours de montrer « le meilleur de nous-même ». On s'adapte en fonction de nos croyances sur les attentes des autres.

Les conventions sociales sont tellement encodées en nous qu'Être soit même devient un challenge d'auto-acceptation. L'un des avantages de la bienveillance inconditionnelle c'est la liberté de laisser tomber les masques. Bonne nuit pleine d'acceptation.

ooooooo

6 novembre 2020

Ce matin, nous avons organisé un atelier de discussion sur la vie en collectivité. Kheil est propriétaire du lieu, entrainant une hiérarchie tacite. Il ne veut pas de ce statut, nous ne voulons pas d'un chef.

Le but, sur trois séances, est de clarifier les idées, apaiser les conflits et harmoniser notre intelligence collective.

Celle d'aujourd'hui était très intéressante. On a abordé le thème du travail sous la forme de jeux. J'ai apprécié l'exercice de dessiner sa vision du lieu dans le futur. Schématiser un concept pour le rendre clair. **Comprendre l'objectif de chacun pour trouver un but commun.**

L'après-midi, j'ai aidé Philippain à faire les escaliers extérieurs. Les anciens étaient irréguliers, ça devenait casse-gueule. C'est fou comme il en faut peu à la proprioception pour être perturbée.

Avant le dîner, j'ai envoyé deux demandes de visites dans des collectifs autour de Ralequai. Je lance officiellement des démarches pour partir d'ici, à la recherche de ce qui me correspond le mieux.
Bonne nuit mon aventurière de l'alternatif.

ooooooooo

12 novembre 2020
Ce matin nous avons fait la suite de l'atelier visant à communiquer, partager et structurer notre fonctionnement.

<u>Le nœud humain</u> = se mettre en cercle, se prendre par les mains et mémoriser les personnes à côté de nous. On se mélange dans tous les sens. Au bout d'un moment on s'arrête. Le but est de retrouver les mains tenues au début, de les prendre en bougeant le moins possible, pour revenir en cercle les mains jointes.

L'objectif est de visualiser la communication et la résolution de problèmes au sein d'un groupe. C'est un bon exercice d'intelligence collective.

À la fin de la séance, nous avons donné notre avis chacun notre tour. Pour montrer notre accord ou désaccord, nous nous déplacions dans l'espace plus ou moins proche de la

personne qui parle. À côté c'est un avis similaire, éloigné c'est divergent.
J'ai beaucoup aimé l'approche physique de cette séance.
Se mettre sur un autre plan d'interaction oblige à penser autrement sa communication.

Je suis reconnaissante de découvrir de nouvelles manières d'explorer la vie.
Plus le temps passe et plus je me rends compte : je cherche une famille avec qui m'épanouir.
****
J'ai commencé à avoir des réponses pour mes demandes de visites.
La communauté où va aller Philippain m'a accepté pour la première semaine de février !
On va pouvoir se retrouver là-bas !
Bonne nuit vers de nouveaux horizons

ooooooooo

17 novembre 2020
Aujourd'hui j'ai appelé ma mère pour son anniversaire.
J'ai appris par la même occasion que des membres de ma famille sont atteints de divers cancers...

Je constate une corrélation entre le mode de vie, la façon d'Être, et les pathologies.
A l'hôpital où je travaillais, plus les vieux étaient grincheux, plein de remord/regret, plus ils étaient malades.
Mon bagage familial fait partie de moi. Si je ne résous pas les non-dits et les frustrations accumulées dans ma généalogie, j'ai peu de chance de finir autrement.
Les énergies entassées se déversent sur le physique.
M'écouter et me comprendre à chaque instant me permet de m'exprimer et de m'épanouir au présent. On verra plus tard pour le passé lattant, quand ça sera le bon moment. <u>Chaque chose en son temps.</u>
Bonne nuit.

ooooooooo

20 novembre 2020
Ce matin nous avons fait la dernière partie de l'atelier de discussion.
Kheil est venu avec sa mère pour expliquer le futur programme de Ralequai.
Le travail des deux réunions s'est fait balayer en quelques minutes.
Ça nous a tous complètement démotivés et donné envie de partir. Kheil a un projet, pour le réaliser il souhaite une « productivité

rentable » et une cotisation mensuelle supérieure à 400€.
Les personnes présentes sont là pour le côté alternatif. Pas pour affronter les mêmes thématiques méritocrates du capitalisme…
****
J'ai eu d'autres réponses positives pour visiter des lieux.
Un nouveau monde s'offre à moi.
Bonne nuit aventurière alternative.

ooooooo

23 novembre 2020
Aujourd'hui j'ai déplacé mes affaires de Ralequai jusqu'à chez Constantin. Un seul trajet a suffit, mais je trouve que j'ai vraiment beaucoup d'affaires. Ça ne sert pas à grand-chose d'en avoir autant sans lieu de vie stable où les stocker. Le matériel est une entrave à la mobilité.
Je préfère vivre dans la pauvreté, libre de mes mouvements, au lieu de posséder, m'enchaînant à un lieu.
L'enrichissement réel est celui du cœur.
Bonne nuit pleine de liberté.

ooooooo

27 novembre 2020
Ce midi, j'ai fait un plat dans lequel mes lentilles n'étaient pas assez cuites. Je m'en suis

beaucoup voulu. J'ai fait pas mal de blagues à ce sujet pendant le repas.
Alu m'a dit « t'es dure avec toi ». Tout le monde a dit du bien de ma cuisine. À la fin, toutes les assiettes étaient vides, pas de reste. Cela m'a profondément touchée.
J'apprécie ne pas vivre seule pour ce genre de moment. Les interactions bienveillantes m'aident à me rendre compte de mes schémas. Je suis mon propre saboteur en me blâmant. Mes défauts sont en minorité face à mes qualités.
Je fais de mon mieux avec les aléas de la vie, avec la sagesse dont je suis capable. Cela ne veut pas dire que je suis sage. Je fais ce que je peux avec ce que j'ai.
Personne n'attend de moi ce que je m'exige.
J'ai besoin de m'accepter dans mon entièreté, avec bienveillance, pour aller vers mon souhait : la sérénité de l'épanouissement.
D'ici là, bonne nuit pleine de rêves.

ooooooo

28 novembre 2020
En descendant à la rivière j'ai constaté la présence d'une canette de bière dans le talus du parking. En voulant la ramasser, j'ai vu qu'il y en avait une soixantaine dans le fossé descendant dans la rivière.

Mon analyse de « comment c'est possible ? » m'a fait conclure que c'est probablement un coup des chasseurs.

Que faire contre une population intouchable de par leur lien avec la mairie ?

J'étais verte de rage ! Je suis allé prendre deux sacs-poubelles, mais ils étaient plein avant d'avoir finit d'enlever toutes les canettes.

J'ai pensé à les ramener à la mairie, pour montrer ce que les gens font à cet emplacement. Mettre une poubelle pourrait être intéressant.

Mais avec mon départ en préparation, je suis peu motivée pour m'engager dans une telle action.

J'ai donc laissé les poubelles pleines sur le parking avec un panneau « Pourquoi jeter les canettes dans la nature ? Il n'y aura pas d'arbre à bière. La Nature n'est pas une poubelle ! » J'espère que ça suffira...

« Chaque objet produit est déjà une pollution ». Même s'il n'est plus sous mes yeux, son impact est le même. Je repense au traitement de nos déchets qui sont juste envoyé sur d'autres continents...

Rien que d'y penser ça me déprime. Autant voir dans quelle direction je veux aller plutôt que de bloquer sur les problèmes immédiats.

Bonne nuit mon écolo hystérique.

ooooooo

5 décembre 2020

Hier soir j'ai discuté avec Philippain. Il m'a posé des questions, faisant preuve d'une grande écoute empathique, m'aidant à m'orienter vers mes besoins.

Les meilleurs conseils sont des questions.

Mon passé fait partie de moi. Même si on ne peut plus le changer, les émotions sont encore là. Mon passé vit et bouge dans mes tripes tel un mille feuilles contenant tout ce que j'ai accumulé sans écouter.

L'accepter tel qu'il est, c'est accepter une partie de moi. C'est m'aider à aller mieux.

Je suis une enfant traumatisée par la violence dans laquelle j'ai grandi. Cette enfant en moi a besoin d'amour, de réconfort, de beaucoup d'attention et d'écoute.

Je ne peux pas toujours lui donner satisfaction en fonction du présent.

Le fait de m'en rendre compte me soulage déjà beaucoup. Mettre des mots sur les maux aide à conscientiser, amenant à l'acceptation puis au soulagement.

Bonne nuit en devenir.

ooooooo

14 décembre 2020
Je suis partie de Ralequai ce matin.
Une nouvelle vie, pleine de visites et de rencontres, commence.
Même si, des rencontres, j'en ai fait un sacré paquet cette année.
J'ai partagé différentes formes d'amour avec des Êtres variés. La bienveillance a toujours été au rendez-vous.
Je suis très reconnaissante de cette expérience. Elle m'a aidé à mieux me comprendre et m'a donné des outils pour aller plus loin dans mes recherches.
****

En attendant le bus une femme est venue me voir, me demandant si j'étais SDF.
Techniquement c'est vrai. J'ai eu le droit à plein de conseils pour « améliorer » ma situation.
C'est dingue comment c'est mal vu d'être pauvre. Surtout que je ne me vois pas comme tel.

Constantin est content de m'accueillir chez lui, le temps d'organiser mon sac et mes papiers avant mon départ pour Ax-les-Thermes. Là-bas j'ai trouvé un WA où je devrais pouvoir rester un moment.

Mon programme pour début 2021 s'organise petit à petit.
Bonne nuit.

ooooooo

17 décembre 2020
Je suis allé en ville pour la paperasse. En marchant sur le trottoir, je voyais des voitures en continu. À certains carrefours je sentais cette odeur de pot d'échappement. La ville me dégoûte. Cette condensation de gens déconnectée de la réalité terrestre, de la beauté de la Nature et de sa destruction permanente. Détruite pour alimenter des villes où plus rien ne pousse. Pour entretenir un train de vie matériellement confortable.
Je veux vivre libre, détachée de toute cette opulence polluante.
Pourtant, j'en profite encore pas mal de ce système, avec mon portable et mes sucreries…
À chaque nouveau documentaire je suis un peu plus inquiète à notre sujet. Peu importe le thème, la conclusion est toujours la même : on fonce dans le mur. Il faut changer rapidement. Si on ne l'accepte pas, on a peu de chance de s'en sortir en tant qu'espèce vivante. Bien sûr, des alternatives se créer. Non médiatisées, elles évoluent dans l'ombre des projecteurs, cherchant des solutions en douceur.

Il faut oser sortir de nos habitudes si nous voulons changer de direction générale.

Grâce aux différentes plates-formes regroupant la plupart des écolieux (WA, WOOF, Oasis Colibri, passerelle éco, désobéissance fertile, …) j'avance assez bien sur ma programmation. J'ai beaucoup de réponses négatives, mais suffisamment de positives pour combler mon premier trimestre 2021.
La vie avance avec son temps.
Bonne nuit au présent.

ooooooo

19 décembre 2020
Je suis arrivée sur Ax hier soir. Aujourd'hui je découvre le fonctionnement du lieu. Je suis chez un particulier souhaitant sourtout de la compagnie, avec peu de travail.
Je constate toute ma fatigue accumulée depuis Ralequai. Je suis ravie d'avoir peu de travail.
Je vais pouvoir me refaire une santé.
Je veux être ma propre sécurité émotionnelle. Pour cela j'ai besoin d'un rythme quotidien sécurisant dans ma vie nomade. Persévérer dans ma routine matinale est ma sécurité.
<u>Je suis là pour moi, je ne m'abandonnerai pas.</u>
Si je me sens en phase avec mon Être et mes choix, je dégagerais une énergie

d'épanouissement. Avec ma positivité naturelle je pourrais partager, donner de cette énergie bienveillante. Sans m'épuiser, car j'en serais la source inconditionnelle.

Pour cela j'ai besoin de beaucoup de sommeil et de temps seule.

Sans oublier l'équilibre de mon alimentation et la tendresse que je m'apporte.

Le rythme le plus efficace pour moi c'est de me coucher tôt pour me lever tôt.

En m'impliquant dans le présent, en faisant des actions en accord avec mes valeurs et mes besoins, je peux m'épanouir quel que soit le lieu.

Ce n'est pas le lieu l'origine, ou non, de mon bonheur, c'est moi.

Sur ce, bonne nuit ma chérie.

ooooooooo

21 décembre 2020

J'ai essayé d'exprimer à mon hôte mon besoin de me coucher tôt. Le rythme de la maison nous fait dîner à 22 heures, l'heure à laquelle j'aimerais m'endormir…

En essayant d'exprimer cela, le retour fût bref et concis : ici les WAyeurs sont là surtout pour la compagnie. Si je vais me coucher avant même d'avoir passé du temps avec mon hôte, le but de ma présence n'a plus de sens.

Il m'a donc invité à partir avant Noël. La caravane dans laquelle je dors sera empruntée par son ami pour les fêtes.
J'ai deux jours pour retomber sur mes pieds avec une situation « stable ».
Quoi qu'il arrive, il y a des solutions.

ooooooo

23 décembre 2020
Ces dernières 35 heures furent intenses !
Je suis actuellement à Lourdes, dans un Airbnb. Mon hôte est un pizzaïolo cinquantenaire très accueillant. Nous avons discuté cette après-midi. Quand je lui ai parlé de ma situation, son attitude a un peu changé. Il avait envie de me venir en aide. Il m'a proposé plein de choses en cherchant à m'arranger, combler des besoins. C'était très gentil, mais j'ai juste besoin d'un toit où me reposer. Après mon refus, il commence à se justifier : « C'est vrai que vous n'avez pas l'air dans le besoin. Vous avez même l'air très épanouie, en phase avec ce que vous faites ». Malgré l'incertitude de plein de choses, si ce que je dégage met les gens à l'aise, alors je suis sur la bonne voie.
Demain l'un de mes potes de Médecine, Ronan, vient me chercher pour passer Noël chez lui. On est content de se retrouver après

5 ans sans se voir. On a évolué dans des directions similaires. Il vit sur un grand terrain loué avec des potes dans les Hautes Pyrénées. C'est une ancienne carrière d'ardoise où ils expérimentent la vie en collectif et le jardinage.
Après noël, j'ai trouvé un WA chez un art-thérapeute pas très loin.
Je suis très reconnaissante d'avoir trouvé rapidement des solutions et de me sentir entourée de bienveillance.
Je me souhaite une excellente nuit bien reposante.

ooooooooo

26 Décembre 2020
Je suis arrivée chez l'art thérapeute. Il à l'air calme et agréable. Je vais pouvoir rester 10 jours ici.
Je vais dormir dans une caravane. Je suis contente d'avoir un petit chauffage. Il fait assez froid.
Le bâtiment principal est chauffé et assez grand pour mes étirements matinaux.
Merci et bonne nuit.

ooooooooo

29 décembre 2020
Je commence à avoir un programme de visites définit jusqu'en avril. Mon besoin de sécurité

s'en sent comblé. J'ai 5 lieux à découvrir pour le moment.

Je vais sûrement poster des vidéos sur youtube à nouveau. Partager cette expérience pour aider ou inspirer les gens.

Je suis certaine de ne pas être la seule à vouloir changer de vie, sans savoir comment.

Bonne nuit plein de découvertes.

ooooooo

30 décembre 2020

Aujourd'hui, j'ai reçu un appel d'un Tacos où j'avais postulé sur Albi. Il me proposait un entretien pour demain.

Je ne veux pas avoir un job, encore moins pour être esclave du capitalisme.

Pourtant, manquer cette « opportunité » m'a fait bizarre.

« Il faut travailler, sinon on est assisté », mais on est tous interdépendants !

Me mettre à travailler maintenant reviendrait à annuler toutes mes visites, essentielles dans mon objectif de vie.

Je me sens en accord avec ce choix.

Je suis en accord avec moi.

Pas de regret, que du progrès.

Bonne nuit.

ooooooo

2 janvier 2021
Ici l'apprentissage n'est pas énorme. J'ai fait un recouvrement à la chaux. Je m'attendais à être guidée et conseillée. Mais mon hôte est autodidacte et n'a pas su me transmettre le savoir manuel. J'ai donc fait comme j'espérais être le mieux.
Avec mes années d'études en atelier d'orthèse-prothèse, je sais à peu près me débrouiller pour tous types de bricolage. La propreté de mon travail peut laisser à désirer, mais c'est toujours fonctionnel.
Quand on sait bricoler, certaines choses deviennent plus accessibles.
Bonne nuit.

ooooooo

8 janvier 2021
Cela fait 3 jours que je suis arrivée chez Constantin. Il est actuellement en Espagne, il rentre dimanche.
Merci à lui de me laisser son appart.
Me dédier entièrement à moi pendant ce temps m'a fait beaucoup de bien !
J'ai dansé, jonglé, écrit, dessiné, fait des étirements. Je me sens de plus en plus aboutie, épanouie.

Je commence à accepter l'idée de ne pas pouvoir tout gérer. Cela me permet d'être moins angoissée et de me concentrer sur mes envies et mes dons naturels.
Je me cherche, me pourchasse, je délaisse ce qui me lasse.
Je veux bouger, créer, inventer, apprendre, jouer, sociabiliser et communiquer.
Je veux quitter mes peurs, le stress, les complexes, l'insécurité et mes addictions vicieuses.
Tout est lié ! Rien ne se perd, rien ne se crée, tout se transforme.

Petit à petit, je vide mon sac à dos émotionnel en laissant ce qui me pèse. Garder juste ce don j'ai besoin.
Plus j'avance, plus j'observe que mes meilleures actions sont celles faites avec envie et amour, pas par obligation.
Faire ce que j'aime avec envie me réussi.
Bonne nuit

ooooooo

14 janvier 2021
Je me justifie encore beaucoup, pour presque chacune de mes actions. Comme si la honte des jugements potentiels prenait le dessus sur mon identité.

Je repense au pot à excuse mis en place par ma mère quand j'avais 13 ans. J'étais désolée de tout, tout le temps. Au bout d'un moment je devais donner 1€ pour chaque excuse. En une semaine je devais 246€ au pot.
Je repense à mon enfance et toutes mes bétises. On me traitait de peste et j'étais souvent puni pour mes erreurs. Mais je ne comprenais jamais pourquoi, alors je recommençais.
Aujourd'hui j'ai encore du mal à tout comprendre. Heureusement je ne suis plus puni quand je me trompe.
J'ai besoin de confiance en moi
Je suis sur la bonne voie
J'ai confiance en ma volonté
J'ai conscience de mes progrès
J'accepte ma vulnérabilité
Et j'agis de mon mieux.
Bonne nuit vers les cieux.

ooooooo

18 janvier 2021
Je suis arrivée à L'Entouriel ce midi. J'ai déjà rencontré 4 des 6 habitants permanents. Le bâtiment principal est gigantesque ! Il date de la Renaissance. Une partie de la ferme date du IXème siècle.

Le rougier, nom donné à la terre argileuse, aux nuances rouge brique, donne au paysage un contraste magnifique avec le vert foncé des épineux formant les forêts alentour.
Certains des habitants sont adeptes de la méditation en groupe.
J'aimerais bien essayer.
De par ma tête rasée et mon envie de méditer, on m'a conseillé de lire "La voie du Bouddha".
Tout un nouveau monde s'offre à moi. Je voulais en savoir plus sur les énergies, la vie m'offre des éléments de réponses, petit à petit.
Quand je m'actionne avec la bienveillance comme moteur, mes besoins sont comblés à l'heure.
Bonne nuit dans un nouveau monde.
ooooooo

25 janvier 2021
Je suis arrivée à la communauté de l'Arche "La Borie Noble" cette après-midi.
C'est un lieu immense avec 380 ha de terrain.
D'ailleurs les deux prochaines communautés dans mon programme sont sur ce vaste espace, parsemé de prairies, de champs de blé et de forêts enrobées dans un relief de petites montagnes.

L'Arche est un mouvement créé en 1958 par Lanza del Vasto, un disciple de Gandhi. "La Borie Noble" fût ouverte par la même personne en 1963.
Avant c'était religieux, maintenant c'est plus spirituel.
Il y a environ 6 habitants permanents et en moyenne 15 personnes vivants sur place. Les activités les plus courantes proposées en dehors des heures de travail sont la méditation, le yoga, des soirées de danse traditionnelle et des jams.
Je suis fière de moi d'être arrivée jusque-là.
Merci pour l'accueille à bras ouvert.
Bonne nuit dans un nouvel univers.

ooooooooo

26 janvier 2021
J'ai commencé ma journée par mes exercices et un gros petit-déjeuner. Je me suis régalée avec les viennoiseries maison. Elles sont produites dans le but d'être vendues au marché. La communauté fonctionne en Société Civile Immobilière et l'argent de la boulangerie lui permet de vivre.
Vers 9 heures tout le monde s'est réuni. Nous avons commencé par 5 minutes de silence, suivi d'un chant entonné ensemble, conclut par

l'organisation et la répartition des tâches de la journée.
Avant de partir pour les activités, nous passons tous par l'épluchage pour aider en cuisine. Éplucher et couper des légumes pour 15 personnes, ça prend un temps monstrueux. Le faire tous ensemble aide à fortifier la cohésion du groupe.

J'étais bien contente d'avoir deux paires de gants pour travailler. Une pour le froid, l'autre pour la manutention du bois.
Je me sens satisfaite de ce que j'ai pris dans mon sac. Je suis parée pour toutes activités.
Je ne manque jamais de rien.
Le repas, à 13 h, fût copieux et délicieux ! Heureusement qu'on a un petit temps avant la reprise pour digérer !
L'après-midi, j'ai continué le bois et à 18 heures il y avait une séance de méditation. En dehors des tâches de la journée, aucune activité n'est obligatoire. Comme à Ralequai, les gens proposent des séances et guident celles et ceux souhaitant participer.
Je me sens très satisfaite de cette journée. J'aime beaucoup l'ambiance ici. Athée que je suis, je questionne le côté spirituel. J'en ai beaucoup parlé avec Marie. Elle vit ici depuis

25 ans. Quand elle est devenue « permanente » au lieu elle a prêté serment. Elle finira surement ses jours ici.
Bien sûr les mœurs évoluent, et ils ont besoin de monde, alors maintenant c'est différent.
Ce côté spirituel, rythmé et conscientisé, me fait du bien. Le cadre me plaît bien.
Je suis reconnaissante d'être ici.
Bonne nuit.

ooooooo

27 janvier 2021
Aujourd'hui les trois communautés et amis de l'Arche se sont rassemblés à "La Fleyssière" pour célébrer Gandhi. C'est une journée de silence où le jeûne est proposé (riz et lentilles si besoin). Nous sommes tous restés dans la grande salle, à lire, méditer, coudre… Parfois quelqu'un lisait à haute voix un texte touchant, en rapport avec Gandhi ou Lanza del Vasto.
Quand je suis arrivée devant le bâtiment, un homme d'une soixantaine d'années disait à un enfant : « Tu as vu cette nature sauvage ? Elle est belle n'est ce pas ? ».
J'observais le paysage alentour. Des montagnes boisées avec des arbres plantés en ligne droite, surplombées d'éoliennes. Un sourire d'ironie me monte aux lèvres. Elle a

bon dos la « nature sauvage », complètement exploitée par l'homme…
Je ne suis pas restée jusqu'à la fin. L'envie de bouger m'animait. Cela m'a permis de faire plus ample connaissance avec les jeunes du groupe. Ce fut une chouette journée.
Bonne nuit.

ooooooo

29 janvier 2021
Je viens d'avoir une conversation merveilleuse avec ma mère.
Elle a réussi à entendre ma souffrance d'enfant, sans le prendre personnellement. On a pu exprimer notre amour mutuel, dans l'acceptation de nos différences.
Je m'en sens comblée, un peu délivrée.
L'écoute et l'acceptation de cette souffrance me soulagent. La peine est encore là, car elle est grande et vieille, le baume appliqué fait du bien.
C'est une étape importante dans mon cheminement personnel. Pouvoir exprimer cette douleur sans qu'elle soit réprimée ou minimisée par l'une des personnes concernées. Mon enfant intérieur se sent remué d'avoir été écouté et compris par celle qui m'a donné la vie.
****

Mon besoin de tendresse a changé.
J'ai rencontré une personne tendre. Ça faisait si longtemps… Pourtant, ce soir, je constate un détachement de ma part.
La tendresse d'une conversation maternelle fut plus satisfaisante que la tendresse charnelle.
Merci.
Je suis un être de lumière faisant de mon mieux. Cela crée du merveilleux.
Bonne nuit.

ooooooooo

30 janvier 2021
Ce matin je me suis autorisé une longue séance de danse au ruban dans la grande salle. C'était très agréable.
Cette après-midi, Susie a invité tous les habitants des trois communautés à sa crémaillère. Elle vit ici depuis un an et s'installe définitivement.
Nous étions une petite vingtaine dans son salon. Il y avait les jeunes de "La Borie", les stagiaires de "La Fleyssière" et l'ensemble de "Nogarêt". C'est drôle, car je vais visiter ces communautés les deux prochaines semaines et je rencontre déjà leurs habitants.
Le soir, j'en ai revu la plupart au bal trad'. Je n'avais jamais fait de danse traditionnelle.
C'est super épuisant ! Au bout de trois danses

j'avais mal aux jambes à force de sauter dans tous les sens.

Je suis reconnaissante de cette expérience offerte par la vie, ici et maintenant.

Toute cette semaine fût plénitude et éveil vers ma lumière intérieure.

Je suis en transition.

Puisque le changement est permanent, se dire en transition n'est-il pas un pléonasme ?

Bonne nuit joueuse de la vie.

ooooooooo

1er février 2021

Je suis partie légère de "La Borie Noble". Faire le trajet à pieds m'aide à laisser derrière moi les émotions dont je n'ai plus besoin. Je reste heureuse d'avoir seulement 2,5 km à faire.

Ma vie de nomade ne me comble pas. J'ai besoin de stabilité. Je visite des lieux dans ce but après tout, pour me poser.

Une pensée me dit que "La Borie Noble" correspond à pas mal de mes critères. Mais j'en suis à peine au début de mon aventure.

****

Cette après-midi, en rangeant le bois, j'ai entendu un des veaux de la ferme appeler sa mère. J'aimerais vivre dans un lieu sans exploitation animale. Pourtant j'adore le fromage ! M'en passer reste délicat (surtout

quand il est sous mon nez). Nous avons tous nos contradictions…
Retrouver Philippain à son arrivée m'a fait très plaisir !
Nous avons discuté de cette Nature « sauvage ». <u>Ce système fonctionne sur des illusions.</u>

J'imagine d'autres manières d'exister. Connaître l'autre aide à avoir confiance, base de toute relation saine. L'idéal serait une législation par petits groupes, chaque collectif ayant ses propres modes de fonctionnements. En prenant comme base l'écoute des besoins avec une application bienveillante, je ne vois pas où serait le problème qu'un village, ou un quartier de ville, ai ses propres lois.
Bonne nuit.

ooooooooo

2 février 2021
J'ai très bien dormi et je me suis naturellement réveillée à 6 h 20. Me laissant largement le temps de faire mes exercices, une petite méditation et de prendre un bon petit dej' en papotant avec Philippain.
À 8 h 30 la cloche a sonné l'heure de la prière matinale. Nous l'avons faite dehors, face au lever du soleil. Nous avons chanté puis parlé

des activités, d'abord ludiques, puis pratiques. Ensuite nous avons fait les "pluches", comme à "La Borie Noble", avant de commencer la journée de travail.

L'après-midi, j'ai rangé le bois avec Philippain. J'ai pu lui parler de mon évolution emotionnelo-spirituelo-énergétique.

Ce soir, après la prière de 18 heures, je suis resté à observer le feu. La tristesse est montée et je l'ai laissée sortir. J'ai pleuré quelques minutes, finissant par un autocâlin. Je m'en suis sentie plus légère.

J'ai l'impression qu'à chaque fois que je pleure, sans raison apparente, j'évacue un peu plus de mes traumas passés.

La douleur fait partie intégrante de la vie. Ne pas la ressentir est un danger, on ne peut pas entendre les signaux d'alarmes de notre corps ou de notre émotionnel.

Bonne nuit à mon écoute.

ooooooooo

3 février 2021

Les exercices physiques et la méditation sont vraiment un bénéfice pour mon corps et mon esprit.

Quand j'ouvre les yeux après mon yoga, tout me parrait plus clair, la végétation plus verdoyante, la vie plus légère. Je me sens dans un autre état.

Dans l'après-midi, j'ai écouté une interview de Serge Boutboul. Il expliquait qu'une émotion très forte nous ramène directement au corps matériel, nous mettant dans l'incapacité de se positionner sur un niveau énergétique.
J'ai encore du mal à accepter toutes ces théories. Mais mon ressenti existe. Quand je regarde un feu, quand je remonte une rivière, … La médecine occidentale n'explique pas, voir ignore, ce ressenti subtil.
Je suis un être de lumière cherchant à s'ouvrir sur l'immensité du monde, du Grand Tout et de l'amour inconditionnel. C'est un chemin parmi d'autres. J'ai le droit de faire les choses progressivement.
Bonne nuit exploratrice de la vie.

ooooooo

4 février 2021
Dès la naissance nous ressentons la douleur. Notre première bouffée d'air nous décolle les poumons et nous arrache un cri.
La douleur fait partie de la vie.
C'est une sensation physique s'exprimant de différentes façons.

Des picotements, une chaleur, une gêne… Tant de vocabulaire pour exprimer ce qui fait « mal ».

Une douleur peut aussi être psychologique. La tristesse, la colère, la peine, …

Cette douleur est un indicateur. En l'écoutant, nous pouvons être orientés vers une direction la diminuant.

Encore faut-il savoir l'écouter, et la comprendre.

Dans l'enfance, personne ne nous apprend à laisser s'exprimer la douleur, la peine, la tristesse, la colère ou autres ressentis dit « négatifs ». Dès le début de nos vies la tendance est plutôt à « prendre sur soi », ne rien laisser paraître et sourire. Devoir être heureux à tout prix, positivité toxique...

Quel poids !

En voyant la douleur comme un problème à éradiquer nous la mettons au centre de notre réflexion.

Il existe une maladie dont les personnes atteintes ne ressentent aucune douleur. Très souvent, ces patients meurent jeunes, n'ayant aucun indicateur pour alerter si quelque chose ne va pas.

Supprimer la douleur revient à supprimer notre
« messager des besoins ».
Nous considérons un messager essentiel
comme un « mal » à ne pas subir.
Nous sommes une société de personnes
profondément malheureuses, en souffrance
perpétuelle, coincées dans un cercle vicieux de
fuite et de rappels.

La première étape pour accéder au bien être
serait, par déduction, d'écouter notre douleur.
Bien sûr c'est un gros travail, encore plus
pénible si la souffrance est installée depuis des
années.
Pour moi, la première chose à faire, c'est de
pleurer.
C'est le moyen le plus efficace pour évacuer
rapidement la peine.
Comme si nos larmes ouvraient la porte contre
laquelle notre douleur frappe sans relâche
depuis son apparition.

Avec la volonté de ne plus ressentir la douleur,
vient la frustration de ne pas y arriver par les
moyens connus.
La frustration est le résultat de nos attentes
insatisfaites. C'est la projection de notre

mental sur un potentiel futur qui, finalement, n'arrive pas. Très courant dans notre quotidien. Nous créons ainsi un schéma « douleur → recherche d'évitement → souffrance → fuite par des moyens externes (médicaments, drogues, consommation en tout genre) → frustration de ne pas atteindre le bonheur → souffrance… »
Rares sont ceux complètement soulagés de leur mal-être, au long terme, avec les méthodes de fuites ou d'évitements connues en occident.

Pour tendre vers le bien-être, il est important d'écouter sa douleur avant son évolution en souffrance. **« Prévenir plutôt que guérir »**. Malheureusement, pour la plupart des êtres humains, le stade de la souffrance est largement entamé.

Notre technique actuelle consiste à faire l'autruche ou à nous juger sévèrement, c'est très limitant.
En même temps, c'est complexe de changer de méthode après des générations entières habituées à fuir. Si nous tendions l'oreille à nos sensations « négatives » dès leur apparition, nous pourrions en apprendre bien

plus sur notre personnalité, nos limites et nos besoins.

Notre système de consommation est conscient de ce mal-être général, cela convient parfaitement à l'économie !
Imaginez un monde où chacun serait satisfait par sa propre écoute, contenté par peu de chose, si ce n'est d'un toit, d'un peu de nourriture, de beaucoup d'amour et d'art. Quelle catastrophe pour les grandes entreprises produisant des « biens » et services (dont nous n'avons pas besoin) pour les vendre par tous les moyens !

La résilience est la capacité de s'épanouir après un traumatisme.

Même si nos fonctionnements sont destructeurs, ils nous conviennent la plupart du temps car ils sont sécurisants. C'est quelque chose de connu, expérimenté depuis plusieurs années, comblant nos besoins de sécurité et de stabilité.
Le changement, c'est tenter quelque chose de nouveau, sortir de sa zone de confort pour se lancer vers l'inconnu. L'inconnu fait peur car on ne sait rien de lui.

Mais, dans le fond, qu'est-ce qu'on risque à se diriger vers l'inconnu ?
Si nous sommes déjà en souffrance dans notre quotidien, c'est probable de moins souffrir en essayant de nouvelles choses. Surtout avec l'intention de se sentir mieux, en écoutant son intuition.
Il y aura forcément quelque chose de satisfaisant, de plus épanouissant que le chemin proposé par le capitalisme méritocrate.

Le processus de changement est déclenché par l'envie.
La contrainte est la pire des motivations.
<u>Faire les choses par envie, sinon ne pas le faire du tout.</u>

Il est important de se souvenir que nous avons le choix.
Enfant, je détestais cette phrase… Lorsqu'elle m'était prononcée, j'avais le choix d'obéir ou de désobéir, d'être récompensée ou puni.
Comme chaque enfant, on attendait de moi obéissance et docilité. C'est tellement plus facile pour les parents un enfant qui ne fait « pas de vague ».

Durant cette période nous construisons notre identité. Quels types d'adultes deviennent les enfants emmurés dans la douleur silencieuse? Nous élaborons notre personnalité sous la contrainte directe de notre entourage, nous aimant si nous sommes sages.

Sous la contrainte l'esprit crée des espaces de libertés. Si le corps ne peut y accéder, c'est dans la tête que l'on va s'évader.

Bien sûr, nos parents nous aiment de manière inconditionnelle.
Mais leurs mots ne ressemblent pas toujours à ce qu'ils ressentent profondément.
Eux-mêmes n'ont pas appris à s'exprimer clairement. Ils tentent de nous apprendre les valeurs qu'ils pensent justes, avec les moyens à disposition, proposés par la société du
« bien » et du « mal ». Si l'on fait bien, nous sommes récompensés, si non, nous sommes punis.
« C'est comme ça »
C'est la base de la création de notre juge intérieur.

Nous parlons particulièrement bien de ce que nous connaissons. Ce que l'on connaît le mieux, c'est ce à quoi nous sommes confrontés tous les jours : Nous-même.

Nous reprochons aux autres nos propres défauts.

Ce qui nous agace chez les autres sont nos aspects considérés comme mauvais par notre juge. C'est pour ça que ça nous agace d'ailleurs, on le réprime chez nous ; comment les autres osent-ils l'exprimer ! ?

De fait, écouter les reproches que nous faisons nous donne une bonne indication de ce que nous reprochons à nous-même.

En portant une attention sur mes paroles envers autrui, je peux me regarder dans mon miroir.

Une fois que j'ai vu où mon juge personnel porte son attention, je peux commencer à accepter. Lâcher prise.

Abandonner notre juge consiste à défaire ce que nous avons appris, pour nous reconstruire avec nos propres codes, et surtout avec compassion pour nous-même.

C'est la partie à la fois la plus difficile et la plus libératrice.

Actuellement nous évoluons dans un système compétitif où nous avons pris l'habitude de

décrire les actions d'autrui, de comparer. Parfois rassurante, cela flatte notre ego. Mais la plupart du temps, à l'aide de notre juge personnel, l'analogie est douloureuse.
Par cette évaluation, nous rajoutons de la souffrance là où l'on pourrait juste observer une disparité.
Marshall Rosenberg a exprimé dans sa conférence : « C'est incroyablement beau de constater un avis différent chez quelqu'un que nous aimons tant »
Comprendre à quel point nous pouvons être variés malgré notre espèce commune, c'est s'ouvrir sur la beauté de la diversité.
Si l'inconnu n'était pas une source de peur, à cause de nos projections et de notre souffrance, nous pourrions nous y ouvrir et découvrir autre chose. En plongeant dans l'inconnu nous concrétisons notre évolution. Sans changement, c'est la stagnation.
Le changement étant permanent, l'accepter c'est un début de résilience.
Bonne nuit ma philosophe.

oooooooo

8 février 2021
Mon premier jour à "Nogarêt" fût tranquille. Je suis arrivée à pied en fin de matinée et j'ai été accueillie avec un gros câlin. Ça m'a rempli de

paix. En visitant les lieux j'ai ressenti plein de choses. J'ai ouvert mes perceptions sensorielles. J'ai bien envie de continuer à développer cette intuition du ressenti.

J'ai envie de partager des connexions profondes avec des Êtres. Pour cela il me faudrait rester longtemps dans un collectif.
Plus je bouge et je rencontre, plus je m'aperçois de mon envie de stabilité.
Je suis au début de mon processus. Travailler ma patience me permettra d'arriver à terme.
L'avantage de ses rencontres multiples, c'est la confiance que je construis sur la personne de lumière que je suis.
Bonne nuit ma déesse des étoiles.

ooooooo

9 Février 2021
Cette après-midi j'ai travaillé avec les garçons. Ils m'ont expliqué qu'il existe certaines tensions au sein du groupe. Avec une communication de dernière minute « avant que ça pète ».
Ils m'ont parlé de leurs histoires et des tentatives de créer un collectif.
L'un m'a dit « c'est compliqué de vivre ensemble ».

Pourtant, à la base de l'humanité, le fait de vivre ensemble nous a permis de survivre. L'Homo Sapiens est une espèce sociale. Nous sommes toujours interdépendants aujourd'hui. Le grand nombre d'individus rend plus ardu le fait de trouver ceux que l'on préfère pour vivre ensemble.

****

Citation de Maître Eckart :
« Si vous vous aimez vous-même, vous aimez chacun comme vous-même. Aussi longtemps que vous aimerez quelqu'un moins que vous-même, vous ne réussirez pas vraiment à vous aimer, mais si votre amour s'étend à tous également, vous-même y compris, vous aimerez l'ensemble des êtres comme ne faisant qu'une seule personne […] Aussi est-il grand et juste celui qui, s'aimant lui-même, aime tous les êtres d'une égale façon »

ooooooo

10 février 2021
J'ai défriché le futur jardin ce matin. J'ai encore beaucoup pleuré.
Mon mode de vie nomade, à changer de lieu chaque semaine, comble peu de mes besoins. Certes je découvre beaucoup et j'apprends tout

le temps mais je me sens seule en cherchant à ne plus l'être. Avantages et inconvénients...
En pleurant, j'ai senti une présence réconfortante au niveau de mon épaule droite. Une douce chaleur. Cela m'a fait pleurer de plus belle. Impossible de m'arrêter. J'ai dû en parler au repas. J'ai demandé à prendre mon après-midi pour dénouer mes émotions.
Il est rare qu'une seule action comble tous les besoins. Comme tout a inconvénients et avantages, il y a des besoins comblés et d'autres découverts.
L'acceptation de ma souffrance par ma mère a ouvert les vannes de ma peine. Je ne pensais pas en avoir autant… Même pendant la séance de Yoga, le soir à "La Borie Noble", j'avais encore des vagues de larmes.
Ce fut soulageant.
Merci
Merci à moi d'avoir pris le temps de laisser ma peine s'exprimer. Merci aux habitants des communautés d'être compréhensifs, ouverts d'esprit et tendres.
Merci à mon enfant intérieur de prendre son mal en patience pour trouver sa famille rêvée.
Bonne nuit mon ange fissuré.

ooooooooo

11 Février 2021
Aujourd'hui, je me suis senti mieux qu'hier, mais encore fragile.
Ce matin, pour le "temps spirituel", le texte lu m'a beaucoup touché :
Le monde a besoin de fous
Qui s'engagent à fond, qui oublient
Qui aiment autrement qu'en paroles,
Qui se donne pour de vrai et jusqu'au bout.
Oui, il nous faut des fous, des déraisonnables,
Des passionnés, capables de sauter dans l'insécurité,
L'inconnu toujours plus béant de la pauvreté.
Il nous faut des fous du présent, Épris de vie simple,
Amants de la paix, purs de compromission
Décidés à ne jamais trahir, méprisant leur propre vie,
Capable d'accepter n'importe quelle tâche,
De partir n'importe où
À la fois libres et obéissants
Spontanés et tenaces, doux et fort.
Serte, oui, le monde a besoin de fous.
****
Cette après-midi j'ai participé au cours de chant. J'ai eu plein de bons conseils pour réguler ma voix.
Ensuite j'ai nettoyé les douches intérieures.

L'eau courante vient juste d'être installée ! J'ai pu me prendre une bonne douche chaude.
Demain, de par l'absence d'une habitante permanente, on m'a proposé de m'occuper du temps spirituel.
J'aimerais lire un texte de ma composition :
Cela passera est la seule chose vraie à chaque instant.
Tout est éphémère face à l'infini du temps.
Notre seule certitude, c'est maintenant.
Hier n'est plus de notre ressort, demain n'existe pas encore.
À chaque moment, nous sommes au bout d'un fil à plomb temporel
Chaque choix est aussi lourd de conséquences que le poids au bout de la ficelle
Même si demain n'est pas encore, mes choix de maintenant lui donne une direction.
Et pour vivre pleinement chaque instant, je choisis d'aimer sans condition.
Je chéris et remercie chaque partage
Que la vie m'offre à chaque virage.
Que le chemin est sinueux
Que Maintenant est lumineux.

ooooooooo

12 février 2021
Dès le matin, j'ai ressenti cette journée positivement agréable.

Après mon yoga et ma méditation matinale, j'ai guidé le temps spirituel. D'abord j'ai proposé le canon « Dapatchem Cordium », j'ai lu mon texte, et j'ai conclu avec le canon « El Alma que anda del amor, ni cansa, ni se cansa ».
J'ai senti l'émotion de chacun et beaucoup de gratitude.
Me partager dans mon entièreté est merveilleux.
C'est mon mieux.
Pendant que je cuisinais, une amie du lieu est venue me proposer son aide. Nous avons beaucoup échangé. J'ai écouté sa vie avec beaucoup de compassion. Sans chercher de solution.
À la fin de la journée, elle m'a remercié de ma façon d'être, si spontanée et sincère. Elle s'est sentie inspirée par ma personnalité.
Je me sens reconnaissante. Je suis heureuse de pouvoir partager ce genre de moment. Comme si écouter la peine ouvrait des portes sur le champ des possibles
Le soir, il y a eu la séance de yoga à "La Borie Noble".
En rentrant j'ai observé les étoiles. Elles sont si lumineuses loin de la ville. J'ai vu une grosse

étoile filante. Contempler est ma méditation préférée.
Merci
Bonne nuit ma fée de lumière.
ooooooo

15 février 2021
Ce matin nous avons eu le droit à un morceau de violoncelle à la place du texte lu. Les sonorités de l'instrument ont remué plein de choses en moi, les larmes me sont montées.
Je n'aime pas les au-revoir. Je suis partie assez tôt. Arrivée avec deux heures d'avance à la gare. J'en ai profité pour apprendre "I see fire" par cœur.
Là, je suis chez Seb. Il vit avec deux colocataires sur Montpellier. On a fait une petite soirée et me voici dans le canapé-lit.
Je suis en deuil. Je suis également reconnaissante de ces expériences. Ces lieux étaient à la fois similaires et différents. J'ai appris beaucoup de choses, j'ai beaucoup évoluée. Je me sens changée, via une voie que je n'imaginais pas emprunter.
J'ai bientôt fini "La voie du Bouddha".
Merci pour toutes ces expériences.
Merci la vie.
Je me souhaite une excellente nuit de repos, que mes rêves soient beaux.

ooooooo

16 février 2021
Ce matin, j'avais très envie d'avoir un lieu privé pour moi. Être sûre de ne plus croiser personne, pouvoir prendre du temps seule.
Dans la journée j'ai eu cette opportunité dans l'appart'. J'ai pu faire beaucoup de yoga et de méditation, me recentrer. Me permettant d'offrir le meilleur de moi-même dans la soirée, avec des massages, du yoga en groupe, un tatouage et des partages.
L'un des colocs, m'a dit que je ressemblais à une petite moine avec ma tête rasée. J'aime bien cette image.
Merci à moi de surmonter la vie avec calme et patience, en fonction de mes capacités.
Je suis un être de lumière offrant mon mieux.
Bonne nuit ma fée soleil.
ooooooo

17 février 2021
Aujourd'hui, il a fait un temps magnifique ! Cela a beaucoup influencé ma motivation, au top toute la journée.
J'ai pu acheter "La voix du sentir" de Luis Anza. Carlos me l'avait conseillé pour aller plus loin dans mon processus personnel. (Je

l'ai appelé, je me sens prête pour en apprendre plus sur la bioénergie. On va sûrement se voir prochainement).

Sur le chemin du retour, avec Seb, on est allé au parc du Peyrou. Il y avait beaucoup de monde. Ça sentait la weed dans tous les coins. Fumer reste une manière très efficace de sociabiliser.

J'ai fait beaucoup de rubans et de jonglage contact. On a aussi beaucoup discuté. J'ai finalement fumé une clope, plus par mimétisme et rappel d'un mode de vie passé que par véritable envie.

La vie en ville semble tellement déconnectée de l'essentiel. La drogue est un moyen trouvé pour sortir des sentiers battus, pour se rapprocher du Grand Tout. Toucher du doigt notre divinité.

Loin de la Nature, la ville n'est pas propice à la Vie.

Une fois rentrés du boulot dans un carré de béton, où rien ne pousse par hasard, nous décompressons devant un carré d'algorithmes qui nous confortent dans nos convictions.

Il ne reste aucune magie pour s'émerveiller.

Il en faut de la motivation et de l'énergie pour réussir à s'émanciper, quelle que soit la nouvelle direction prise.

Bonne nuit ma future Bodhisattva.

ooooooo

18 février 2021

Cette nuit, j'ai rêvé d'un maire opulent voulant décimer les animaux sauvages d'une forêt pour la transformer en parking.

Je tente d'aider les animaux. Au début je suis seule, petit à petit les villageois me rejoignent. Il y a des cadavres de loups blancs et de sangliers partout. Les soldats du maire mettent le feu aux corps inanimés. Je me cache derrière le dernier survivant et le sauve des flammes. Ce loup blanc voulait utiliser ses dernières forces pour tuer les soldats, mais je le retiens. Je lui dis que je vais m'occuper des humains, qu'il devait aller se cacher dans la forêt pour survivre.

Avec les villageois, on arrive à se débarrasser de l'armée et du maire.

La forêt redevient un havre de paix. Je suis assise à côté du dernier loup, en haut d'une falaise, et contemple ce paysage magnifique. Il me laisse le caresser : « avec toi c'est naturel, tes caresses font du bien »

Je lui dis que je n'ai pas pu sauver les siens, mais au moins la forêt est intacte.

J'ai ressenti une paix profonde à ce moment.

Ensuite, en retournant au village, je vois le maire devant chez lui, avec ses organes dehors, mais encore en vie.
Un villageois passe avec une hache, je lui demande de finir le travail. Il me dit qu'il ne peut pas faire ça, alors je prends la hache et je m'acharne sur l'opulente autorité.
Sa femme et ses enfants sortent de la maison et observent ce qui reste du maire. J'ai peur des représailles avec ma hache ensanglantée à la main. Mais la famille se dirige vers un père noël et l'accuse du meurtre.
Ce rêve est criant de vérité. Je suis faite pour être libre au sein de la nature, plutôt qu'en ville dans un capitalisme meurtrier.
Je suis seule maître de ma volonté.
Je donne le meilleur de moi-même à chaque moment selon mes capacités.
****

Bonté – Amour – Compassion
Merci pour cette merveilleuse soirée festive, pleine d'échanges et d'enthousiasme.
Merci pour cette authenticité.
Bonne nuit ma « folle honnête »

ooooooooo

20 février 2021
J'ai fini la "La voie du bouddha" et j'ai écouté une conférence sur l'acceptation radicale.

Un plaisir instantanément comblé ne laisse pas le temps de se nourrir de l'envie initiatrice. Attendre avant de consommer, c'est offrir de la compassion à l'envie. S'en nourrir sans attendre sa réalisation, c'est s'offrir la paix intérieure.

Les mots sont limitants.
Les mots sont un moyen de communication passant par la mentalisation. Ils nous aident sur certains plans, physiques notamment, mais nous limitent sur d'autres.

Je mentalise encore beaucoup. J'analyse, je décortique sans savourer maintenant. Je pense et je spécule sur des moments inexistants. Mon stress vient de là, « il me faut faire » ou « je me dois d'être ». Je veux désapprendre ce que j'ai acquis, être comme la feuille qui tombe de l'arbre, se laissant porter par le vent, se laissant glisser sur l'eau, s'échouant sur la rive, séchant, s'envolant, …

Il n'y a pas vraiment de but, seulement un cheminement.

Je me remercie de trouver de l'énergie pour avancer dans la direction souhaitée.

Je me souhaite une bonne nuit, reposante, avec une communication harmonieuse entre mon subconscient, mon inconscient et l'ensemble de mon Être.

ooooooo

3 mars 2021
Je suis arrivé au "Brocoloi". C'est un lieu géré par un couple de propriétaire, avec deux autres habitants permanents (payant un loyer pour leur chambre) et des WAyeurs.
Il y a des écoconstructions en terre foin, dont une habitable, la "Brocoliotte". Je vais pouvoir y emménager demain. C'est super, je vais expérimenter si vivre dans ce genre de construction me plaît. Confirmant la viabilité de mon projet de dôme en chaux-chanvre pour ma future habitation.
D'ici là, bonne nuit.

ooooooo

5 mars 2021
J'ai merveilleusement bien dormi dans la "Brocoliotte".
Nous avons fait le partage émotionnel du début de journée avec les stagiaires et le couple de propriétaires. Je constate la communication de ces derniers un peu désordonnée.
Ensuite nous avons repiqué des choux-raves dans le jardin préalablement désherbé.
Le lieu en lui-même est vraiment calme et ressourçant.

Dans l'après-midi, Lou est arrivé. C'est l'ami d'un des stagiaires. Il est dans une situation compliqué : immigré dans l'espoir d'une meilleure vie, il a perdu ses parents à cause d'Ebola, ainsi que sa sœur jumelle pendant la traversée de la Méditerranée.
Sans papier, il cherche activement à vivre et exister légalement.
« Il a des poumons, un cœur, un cerveau, mais s'il n'a pas de papier, il n'existe pas »
Quel monde étrange nous avons conceptualisé et prenons pour seule réalité…

Le soir nous avons fait une petite soirée.
Je me mets souvent en position de « prof », je veux imposer mon savoir alors qu'il est incomplet.
J'ai encore tellement de choses à apprendre !
Je remercie l'accueil bienveillante des habitants.
Merci pour ce lieu plein de confort.
Merci à moi de m'apporter amour et compassion.
Bonne nuit ma luciole dormant dans sa grotte.

oooooooo

7 mars 2021

Aujourd'hui j'ai beaucoup bougé. Entre le yoga, les promenades et la séance d'étirement collective, je me sens bien.

En conversant avec les propriétaires je ressens des incohérences et un malaise tacite…

Je verrais bien comment ça se passe au fur et à mesure. À part ça, ce lieu est vraiment chouette et les stagiaires sont vraiment sympas. Laure a beaucoup de connaissances en botanique et jardinage, c'est très instructif de travailler avec elle. J'ai également appris comment faire du tofu avec des graines de soja :

Faire tremper les graines pendant 24h. Les mixer avec un peu d'eau pour obtenir une « crême ». Cuire le mélange dans de l'eau pendant 30 min. À l'aide d'un tissu, filtrer le lait de soja obtenu. Le faire cuire jusqu'à ébullition. Hors feu, ajouter une cuillère à soupe de nigari. Laisser reposer jusqu'à ce que le lait caille. Mélanger avec la masse restée dans le tissu. Mouler le tout, en pressant bien, puis mettre au frais.

Merci pour ces apprentissages.

Bonne nuit ma petite fouine.

ooooooo

8 mars 2021

Ce matin nous avons encore désherbé, puis repiqué des carottes. L'après-midi nous avons continué en semant des radis.

J'aime bien jardiner, mais ce n'est pas assez galvanisant, je m'ennuie au bout d'un moment. La communication et la résolution de conflit me procurent plus de plaisir et me demandent moins d'énergie.

Ce lieu est promu avec une « gouvernance partagée ». J'ai posé des questions à la propriétaire pour avoir plus d'informations sur sa vision.

J'ai compris l'écart entre l'idéal et la pratique, créant une confusion auprès des nouveaux arrivants.

Je sais déjà que je ne veux pas vivre ici au long terme. Ça reste un super endroit pour me poser un peu.

Je me remercie de poser des questions et de m'analyser.

Je remercie la vie de m'amener où je suis.

Je remercie les personnes chaleureuses avec moi au "Brocoloi", me permettant d'être entourée de bienveillance.

Je me souhaite une bonne nuit.

ooooooooo

12 mars 2021

Les propriétaires ont des comportements addictifs. Lui avec l'alcool et elle avec la weed.

Je constate la différence avec "La Borie Noble" où les drogues étaient prohibées. Je suis très influençable et je ressens les énergies d'addictions. Je ne pense pas être la seule d'ailleurs, tout le monde boit ou fume ici.

****

La session Jam de ce soir nous a tous fait plaisir. J'ai même osé me lancer sur une impro chantée. Tout le monde m'a encouragé puis félicité. Ma confiance en moi en est comblée. Le chant et la danse sont des domaines où je ne me suis jamais imposée de discipline. J'ai toujours improvisé en fonction de mon ressenti.

J'aime l'expression artistique de l'improvisation. Une création en direct, complètement éphémère. Elle reflète ce que l'on préfère dans notre tête le temps d'un air. Merci pour ces partages.

Bonne nuit ma chanteuse favorite.

oooooooo

13 mars 2021
Ce matin j'ai fait une demande pour un stage de méditation dans le monastère bouddhiste Kanshoji, dans le Périgord Vert.
Je pensais rester à "Brocoloi" jusqu'en avril, mais les conditions sociales sont de plus en plus contraignantes.
Les propriétaires sont pleins de bonnes intentions, de bienveillance. Ils ont également leur passé, influençant leurs actions du présent.
« Fais ce que je dis, pas ce que je fais ».
Je me sens soulagée de ne pas rester.
Je me remercie pour mes actions et mes démarches.
Je me souhaite une bonne nuit.

ooooooooo

15 mars 2021
Lorsqu'il a fallu travailler dans le jardin, les instructions floues n'ont donné à personne l'envie de s'investir.
J'ai fait des demandes sur WA pour un lieu à côté d'ici, histoire de m'échapper avant ma retraite méditative.
J'ai d'ailleurs reçu une réponse du monastère. Je dois écrire une lettre à l'Abbé, expliquant mes motivations pour venir une dizaine de jours.

Le bouddhisme m'attire depuis mes huit ans. Quand mon grand père est mort, croire en la réincarnation m'avait aidé dans mon deuil. À 13 ans j'avais essayé de méditer, mais j'avais trop d'énergie. Aujourd'hui je souhaite pratiquer la méditation pour abandonner mes addictions. Changer un comportement addictif dévastateur en un comportement libérateur.
****
Ce soir j'ai guidé un atelier de communication non violente. Chacun a participé avec enthousiasme. Nous avons tous appris de ce partage.
Bonne nuit ma fée de l'écoute.

ooooooo

18 mars 2021
J'ai reçu la réponse de l'Abbé de Kanshoji ! Mon arrivée est prévue pour le week-end "session Seshin", organisé pour le public du 3 au 5 avril. Je pourrais rester jusqu'au 12 avril. J'ai aussi eu la confirmation d'une visite d'un autre lieu pour début mai.
Merci pour ces rencontres et ces partages.
Bonne nuit.

ooooooo

20 mars 2021
Hier, une famille est arrivée. La mère est une psychologue. Durant sa carrière elle a constaté

l'efficacité d'un traitement dans la forêt avec des jeunes de quartiers défavorisés. Elle recherche un lieu pour faire des consultations en éco construction au milieu de la Nature. Tout ce qu'elle m'a raconté m'a à la foi surprise et confirmée dans mes pensées : nous avons besoin de la Nature pour nous sentir bien, pour s'épanouir.
Nous sommes des êtres sensibles, censés vivre avec Elle, mais nous avons oublié nos racines. Je la soutiens beaucoup dans son projet d'écopsychologie.
J'ai aussi lâché prise sur ma volonté d'améliorer la communication des propriétaires. Ils parlent de gouvernances partagées en voulant tout diriger tacitement. Ce n'est pas mon rôle d'arranger les choses. Attention à mon syndrome du sauveur !

Ce soir, nous devions aller à un sound système. Je m'étais préparée avec un peu d'alcool et un pétard. Je voulais danser, draguer, festoyer…
Mais le plan a été annulé.
Je suis déjà dans mon lit, très satisfaite en réalité.
Je comprends la différence entre envies et besoins.

Les envies ne sont pas toujours des besoins.
J'avais envie de cette soirée, mais je n'en avais pas besoin. Me permettant de me sentir bien maintenant.
Bonne nuit ma fée de la tendresse et de la câlinothérapie.

ooooooo

22 mars 2021
Je suis parti de "Brocoloi" à 8 heures ce matin. J'ai encore pris conscience de l'importance d'optimiser le poids de mon sac. 17 kg c'est beaucoup trop. J'ai les muscles tirés dans tous les sens.
En fin d'après midi, après m'être perdue, quand je n'avais plus de batterie et plus d'eau, j'ai osé frapper à la porte d'une des maisons sur ma route. J'ai eu tout ce dont j'avais besoin et même plus. Merci pour ce partage.
Une fois assez de batterie, j'ai vu que je ne m'étais pas éloigné du chemin pour rejoindre la ferme. Au bout de 25 km et 11h30 de marche, j'ai fait un peu de stop. J'ai réussi à me faire déposer juste devant mon point d'arrivée 6 km plus loin.
Je me remercie pour ma volonté et ma détermination.

Je remercie les personnes de ce nouveau lieu de m'accueillir chaleureusement avec compréhension et confort.
Je me souhaite une nuit reposante et réparatrice.

ooooooo

23 Mars 2021
Je suis ravie de ma journée.
J'ai travaillé en totale autonomie sur les différentes activités proposées par la propriétaire des lieux.
Cette après-midi, en récoltant des orties pour le dîner, j'ai appelé ma mère. Notre relation s'harmonise de plus en plus. Le fait qu'elle ait entendu et accepté ma souffrance juvénile m'aide à me sentir de mieux en mieux à chacune de nos conversation.
Je remercie ma mère de son travail personnel, me permettant d'évoluer encore plus vite qu'elle ait pu le faire avec sa propre mère.
Je suis reconnaissante de ne pas avoir eu envie de fumer depuis hier.
Bonne nuit ma fée des étoiles.

ooooooo

24 mars 2021
Aujourd'hui, j'ai appris à utiliser une bétonnière pour mélanger du sable, de la chaux et de l'eau, pour construire un muret en pierres.

La propriétaire est venue m'aider et me conseiller pour me perfectionner.
J'aime vraiment tout faire, avec l'option de pouvoir changer souvent d'activité.
Mon Être se sent comblé dans la multiplicité.
Avec une préférence notable pour discuter et partager.

J'ai commencé le livre de Luis Anza. C'est vraiment très intéressant et cela correspond beaucoup plus à mes valeurs actuelles par rapport à "La voie du bouddha".
Le soir, j'ai recyclé les légumes d'hier en ajoutant dela farine, des œufs et pouf ! Des galettes à la poêle.
Les parents de la proprio ont adoré ma cuisine. Ils sont vraiment adorables. Je suis reconnaissante de leur bienveillance.
Bonne nuit ma fée organisée.

ooooooooo

Rassemblement des poèmes écrit en janvier :
La beauté est éphémère
Tout se meurt sur Terre
C'est un cycle infini
Qui voit s'écouler la vie
Clapotis Clapotant
Ou bien grand torrent.
Remontant à contre-courant

L'humain s'épuise pour de l'argent
Oubliant l'éphémère du firmament
Et la bonté de son âme.

Avoir des paroles sages
Demande bien du courage
Savoir se poser pour bénéficier
de mots pesés, sans blesser
aucune âme commune au drame
Communication optimale
Tout en gardant son calme
pour se comprendre
car ça soulage
Pour s'apprendre
à travers le partage
offert à chaque virage.
La tendresse est partout
pour peu qu'on lui tende la joue.

Dénué de souffrance, tout est fébrile
Les semences de la vie seraient stériles.
Sans le savoir nous serions fragiles
En stagnation dans notre état futile.
Sans comparaison de c'qui est nuisible
Nous serions ignorants, profondément
stupides.
Sans douleur ni frustration
Jamais nous nous poserions de question,

Comprendre comment sortir de nos positions.
Douleur et souffrance nous font avancer
Bonheur et satisfaction nous font contempler.

Société de l'apparence complètement vide de sens.
Maquillée, visage pimpé de poupon bien ciré
Tant de couches accumulées
Bouchant tous les pores, ce n'est qu'un décor nous empêchant de respirer
Nos têtes ne doivent pas expirer
ni s'exprimer, figées,
jusqu'à ce que les larmes viennent tout gâcher.

Évolution révolutionnaire
Dévotion ambitieuse
Révolte audacieuse
Rêveries délicieuses.
Quintessence indécente
Déferlante insolente, enivrante, désolante, renversante.

Je suis chenille cachée dans son cocon.
Ma chrysalide brille, douce comme du coton.
Confortablement installée, ma métamorphose a commencé.
Aussi lent que le temps, patient.

Ma nouvelle forme se développe
Je vais sortir de mon enveloppe.
Même dehors il me faudra attendre
Pour déployer mes ailes avec des gestes tendres.
Pour enfin prendre mon envol
Et voir autre chose que le sol.
Pour déployer mes ailes il faut être patient
Aussi lent que le temps, constant.

Je danse ma joie
J'éventre la soie
Celle qui ondule
Quand je gesticule
La quintessence même
de moi qui m'aime.
Les flammes réchauffent mon âme
Sèchent mes larmes et lèchent le bois
Baiser tendre embrasse ma foi
Brasier chaud embrase mes lèvres
Braises ardentes augmentent ma fièvre
Dans les cendres se laisse rallumer
Haletante, je me laisse enlacer
Douce chaleur du matin
Qui peu chauffer sans fin.
La nuit l'envie régit la vie
Sournoise s'étale en moi
C'est un régal sans loi

Venin, sérum, résonne mutin
Sinueusement il se glisse en moi
Venin, sérum, les deux à la fois.
Ivrogne de mon cœur
À mes heures perdues
Enchaînée de bonheur
Je ne suis plus tendue.
La nuit, l'envie régie la vie
Je veux sentir, assouvir mes désirs
Toucher du bout des doigts
Ce régal qui s'immisce en moi.
J'embraye, je ris
Merveille, je vis
L'oseille je fuis
Je cueille le fruit
Fermement dans mes mains
Ferme les yeux, sans lendemain.

ooooooo

1ᵉʳ avril 2021

Je suis de retour chez Constantin. Petite étape pour refaire mon sac avant d'aller au monastère Kanshoji.

Quand j'ai entendu l'annonce d'un autre confinement, j'ai commencé à paniquer sur l'éventuelle annulation de la session publique. Heureusement, c'est maintenu (avec toutes les règles sanitaires).

La plupart des gens de ma famille (surtout paternelle), en entendant le mot « monastère », croyaient que j'entrais dans une secte. Mon père est parti dans un délire où il s'inquiète pour moi. C'est fou comme les peurs peuvent transformer la réalité.
Je me dirige dans un lieu de recueillement spirituel quelques jours. Je ne vais pas vendre mes organes à un gourou !

Je n'ai pas fumé depuis 10 jours ! Je me sens prête pour ma retraite.
Je fais les choses pour moi. Le crier sur tous les toits serait une action de mon ego.
Je pars demain pour le monastère. Ensuite j'ai prévu d'aller chez ma grand-mère Rosie, en Charente. J'ai optimisé mon sac à dos pour faire ce trajet à pieds. J'en ai envie. Ma longue randonnée de la semaine dernière m'a inspirée.
Je remercie la fluidité des événements
Je remercie l'odeur des lilas fleuris
Je remercie la vie et le soleil
Bonne nuit ma nymphe des forêts, magicienne des câlins et poétesse du soin.

ooooooo

2 avril 2021
Je suis arrivée au Monastère Kanshoji.

Étant donné que c'est une session ouverte au public pour ce week-end, plusieurs personnes n'ont jamais pratiqué. Je suis reconnaissante de ne pas être la seule nouvelle.

Je suis également reconnaissante de l'expression de mon corps. Je l'entends. Pour le moment je ne peux qu'interpréter les sensations. Mes savoirs scientifiques, biologiques, anatomiques et pathologiques ne me sont d'aucune utilité. Mes sensations proviennent d'une source encore floue pour moi, pas crédible aux yeux d'un système désensibilisé.

Je suis reconnaissante d'avoir ma propre chambre. La vue donne sur la cour d'entrée avec un jardin zen. Le lieu est magnifique avec sa structure en bois, ses fresques murales… Propre, sobre, méthodiquement aménagé.

Je souhaite une bonne nuit à moi, à mon subconscient et à mon divin que j'aime tendrement.

oooooooo

3 avril 2021

J'ai commencé ma journée par un yoga avec une intention d'amour à mon corps.

J'ai un peu lu le prospectus explicatif avant la première méditation du matin, à 5 h 30.

Je suis une cellule parmi toutes les autres.
Ensemble nous formons un seul corps.
Zazen est une posture pour se rappeler d'Être maintenant. Pour conscientiser notre présence dans notre corps.
****
La pratique de zazen ce matin s'est faite en trois temps. 30 minutes de méditation, 10 minutes de marche Zazen, 30 minutes de méditation avec les paroles de l'Abée.
Tout est rythmé de manière sonore. Chaque bruit a une signification. Pour sonner les 40 minutes, c'est un gros tambour frappé 8 fois. Le frottement de la peau m'a mise en alerte, et le premier Gong m'a fait sursauter, au point de me mettre quasiment debout. Je me suis rapidement assise pour ne pas plus perturber les autres. Rester stoïque, après une telle frayeur, m'a fait pleurer à chaudes larmes. Je me suis sentie traversé de part en part par le son répété. Comme agressée.
Cette peur…
Je pense à la fois où ma mère avait fait un geste brusque. Je m'étais immédiatement recroquevillée sur moi-même, accroupie avec les mains sur la tête. Sans autres raisons que ma peur.
Besoin de me sentir en sécurité, protégée.

Besoin de confiance dans mon milieu de vie.
Besoin de fuir quand je me sens en danger.
Besoin de contrôle sur ce qui atteint mes sens et mon corps, en général.
****

L'après-midi, lors du Samu, le travail en silence, j'ai paillé les nouvelles terrasses du jardin avec deux novices. Le silence est obligatoire pour nous. Le garder n'est pas un réflexe…

Puis, pour les nouveaux et ceux souhaitant un rappel, il y a eu une initiation au rituel du petit-déjeuner. Comment utiliser les deux bols, la cuillère, les baguettes et les trois aliments différents. Nous mangeons du Genmaï, du riz bouillit pendant 4 heures, dans lequel on met du gomasio, une poudre de sésame et de sel grillés, accompagné d'une fermentation lactique de choux blanc et carottes. J'aime beaucoup la partie où il faut garder un petit morceau de choux pour nettoyer son grand bol avec le thé servi en dernier. C'est très satisfaisant.

La notion d'harmonisation entre chacun est très importante. Le fait de commencer ensemble, de s'arrêter ensemble, d'être servi par les autres.

J'avais observé que je mangeais lentement par rapport à la majorité, mais je n'avais pas réalisé être la raison de l'attente. Adapter ma vitesse participerait à l'harmonie collective. Les moines ont conscience de leur rapidité. Ils m'ont dit qu'un effort pour manger plus lentement serait bénéfique pour eux. J'ai fait un pas vers eux, ils en font un vers moi. Finalement, c'est une notion touchant le Respect et la Confiance.
Sur le moment, dans ma tête, mon ego criait si fort « Mais non ! C'est moi qui ai raison de manger doucement, de profiter de chaque bouchée. Je prends conscience de ce que je mange »

Je veux tellement bien faire. Je préférerais avoir une liste comportementale à suivre à la lettre. Mais j'ai un problème avec l'autorité… Contradictions.
Ce moine s'est également étalé sur les « miracles » de ce mode de vie, au monastère. Mon ego : « Comment peux-tu promettre tant de choses, ça a marché pour toi, mais tu n'as aucune idée si les autres vont y être réceptifs ! »

Mes idées ne sont pas LA réalité. Mon ego est mis à l'épreuve par le silence et l'adaptation extrême.
Je suis frustrée de ne pas trouver ce à quoi je m'attendais.
Je m'attendais à quelque chose de facile, d'inné. Comme si j'étais l'incarnation de Bouddha. Mon ego pense déjà savoir. **La seule chose que je sais, c'est que je ne sais pas.**
****
Entre le dîner et le coucher, nous avons pratiqué Zazen 30 minutes.
Je me sens épuisée. Rester en Zazen est un véritable challenge, tant pour le corps que pour l'esprit. Faire du yoga m'aide beaucoup, je n'ose pas imaginer sans… J'arrive à peine à faire le demi-lotus. Le Lotus complet engourdi beaucoup les jambes. Le temps dédié à se déplier, après la méditation, est très important. Comme tous les autres moments d'ailleurs.
Vivre dans ce qui est, pour Être ; au lieu de vivre dans ce qui pourrait, et juste paraître.
Bonne nuit.

ooooooo

4 avril 2021
Je constate des incohérences. Elles sont le fruit de mon jugement, de mes attentes V/S la réalité.

Les défauts que je constate chez les autres font également partie de moi.
   Quelles sont mes incohérences ?
→ Vouloir méditer et hésiter à fuir d'ici.
→ Vouloir porter aucun jugement et utiliser mon « esprit critique » pour le faire.
→ Vouloir faire preuve de compassion et n'avoir que des attentes envers moi-même.
→ Ma plus grande incohérence : exiger des autres ce que je m'impose, mais être incapable d'y arriver moi-même.

J'attends énormément de moi. Mon impatience voudrait tout, tout de suite = > pression énorme sur mes épaules = > exigence envers les autres.
Je n'arrive pas à me satisfaire, comment le pourraient-ils ?
J'ai besoin de plus de compassion envers moi-même, de moins d'exigences.
Écouter et combler mes besoins est une manière de me donner de l'amour.
Me donner de l'amour me permet d'en émaner autour de moi.
L'amour véritable est un amour profitant à Tous.
****

Cette après-midi, j'ai fait un décompte de mes pensées. « Comparaisons et jugements » sur un bras, « Amour et reconnaissance » sur l'autre.
Le premier arrive à 15, le second à 35.
Je pense déjà à un « idéal » où le décompte des jugements serait nul.
Cependant, je ne dois pas négliger mes progrès. De plus, m'autoflageller sur mes incapacités à atteindre mes « objectifs » m'enfoncera encore plus dans cette boucle de jugements.
Remercier ce qui est, ce que je suis. Chaque moment est parfait.
Je t'aime ma petite bouddha.
Bonne nuit mon être d'amour et de lumière.

ooooooooo

5 avril 2021
Toutes mes exigences envers moi-même proviennent d'un besoin d'approbation, d'une peur de l'abandon et de sa solitude.
Être parfaite pour que les autres veulent bien de moi.
La perfection est une invention de l'esprit, elle dépend de critères subjectifs, spécifiques à chacun.
Ma perfection c'est l'amour inconditionnel.
Agir de mon mieux, guidée par l'amour, la bonté, la compassion et la bienveillance.

La voie du cœur est mon guide.
Unifier mon corps et mon esprit, c'est trouver la paix et mon énergie de base.
Puis la partager.
Ne faire qu'un entre mon esprit et mon corps dans le moment, si court et infini qu'est le présent, c'est lâcher les regrets/remords du passé et abandonner les attentes du futur.
Libéré des contraintes imaginaires, l'esprit peut aimer sans condition.
Chaque instant est une suite infinie de présents. Être là pour moi dans cet infini, c'est me donner de l'amour, Être amour, émaner de l'amour.
L'amour inconditionnel est un amour en présence, sans regret, sans remords, sans attente, ni projection, ni possession.
Sans attentes à combler, il reste des âmes à aimer.
Si j'attends quelque chose de quelqu'un, ce n'est plus de l'amour inconditionnel, c'est de l'amour-propre, toxique.
****

Au dîner, une fois les invités partis, l'ambiance s'est relâchée. Les habitants du monastère parlaient pendant le repas. Le moine Kokun m'a expliqué qu'il existe des vagues dans la discipline. Je me sens soulagée d'apprendre

que ces prochains jours ne vont pas être identiques à ce week-end, très intense en pratique Zazen.
Cette après-midi, il y a eu une cérémonie pour les nouveaux venus.
Nous avons répété un peu car il fallait tout coordonner, chorégraphier et harmoniser.
Chacun est libre, moi la première. Faire les choses avec le cœur et l'envie aide à partager de l'amour.
M'ancrer dans le présent pour aimer tout ce qui est maintenant, au lieu d'espérer ce qui n'est pas.
Merci pour cette expérience de vie.
Je me souhaite une excellente nuit.

∘∘∘∘∘∘∘∘

6 avril 2021
Aujourd'hui est un jour de non pratique, de « temps libre ». Personne ne médite, tous les pratiquants se rasent la tête et nettoient leur espace.
J'ai eu l'occasion de me balader avec deux habitants (ils ne sont pas tous moines). L'un est un ancien botaniste suisse, il m'a beaucoup appris sur la végétation environnante, L'autre est un allemand, avec qui j'ai passé le reste de l'après-midi. Il s'apelle Aragon.

Je suis reconnaissante de cette conversation, de cet échange. C'était très agréable.
Je suis reconnaissante de la bienveillance des moines et des habitants de ce lieu, dédié à Kanon, la Bodhisattva de la Compassion. Le grand tableau qui la représente dans le couloir me fascine.
Je ne suis pas arrivée ici par à hasard. J'ai besoin de cette expérience, aussi contraignante soit-elle, pour avancer dans mon cheminement personnel.

Une fois soignée, je pourrais aider à mon tour. Me partager à l'infini par amour inconditionnel, guidée par la voie du cœur.
Attention quand même à ne pas retomber dans le syndrome du sauveur.
Je ne dois rien exiger. Sous contrainte, il n'y a pas d'envie, donc, pas d'amour.

Je t'aime Victoria Legrand.
Je te souhaite une bonne nuit de repos, et du courage pour la reprise demain.

ooooooo

7 avril 2021
Lors de la séance Zazen ce matin j'ai senti une boule entre le chakra du cœur et de la gorge.

J'espère que cela passera avec une position mieux travaillée.

Aujourd'hui, la communication verbale fût pratiquement inexistante. C'est intéressant d'être dans son intérieur, ensemble. Pendant le Samu, il est conseillé de se rappeler à sa position physique. De manière générale d'ailleurs. Dans un principe d'introversion, nous devons garder le regard baissé pendant les repas.

Je suis impressionnée par cette communication non verbale. Tous les repas sont codifiés. Nous sommes servis par la personne d'en face, ou d'à côté. On ne se sert jamais soit-même.

Il n'y a plus besoin de mot pour se faire comprendre. Dans cette routine, des gestes suffisent.

Cette façon de vivre est très enrichissante. Chaque individu a accepté de perdre son individualité pour faire partie intégrante du Tout, telle la cellule d'un corps. Uniformes et crânes rasés aident cet ensemble.

Ne pas verbaliser la communication permet de s'ouvrir sur les autres d'une manière plus profonde, je dirais même émotionnelle.

****

<u>It chi go it chie = Chaque rencontre est merveilleuse.</u>

****

Je suis reconnaissante d'avoir participé à l'élaboration du gomasio avec la technique traditionnelle. On fait griller le sésame et le sel, ils sont ensuite broyés dans un bol à rainure avec un pilon en bois. Le mouvement doit être rotatif vers le centre, une spirale.
Il y a tellement de codes et de règles… Chaque élément est un rouage de l'Ensemble. Si un rouage manque, ou défaille, c'est l'ensemble qui en pâtit. Pourtant, la compassion règne. Je suis moi-même un rouage défaillant. Le temps est pris pour m'expliquer et m'aider à chaque instant.
Je suis reconnaissante d'être ici, d'avoir persisté, sans choisir la facilité.
Je me sens en paix avec moi et mes actions.
Bonne nuit ma challengeuse de la vie.

ooooooo

Jeudi 8 avril 2021
Je commence à me sentir à l'aise avec les habitants. Il faut dire que tout le monde est adorable. Chacun est en phase avec son présent.
Ils m'ont proposé de rester jusqu'à la fin de l'Ango, la session d'entraînement des bodhisattva, le 15 avril. Leur mode de vie n'est

pas si rude en dehors de ces trois mois intensifs en pratique. C'est rassurant pour eux ! Cela me fait très plaisir d'être autant la bienvenue. J'ai l'impression d'être la petite sœur. Tout le monde me prend sous son aile avec compassion. Mon besoin d'inclusivité est comblé.
Je les remercie du fond du cœur.
Je commence également à m'habituer au rythme :
Réveil à 5 heures, Zazen à 5 h 30, parfois cérémonie, sinon petit déj'direct. Samu, repas, sieste, Samu, temps de la douche, repas, vaisselle, zazen, couché à 21 h 30. Le temps libre est très réparti, il y a 20 minutes par-ci, une heure par là…
Aujourd'hui, une infirmière est venue faire des tests PCR à tout le monde. Il n'y aura plus de visiteurs jusqu'à leurs vacances le 16. On pourra vivre sans masque ni geste barrière !
Nous avons passé du temps avec Aragon. Sa Douceur me fait beaucoup de bien.
Je suis ravie de ces moments de partage. Cela m'aide beaucoup pour cette épreuve. Ou plutôt cette étape. Les mots ont plus d'impact quand ils sont rares.
Merci.

ooooooooo

9 avril 2021

Je suis arrivée ici avec des certitudes. Je me suis confrontée à une réalité chamboulant mon ego, ma personnalité, mon être dans son entièreté.

J'ai peur de m'attacher.

L'attachement amène toujours à de la tristesse, car chaque chose à une fin. Chaque fin demande son deuil.

Tout est éphémère.

Ce monastère est un lieu sécurisant. Le rythme et la bienveillance comblent bon nombre de mes besoins. La sobriété en devient facile.

Ce dont j'ai besoin à présent c'est de trouver une protection en dehors de ce lieu, en moi. L'emplacement géographique ne fait pas un foyer. Il est en moi.

J'ai envie de poser mes valises, certes, mais j'ai surtout envie de créer un lien profond avec des personnes. Me trouver une famille du cœur.

Partager la vie en communication non verbale approfondi ma notion d'interaction. Je ne pourrais pas le décrire. J'apprécie cette présence, physique, psychique, énergétique.

Actuellement, il y a des endroits que j'aime, où je suis la bienvenue. Il y a aussi des lieux à visiter, des personnes à rencontrer.

Rien n'est figé, je peux avancer, tourner, faire demi-tour, m'arrêter…
****

Chaque jour je me découvre un peu plus.
Cette après-midi j'ai dansé avec et sans rubans. Ça faisait longtemps. J'avais oublié à quel point j'aime ça et ça me fait du bien.
Je m'harmonise avec moi-même et mon énergie, je m'aligne sur tous les plans.
Quand je m'attache trop aux personnes qui me donnent de la tendresse c'est parce que j'oublie de m'en donner.
Les moments partagés m'ont comblés, ils restent uniques et irreproductibles.
Se remémorer un souvenir « parce que c'était bon », c'est un attachement au passé.
Plus on fait appel à un souvenir, moins il nourrit notre âme. C'est l'attachement à un moment.
Laisser s'envoler les sensations et les émotions passées aide à nourrir l'âme.
L'amour est émané en permanence, pas besoin de se presser pour l'obtenir. De plus, si je m'aime j'ai accès à une ressource inépuisable d'amour.
****

Ce soir j'ai vu Aragon. J'apprécie pouvoir lui parler ouvertement de mon évolution personnelle.
Lui masser le crâne m'a permis de réaliser ma volonté de captation. Quand il m'a proposé un retour, j'ai pris peur. Je ne voulais pas qu'il « vole » mon énergie. Cette peur est créée par la projection de mon comportement sur lui. Je vole donc l'énergie… ? En tout cas, j'ai pris sans donner. Je pensais partager… Il me reste tant à apprendre.

El Alma que anda del amor, ni cansa, ni se cansa. Une âme qui aime, n'épuise pas, ni ne s'épuise.

J'ai peur de donner et de m'épuiser.
Des peurs dû aux traumas du passé, des rencontres qui m'ont blessées.
Donner ne fatigue pas quand on le fait aussi pour soi.
S'aimer n'est pas égoïste. C'est une première nécessité quand on souhaite interagir avec bienveillance, empathie et compassion.
L'ego nous permet de savoir nos préférences et de les affirmer. Il est important de lui laisser une place parmi les nuances de la vie. Tout comme le reste, c'est la dose qui fait le poison.

Il fait partie de nous et nous aide à affirmer nos besoin.
Merci à l'énergie de la joie de circuler en moi.
Je me souhaite une excellente nuit reposante.
Je t'aime ma déesse.

∘∘∘∘∘∘∘∘

10 avril 2021
La plupart des tâches de Samu m'ennuient, sauf en cuisine.
Je me suis donc portée volontaire pour cette activité.
J'ai compris pourquoi je ne m'ennuyais pas.
L'un des cuistots a une personnalité qui pique mon ego.
Lorsque j'ai proposé de garder les feuilles de chou-fleur, car elles sont comestibles, il m'a bien fait comprendre que les choses avaient un fonctionnement bien plus ancien que mon arrivée et que je n'avais certainement pas mon mot à dire.
Le mot arrogant fut énoncé à mon égard…

<u>Arrogant</u> = attitude hautaine et présomptueuse.
<u>Hautain</u> = qui affecte la fierté avec dédain pour mieux marquer la distance entre les autres et soi.
<u>Présomptueux</u> = qui a une trop grande opinion de soi.

Ses remarques m'ont toute autant attristée les unes que les autres…

Mon premier réflexe reste la justification. Quand je me justifie, mon besoin d'approbation parle à la place de mon cœur. L'approbation de moi à moi, ma confiance, me manquent quand je commence mes justifications.

Avec un peu de CNV, ses propos reflétaient un besoin de respect des traditions. Même si, finalement, on parle bien que de ce que l'on connaît. Son arrogance à mon égard était un fait.

Bien sûr, il y a forcément du vrai dans ces propos, sinon mon ego ne serait pas blessé.

Responsabilité partagée.

****

Ce soir, après le dîner et la vaisselle, je me suis rendu compte de mon envie grandissante de câlins. Je constate à quel point mes besoins de réconfort et d'évacuation de la tristesse sont liés.

Pendant Zazen, je me suis aperçue de toutes mes pensées. Depuis mon arrivée je n'ai même pas encore essayé de vider mon esprit, de chasser toutes pensées. J'ai toujours quelque chose dans la tête.

Les rares fois où je me sens connectée à la réalité du présent, c'est quand je ressens mon corps et mes énergies.
J'y arrive plus facilement le matin, sans le cumul émotionnel de la journée.
Je suis reconnaissante des confrontations écrasant mon ego, me faisant travailler sur moi.
Je suis reconnaissante du bon fonctionnement de mon corps, supportant les longues méditations.
Je suis reconnaissante de mon esprit malléable, évoluant facilement.
Je t'aime ma fée de l'immobilité, ma récalcitrante de la discipline.
Je te souhaite une bonne nuit, que tes rêves soient doux.

ooooooo

11 avril 2021
Aujourd'hui, nous avons pu interagir avec l'Abbé. C'est un moment hebdomadaire où les habitants du monastère écoutent ses réflexions sur l'actualité, avec la possibilité de poser des questions, ou de répondre. C'était très enrichissant. Bien moins solennelle que la cérémonie où chacun peut venir poser une seule question a l'Abbé à propos de l'éveil.

Il nous a parlé de sa vie. Une expérience en particulier, où son ami lui donnait des conseils pour son cancer. **« Celui qui conseille, n'est pas celui qui endosse les conséquences »**
****

J'ai créé un lien d'amitié fort avec la moine Koge, la plus agée du monastère. Elle aime beaucoup ma fougue de jeunesse et serait ravie de me voir rester.

J'ai décidé de rester jusqu'à la fin de l'Ango, avec la soirée de fin d'entraînement des bodhisattva. Danser et festoyer avec les moines, j'aime bien l'idée.

Je me pose des questions sur rester plus encore. Mais j'ai beaucoup trop envie de ma liberté, spontanéité, créativité, excentricité, pour m'imbriquer dans toute cette discipline rigide.

Comme ma mère me l'a dit « tu aimes trop ta liberté pour tomber dans une secte »
****

Ce soir nous avons regardé un documentaire sur la vie au sein d'un monastère Zazen au cœur de la campagne japonaise. C'était très instructif. Je constate le confort apporté par le mode de vie occidental, même au sein d'un lieu prônant la pauvreté. Ici, la plupart des

habitants perçoivent le RSA. Au japon, seule la vente de feuille de thé renfloue les caisses. Même avec une volonté de vie simple, nous sommes dans l'opulence en comparaison.
Deux modes de vie respectant la même pratique.
Plusieurs chemins pour une seule finalité.
Je suis pleine de gratitude pour chaque leçon.
Je me souhaite une bonne nuit.

∘∘∘∘∘∘∘∘

13 avril 2021
Cette nuit j'ai rêvé de toute ma famille. L'idée de rester plus longtemps ici m'a beaucoup travaillé.
Je garde l'apprentissage d'Amour, Bonté et Compassion. Mais je veux pouvoir aimer par le toucher, proscrit ici. (Ce qui n'empêche pas l'Abbé et d'autres moines d'être mariés…)
****
J'ai encore besoin de cheminer. Je suis mes tripes, je ne suis pas prête de m'arrêter.
<u>Le but c'est le chemin.</u>

Koge m'a offert un arbre fabriqué par sa fille, en fil de métal et pétale vernis. Il est magnifique, mais en sac à dos il ne va pas faire long feu…

Je lui ai offert un trèfle à quatre feuilles en retour.
Quand je lui ai dit que je partirai à pied rejoindre ma grand-mère, comme les autres, elle m'a proposé de trouver une solution « plus rapide ». Je n'ai pas besoin d'aller vite, j'ai le temps. Elle me répond « t'as bien raison ! Aller plus vite, pour arriver où finalement ? Plus vite vers la mort oui ! »
Elle me fait beaucoup rire.
****

La plus grande leçon de mon séjour ici :
Regarder le monde avec un œil neuf à chaque instant.
Comme si, à chaque moment, nous étions un nouveau-né découvrant les choses pour la première fois, sans comparaison, sans jugement.
It chi go it chie
Je remercie chaque présent.
Bonne nuit dans le firmament.

ooooooooo

14 avril 2021
C'était le dernier jour d'Ango. Ce soir, tout le monastère a festoyé. Il y a eu un grand dîner, délicieux, accompagné d'un petit spectacle pour le dessert, avec une chanson des

Angosha, c'est le nom des participants au stage.
Tout s'est très bien passé.
Je constate ma tristesse face à la négation d'Aragon de partager une nuit ensemble. Cette raison d'être triste me rend encore plus triste.
Ma tristesse provient de moi, de mes attentes, et sûrement de mon ego.
Mon avidité aveugle m'amène à une insatisfaction.
Je suis la source de ma tristesse, car si je n'attendais rien, je serais comblée avec tout ce que j'ai déjà reçu !
S'attacher sainement, c'est accepter les limites de chaque instant.
Tout est unique et éphémère. L'espoir de la reproductibilité est vain sur le chemin de l'épanouissement.

Dans la pratique, zazen ou Samu, le but est de chasser toutes les pensées de son esprit, n'en garder aucune. Se focaliser sur sa posture pour s'aider.
L'esprit et le corps ne doivent faire qu'un à chaque instant.
C'est une volonté d'Être au présent.
Être dans ce que l'on fait.

Avec cette façon de guider la vie, il devient évident pourquoi le calme règne au sein du monastère. Chaque habitant est au clair avec ses émotions et intentions. Ni passé, ni projection n'entravent la sérénité de Maintenant.

La phrase « Chaque chose en son temps » prend tout son sens.

Je suis reconnaissante de mon ouverture d'esprit et de ma capacité de me remettre en question.

Je suis reconnaissante de pouvoir évoluer.

Bonne nuit mon impatiente de la vie.

ooooooo

15 avril 2021

Cela me fait tellement bizarre de partir demain…

J'ai investi tout mon Être dans ce lieu. Je me suis abandonnée au rythme du monastère et aux partages épurés. J'en ai presque oublié mon Moi pour me fondre dans le Nous.

Ce fût bon.

Plus besoin de penser, il suffit de suivre le rythme.

La tristesse me gagne à l'approche du départ. Cette après-midi, j'ai discuté de ma réflexion sur l'attachement avec Aragon. Il m'a dit que

j'avais surtout l'air d'être attachée au détachement.
J'ai peur de souffrir...
****

Ce soir, nous avons continué de partager notre présent. Il m'a offert une improvisation à la guitare, vibrante en moi de part en part.
Nous étions sur un banc, sous une tonnelle, face au jardin envahi d'étoiles.
Je me suis crue dans un conte de fées. J'ai l'impression d'avoir ressenti l'amour véritable et inconditionnel pour la première fois. Il n'est pas dirigé, il émane, tout simplement.

Dans la soirée, après le repas, j'ai croisé l'Abbé. Il m'a interpellé pour me remercier de ma « prestation » (la danse avec les rubans qu'il a vu en passant). Je suis la bienvenue à Kanshoji si je souhaite revenir.
J'ai la sensation d'avoir créé une connexion avec cet organe.
Interagir silencieusement change profondément l'approche relationnelle.
Je suis reconnaissante de pouvoir revenir ici quand je le souhaite.
Je suis reconnaissante de ces rencontres et de mon évolution.

Je suis reconnaissante de pouvoir partager une nuit en camping avec Aragon demain soir.
Je t'aime ma sulfureuse aventurière.
Je me souhaite une bonne nuit de repos avant mon départ.

ooooooo

17 avril 2021
Hier, après une attente mettant ma patience et ma confiance à l'épreuve, Aragon est arrivé avec plein de couvertures.
Ces moments partagés sont inoubliables.
Nos contacts physiques sont restés sobres de tout acte sexuel. J'ai pourtant ressenti le plaisir de l'orgasme ! Je suis troublée. Aragon disait que tout ça, je l'ai déjà en moi. J'ai du mal à y croire...
Ce matin, je suis doucement partie à pieds.
Je me suis un peu perdue dans les randonnées du Périgord. J'avais plein de peurs, se traduisant par une envie d'arriver au plus vite. J'ai fait un peu de stop. La dernière personne à m'avoir prise s'ennuyait en attendant quelqu'un. Il a fait un aller-retour d'une heure pour me déposer à destination. J'ai même eu le droit à des pâtes de fruits, cadeau de son entreprise. It chi go it chie.

Finalement, je ne suis pas si triste. Il y a de la joie en moi. La joie d'avoir vécu cette expérience et de pouvoir y retourner.
C'est terminé, mais ce n'est pas définitif. **Le chemin est un but sans objectif.**
De plus, l'amour ressenti est toujours en moi. Il continue de me nourrir (si je ne le triture pas trop avec mon mental).
Je suis reconnaissante de toutes ces existences.
Je suis reconnaissante de ma marche.
Je suis reconnaissante des personnes m'ayant aidé pour arriver au plus vite à Soyaux.
Je suis reconnaissante de l'accueil et de l'amour de Mamie. (contextuellement, je suis arrivée trois jours avant la date prévue, changée plusieurs fois, normal qu'elle appréhende).
Je me souhaite une bonne nuit de repos.

ooooooooo

18 avril 2021
Cette nuit j'ai quasiment dormi 11 heures. J'en avais besoin.
Chez Mamie il y a des jeux de cartes, dont un tarot Zen, lié à l'esprit Zazen.
Mon tirage était à la fois révélateur et confirmatoire.
Depuis quelque temps, encore plus au monastère, je ressens une asymétrie entre mes

hémicorps droit et gauche. Le gauche est plus lourd, je l'oublie plus facilement, comme si quelque chose était bloqué.
Ma question portait sur « comment arranger ça ? »
J'ai tiré 5 cartes.
La conclusion c'est que je suis en plein changement. D'un côté j'ai mes habitudes, mes vieux réflexes me raccrochant à ce que je connais, de l'autre j'ai mon attachement au passé, mes regrets…
Mes solutions sont :
· L'aventure, sortir de mon confort, regarder/découvrir avec un œil neuf, avec le cœur ouvert et candide.
· La vie, sous toutes ses formes (physique, énergétique, mentale, …) mélangées pour profiter du présent.
****
Cette après-midi nous sommes allés voir une amie. Mon histoire lui a éveillé beaucoup de souvenirs agréables. Ce fût un moment plaisant.
Vers 18 heures, nous avons écouté un pianiste en direct sur internet. Il invite les gens à méditer en musique. Je suis reconnaissante de ce moment intime avec Mamie Rosie.
Je suis reconnaissante de mon lien avec elle.

Je constate des comportements familiaux perpétués avec les générations.
Pour voir le monde d'un œil neuf, sans jugements, j'ai besoin de défaire ses codes et apprentissages passés à travers les âges. En trouvant ma voie, je délaisse celles apprises, je montre que c'est possible.
Bonne nuit pleine de douceur.
∘∘∘∘∘∘∘∘

20 avril 2021
Ce matin, je me suis réveillée bien reposée à 5 heures. J'ai écouté mon envie de traîner au lit. J'ai eu envie de faire mon yoga à 6 h 15. Je suis reconnaissante de persévérer dans cette activité quotidienne depuis janvier. Même à Kanshoji je ne voulais pas arrêter. Ça me fait tellement de bien. Mon corps l'apprécie.
J'ai continué de prendre soin de moi jusqu'en fin de matinée.
Mamie m'a exprimé son besoin d'aide pour certaines tâches :
_« Moi je ne me permets pas de prendre 40 minutes pour tirer des cartes ! »
_« Si ça te fait envie, pourquoi pas ? »
Mon investissement dans les travaux du foyer n'était pas le sujet principal. Après quelques questions, pour creuser le fond de son émotion, nous avons « discuté ».

Je faisais tout mon possible pour rester sur une communication de besoins et d'émotions. Mais j'entendais jugements et comparaisons… Je me sens encore démunie, incomprise et dans l'incompréhension. Et ça doit être réciproque puisque je serais incapable de dire quel était le vrai problème.
Plus je cherchais à la comprendre, plus elle diversifiait les sujets de conversation.
Je fais de mon mieux. Ce n'est pas à moi de la changer.
En plus, si je viens vers quelqu'un pour lui dire que j'ai raison, iel peut soit se soumettre soit entrer en rébellion. Ce n'est pas de la communication mais un combat.
De fait, je suis épuisée de nos échanges. Je trouve sa bienveillance envahissante avec sa façon de parler « agressivo-directive ».
Je juge… Miroir, miroir.
Ma réalité émotionnelle est un mélange de tristesse, d'angoisse, de malaise, d'étouffement et de colère.
Je deviens agressive, en prenant de plus en plus mes distances pour me protéger.
Je redeviens cette ado rebelle et arrogante…
J'ai envie de partir le plus vite possible, de fuir…

Je suis face à mes schémas profonds. C'est très inconfortable car je remue le caca de ma personnalité pour faire un compost fertile.

****

J'ai annoncé par message mon arrivée prochaine à Carlos.
Depuis, Aragon m'en a envoyé un. Il prend une semaine de vacances supplémentaire. Il serait ravi de partager du temps avec moi.
Vu nos moyens financiers, louer quelque chose semble peu probable. Passer ses vacances chez ma grand-mère n'aurait rien de reposant…
Du coup je lui ai souhaité un bon séjour.
Bien sûr, j'aimerais le revoir. Nous avons partagé de si bons moments.
Mais je ne souhaite pas lui imposer quoi que ce soit.

****

Je suis reconnaissante d'avoir mis mon ego de côté pour passer la soirée avec Mamie, l'observer avec un œil neuf.
Je lui ai proposé de se concerter tous les matins pour un partage. On parle de comment on se sent, et des activités à faire dans la journée.
Je suis reconnaissante de mes progrès, par rapport à cette fameuse ado que j'étais.
Bonne nuit ma bodhisattva en devenir.

ooooooooo

21 avril 2021

La « réunion » de ce matin, programmée pour 8 heures, a bien eu lieu. Pour demain, il serait intéressant d'utiliser un bâton de parole.

J'ai fini la première couche de peinture sur la porte du garage. À midi, un ami et sa fille sont venus manger. J'ai beaucoup parlé et finalement peu appris sur lui. **Quand on parle, on ne peut pas apprendre.**

Sa bienveillance m'a été d'une grande aide pour détendre Mamie sur mon séjour.

Dans l'après-midi Carlos m'a appelé. Pour lui c'est plus simple de programmer mon arrivée pour le 3 mai. Ça règle beaucoup de choses.

J'ai l'impression de m'être dispersée, comme un big bang émotionnel. J'ai envie de retourner au monastère pour calmer mon mental.

Je commence à me projeter sur divers plans futuristes.

Mon présent, c'est moi et Mamie Rosie en cohabitation.

Je n'ai pas besoin de me projeter dans un avenir hypothétique. En plus, me projeter augmente mon mal-être dans le présent, car je compare à un mieux, idéal mais imaginaire.

J'ai besoin d'accepter la réalité.

La réalité de ce moment est une épreuve de communication et de ressenti.
Tant mieux !
Je travaille ma résilience.
Si tout était simple, je me poserai moins de questions, j'apprendrai moins.
****

Merci pour ces interactions, m'apportant des connaissances sur la protection, l'écoute, le don, l'amour inconditionnel et la compassion.
Je t'aime ma guerrière du bien-être, exploratrice de l'épanouissement, telle ta grand-mère avec les conditions d'un autre temps.
Je te souhaite une bonne nuit reposante.

ooooooo

22 avril 2021
Ce matin, quand j'étais assise dans le jardin, un lézard est passé par là. Je suis resté le plus immobile possible afin de l'observer. Il est passé sur mes jambes, telle une autoroute sur son chemin.
Je suis reconnaissante de ces sensations, physique et émotionnelle.
Je suis reconnaissante de la séance au dojo d'Angoulême.
C'est fou comme les 35 minutes de Zazen sont passées vite. J'ai juste eu le temps de constater

mon agitation, sans réussir à me concentrer sur mon unicité.
Je me sens éparpillée, pleine d'envie.
De quoi ai-je vraiment besoin ?
J'ai tiré les cartes Zen avec cette question.
Le thème central est la foudre. Je me sens ébranlée. Mon besoin de sécurité étant menacé par mes voyages, je m'accroche à ce que je peux.

J'ai besoin de détendre mon corps et mon mental pour les unir. D'accepter l'ensemble de mes facettes comme un grand Tout.
Je ne suis pas noir ou blanc, je suis une nuance de gris.
Rien arrive par hasard. Mon séjour chez Mamie est un merveilleux challenge pour apprendre à m'accepter dans ma diversité.
Je m'aime, je t'aime, j'aime toutes les parties composant mon Être.
Bonne nuit ma nuance de gris, camaïeux de la vie.

◦◦◦◦◦◦◦◦

24 avril 2021
Ce midi nous sommes retournés chez l'amie de Mamie.
Sa fille, beau-fils et petit-fils étaient présents pour un barbecue.

Tabac et viande abondaient. Je suis heureuse d'être resté non fumeuse et végétarienne. Mon ego est assez fier. La cohérence entre mes actes et mes convictions me comble.
J'ai eu l'occasion d'utiliser un peu de CNV. C'est incroyable comment s'ouvrir avec compassion aide les autres à s'ouvrir en retour. « Quand une action est faite dans la joie et l'amour, c'est un processus créatif ».
« Une action complètement désintéressée en entraîne toujours une autre »
****

Dans la bibliothèque de Mamie, j'ai trouvé le livre d'une psychologue des années 80. Elle aborde le thème de la respiration, ses différents stades entre les nouveau-nés, les enfants et les adultes. La respiration est au centre de la digestion des émotions. Selon notre manière de respirer (par le ventre, le thorax, les épaules, …) on déplace l'air différemment dans notre corps. On change par la même occasion le déplacement de nos énergies. **<u>Tout est lié. Tout a une influence sur tout.</u>**
Merci pour ces rencontres, ces partages, ces apprentissages.
Bonne nuit mon aventurière de la vie.

ooooooooo

25 avril 2021
Je me sens vulnérable.
Je fais de mon mieux, mais l'exigence de vouloir être parfaite est encore très présente chez moi. Mon juge est piqué au vif à chaque fois que je me sens agressée par Mamie (c'est d'ailleurs une interprétation, pas une émotion). Aujourd'hui j'ai pleuré. Ma chute d'hormone a aidé l'évacuation de ma tristesse, toujours en moi. Je découvre en parallèle les « Syndrômes Pré Menstruels ». trouver des mots pour se sentir comprise ça soulage.
****

J'ai trouvé une photo de Papi…
C'est mon seul deuil parmi mes proches.
Cela passera…
Aragon a confirmé sa venue ici du 26 au 29 avril
J'en suis ravie, même si je suis anxieuse sur le confort de ce lieu pour lui. Dans le fond, peu importe. Lui ouvrir les portes de cette maison, c'est lui ouvrir encore plus mon cœur et ma vie. Vulnérabilité… J'ai peur d'être abandonnée.
J'ai envie qu'il se sente bien.
Bonne nuit.

ooooooo

26 avril 2021
J'ai commencé la journée mal réveillée.
C'est bientôt la pleine lune, synchronisée avec mes règles…
Aragon est arrivé à 17 h 30.
Sa présence a empli la maison de douceur.
Il dégage quelque chose de si pur…
Je n'avais pas vu Mamie sourire autant depuis mon arrivée.
Ça m'a rempli le cœur de joie.
Je suis reconnaissante du choix d'Aragon de venir passer ses vacances ici.
Je suis reconnaissante pour ce bien être profond ressenti.
Je t'aime ma reine des traductions.
Bonne nuit.

ooooooo

27 avril 2021
La discutions d'hier avec Aragon m'a laissé en réflexion.
Il a questionné la nature de l'Amour, qu'est-ce que c'est ?
Le dictionnaire m'informe :
Amour = sentiment intense et agréable qui incite les êtres à s'unir.
  Affection profonde pour quelqu'un ou quelque chose.
  Désir d'accomplir le bien d'autrui.

Aragon parlait du fait, qu'en pratique, on prend à l'autre ce dont on a besoin. Je l'avais déjà constaté avec certaines de mes relations… Qu'est-ce que l'amour représente pour moi ? Tendresse, affection, douceur, partage, câlin, connexion, sexualité…

D'autres mots me viennent en tête, mais je n'associe pas ça à l'amour. C'est plus des schémas constatés… Désir, sur-sexualisation, possessivité.

****

Nous sommes allés à Saint-Georges de Didonne aujourd'hui. C'est drôle car, en marchant, je me suis souvenue des vacances où toute la famille était réunie ici. Avant que Jojo et son copain ne partent en Russie, du temps où la fille et le fils de mon ex beau père passaient des vacances avec nous…

Le soir nous avons mangé dehors, un délicieux plat marocain à emporter. J'étais angoissée par le non-respect du couvre-feu. Aragon a su trouver les mots justes pour me détendre. Je me suis mise en capacité d'apprécier le moment sans mes peurs.

Quand on est rentré, Mamie avait laissé un mot dans la cuisine. Elle était contrariée de ne pas avoir passé de temps avec nous.

Je constate sa manière de communiquer, très indirecte, culpabilisante, avec des manipulations affectives. Je fais office des mêmes défauts.

<u>Ce que je vois chez les autres est un miroir de moi-même.</u>

Je me remercie pour cet exercice quotidien de compréhension de ma personne.

Bonne nuit ma grande introspectrice.

ooooooo

28 avril 2021

Hier je me suis couchée avec le stress et les négativités accumulées de la journée. Cette nuit j'ai rêvé de collectif me jugeant et ne m'acceptant pas telle que je suis.

Je me suis endormie avec ces émotions, elles m'ont suivi dans mes songes.

L'amour est un sentiment vagabond.

Aujourd'hui je ne ressens pas d'amour.

L'approche de mes règles accentue ma morosité. La compagnie de ma grand-mère est un grand générateur de stress.

Je constate que j'évacue beaucoup sur les autres. En ce moment je pompe l'énergie d'Aragon. On en a discuté. Je remercie sa bienveillance.

Je n'ai pas de savoir absolu. Je n'ai rien à apprendre aux autres.

Patience et gratitude.
Même si je suis encore beaucoup dans la mentalisation, sur la défensive, je me glisse doucement vers la voie du sentir.
Aragon a voulu me faire un massage avant de dormir. À peine m'a-t-il touchée qu'une douleur s'est propagée dans mes lombaires. Je lui ai rapidement demandé d'arrêter. Il m'a expliqué qu'enlever une peine peut être douloureux, car l'expulser est un effort.
Je lui ai répondu que l'on n'est pas toujours prêt à recevoir un soin.
Il faut du temps pour l'accepter avant de l'évacuer.
Bonne nuit mal lunée.

ooooooooo

29 avril 2021
Hier j'ai constaté à quel point je prenais. Je pensais donner plus…
Puisque je suis dans l'utilisation, je ne peux pas aimer inconditionnellement.
J'apprécie une personne <u>si</u> elle m'apporte ce dont j'ai besoin ?
Ce n'est même pas de l'amour…
Je suis également dans cette attente malsaine de reconnaissance. Je fais les choses « pour » l'autre, j'espère qu'iel le reconnaisse à haute voix.

En faisant les choses par véritable envie je donnerais mon meilleur.
Par envie c'est aussi faire les choses pour moi. Si l'autre l'apprécie, tant mieux, si non, ce n'est pas un drame. Cela passera.
En faisant ce qui me plaît, ce que je pense être juste, en accord avec mes valeurs du présent, je me sentirais comblée à chaque instant.
Suivre mes propres critères de « bien faire » n'est pas une mince affaire. Ils sont exigeants et me demandent beaucoup d'efforts selon les situations. Il m'est plus facile de « réagir », d'oublier de suivre ce que je pense être juste… Je ne suis pas une mauvaise personne pour autant.
****
Je n'ai pas fait mon yoga pour la deuxième fois. Je ressens mon corps tout ankylosé, surtout lors de Zazen.
Après la pratique, Aragon nous a organisé une cérémonie du thé, dans les règles ancestrales japonaises. Lorsqu'il est allé au Japon, un maître lui a enseigné tous les secrets des thés et leur service.
Mamie était littéralement aux anges. Je crois qu'elle a apprécié la présence d'Aragon autant que moi pendant ce séjour.
Il est parti vers 19h.

Quand elle est allée méditer, j'avais très envie de discuter.
C'est un symptôme du manque affectif, comme le fait de me goinfrer compulsivement.
Ambivalence et contradiction :
- J'ai envie de me poser, mais j'ai la bougeotte.
- J'ai envie de relation stable, mais je m'attache au détachement.
- Je souhaite lâcher mon rôle de « prof », mais mon ego aime avoir raison.
- Je souhaite m'enlever cette pression de perfection auto-infligée, mais je m'autoflagelle quand « je n'y arrive pas ».

Apprendre à ne rien attendre de moi-même.
Dans tous les cas, je fais de mon mieux, avec toute la bienveillance dont je suis capable.
Je m'aime profondément, même avec mes vieux schémas à déconstruire.
Je suis la reine du changement.
Bonne nuit et bonne connexion avec mon subconscient.

oooooooo

30 avril 2021

Vivre avec Mamie me remet face à tous mes schémas en déconstruction. Tout ce que j'essaye de changer en moi, je le retrouve en elle. Je constate la souffrance engrangée par ces comportements sur du long terme…

Aujourd'hui mon miroir me dit que :
- Je veux avoir raison et, en plus, la reconnaissance de ma supériorité sur certains points.
- Mes exigences envers moi-même sont monstrueusement élevées.
- Mon manque affectif est si grand que mon besoin de tendresse réconfortante est démesuré.
- Quand je ne vois pas de solutions viables, selon mes critères, je préfère fuir.
- Les conflits me terrorisent, ma première réaction est l'agressivité pour me protéger, et j'obtiens tout sauf du réconfort.

Je réagis avec violence quand je me sens en danger, quand je considère l'autre comme un ennemi.

Je suis ma propre ennemie quand je crois le voir chez autrui.
La seule personne que nous pouvons conseiller de manière optimale, c'est nous-même.
<u>Les meilleurs conseils sont des questions</u>.
La sagesse se trouve dans l'écoute et la compassion.
****

Si j'ai besoin de réconfort, autant me l'apporter avant d'agresser l'élément déclencheur de mon trouble.
Mon enfant intérieur se protège de la violence en m'incitant à réagir avec véhémence.
Je me violente donc deux fois…
Quand je ressens ces émotions vives, où j'ai envie de fuir, de hurler, je peux faire un pas en arrière et m'offrir de la tendresse (une caresse, un autocâlin, un bisou, beaucoup d'attention).
****

Ce soir, après Zazen, j'ai réussi à partager avec mamie ma conscientisation du miroir et de nos limites respectives. Elle a entendu, nous avons eu un profond partage.
Merci à la vie pour tous ces cadeaux.
Merci à moi, pour mon apprentissage régulier, en conscience de moi-même.
Merci à ma mère pour le sien, et pour son amour.

Merci à Mamie pour son ouverture.
Merci aux anges rencontrés sur mon chemin sinueux.
Je me souhaite une bonne nuit et une bonne connexion entre mes différentes parties.

ooooooo

1ᵉʳ mai 2021
Ce matin il y avait une cérémonie du petit-déjeuner au Dojo, avec une longue session zazen d'une heure trente. Je suis très reconnaissante de ce moment.

« Il en va à chacun de s'arranger avec les affaires de la vie et de la mort. Le temps passe comme une flèche, prenons garde à ne pas gaspiller le moment présent. »

Sur le chemin du retour j'ai appelé Maman. Je lui souhaite l'épanouissement.
Pendant le repas, Mamie a comparé mes intentions avec celles d'Aragon. Je sonne fausse, pas sincère. Mon agitation affecte mon unicité.
J'accepte d'être en apprentissage permanent. Ma volonté de laisser mes vieux schémas est un exercice de chaque instant.

Mon savoir est inférieur à mon ignorance, j'ai besoin de l'accepter.
D'autres savent différemment. Tous peuvent m'apporter une clé.
Merci à la richesse de la vie
Merci à la résilience infinie
Merci à l'amour qui me remplie
Bonne nuit ma petite sorcière des bois.

ooooooooo

4 mai 2021
Aujourd'hui j'ai fait ma première séance de bioénergie avec Carlos.
Nous avons discuté avant la mise en pratique. Je suis sa première élève dans ce domaine. Il a un peu préparé, mais je suis prévenue, c'est en cours de développement. Je suis son cobaye.
On a fait un petit rappel sur l'équilibre cosmo-télurique, le Yin Yang, Grand Tout et Petit Rien…
On s'est renseigné sur mes anges gardiens.
Mon besoin d'ancrage est lié à une peur du cosmos. Fumer me permet d'accéder artificiellement au cosmos, mais jusqu'à une certaine limite. Naturellement je pourrais m'élever bien plus haut.

Dans la forêt je me suis prêtée à l'exercice des mantras reliés aux chakras.

Lam, Vam, Ram, Yam, Ham, Ksham, Om.
(chanté comme do, ré, mi, fa, sol, la, si do).
C'est incroyable toutes ces sensations… C'est comme si la maison des voisins, à 300m, était juste derrière moi.
Carlos m'a passé plusieurs bouquins de bioénergie, en particulier ceux de Stéphane Cardinaux et Yann Lipnick. C'est comme la théorie du ressenti.
Plus je lis, plus je fais le lien avec des sensations vécues, des intuitions.
C'est un monde à l'opposé de la science où les certitudes se fabriquent sur des résultats constants. Je ne peux prouver mon ressenti à personne. Il n'est pas mesurable, spécifique à chacun, avec une diversité proportionnelle au nombre d'individus.
Pourtant, les fourmillements, les températures, les poids…
Tellement de choses prennent un sens…
Il existe une réalité immatérielle…
Pour la scientifique que je suis, un bien vaste monde s'offre à moi. J'ai besoin d'accepter son existence si je souhaite aller plus loin…

ooooooooo

5 mai 2021

<u>Mon ressenti est réel. Il est vrai, sans mensonge, certain et véritable.</u>

Nous sommes des êtres de sang (via la famille) et d'âme (par les vies passées).
Il existe le corps physique, sur un plan physique, relié au chakra racine. Et autant de plans et de corps qu'il y a de chakra.
Je découvre l'existence des chakras intermédiaires Turquoise et Pomme.
Le premier, entre la gorge et le cœur, s'occupe des relations sociales et capte les émotions.
Le second, entre le cœur et le plexus solaire, s'occupe de la digestion des émotions.
Je fais le lien avec mon ressenti pendant Zazen…
Pour chaque chakra, il y a un code d'activation et de purification.
****
Après le cours théorique de ce matin, nous avons fait des exercices de Qi Ji Yin, puis des mantras d'ouvertures des canaux.
Nous avons mesuré l'équilibre énergétique de mes chakras et « nettoyé » le Racine.
J'ai ressenti une grosse boule au niveau du chakra pomme, comme un poids lourd en bas de l'estomac. Les larmes me sont montées et il m'a fallu évacuer pendant plusieurs minutes, en chialant allongée dans l'herbe.

J'ai eu envie de manger, fumer, me cacher dans un trou, de câlins et de réconfort.
Les émotions sont une forme d'énergie.
Finalement, je suis partie en balade dans la forêt. J'ai chanté à plein poumons pour partager un moment avec la Nature.

J'ai pu approcher un lièvre de très près. Au point où je pensais qu'il était blessé, je voulais l'aider. Il a vite couru.

Je veux absolument tout soigner. À la base, je cherche à <u>me</u> soigner.

Il est tellement plus facile de s'occuper des problèmes des autres.
Dans cette volonté de soin, j'accumule les énergies d'autrui. Je leur enlève un poids que je n'évacue pas. Mon syndrome du sauveur ne marche pas pour moi-même.

Ça devient clair pourquoi je me sens mieux dans un lieu où les gens sont à jour avec leurs émotions (comme le monastère), je n'ai rien à enlever de néfaste chez eux. Je peux digérer mes propres émotions tranquillement.

<u>Je ne peux pas soigner tout le monde.</u> Le soin est mon mojo, je le fais naturellement avec plaisir. Pour être optimale, j'ai d'abord besoin d'être au clair/calme avec moi-même.

Je le répète : ce n'est pas mon rôle d'endosser les poubelles des gens.

J'ai besoin d'apprendre à me protéger et à digérer/évacuer.

****

J'accepte le fait d'être sensible émotionnellement et énergétiquement perméable. Ma mère et ma grand-mère ont cette sensibilité.
Ce ressenti est vrai, il existe, sans mensonge, de manière certaine.
J'accepte de l'écouter avec plus de confiance et de me protéger en conscience.
J'accepte mon Divin et sa fragilité face au tourbillon occidental.
J'accepte mes capacités et leurs limites.
Yin Yang, Haut Bas, Joie Peine…
En réussissant à accepter ce qui fût, à ressentir et conscientiser ce qui est, ce qui sera ne m'angoissera plus.
Car suivre la voie du cœur est, finalement, la véritable voie du bonheur.
Bien sûr, le bonheur ne peut pas être constant.
Avantages et inconvénients vont de pair, comme le Yin et le Yang.
La peine reste un bon indicateur pour voir où sont les problèmes.
J'accepte et je chéris chaque émotion offerte par la vie.
Bonne nuit.

ooooooo

6 mai 2021
Carlos avait des trucs à faire aujourd'hui. Je suis restée principalement seule.
J'ai voulu m'exercer sur les mesures énergétiques.
C'est tellement nouveau, grand, vaste…
Je ressens facilement et il y a tellement de choses à ressentir… Je me sens perdue.
Complètement larguée dans ce nouveau domaine, encore difficile à accepter…
Je me sens seule. Dans l'incapacité de partager mon ressenti avec autrui puisqu'il m'est propre. Quand j'ai l'occasion de le faire, je n'ose plus, par peur d'une potentielle désapprobation.
Peur de ne pas être acceptée… Alors je dis « ça va » en faisant ce que je pense que l'on attend de moi.
****

Mon émotionnel ressemble à une cocote minute. Je ne suis pas très sereine habituellement, mais là…
Hier matin on a dépoussiéré des vieux mille feuilles émotionnels.
Déni, Colère, craintes… J'ai hurlé dans la forêt après ma discussion avec Carlos. Mon ego est mécontent. Sa pédagogie me laisse dans l'inconnu. Pas d'explications, plein de

trucs à dealer avec moi-même. Je suis son cobaye… Quelque chose ne va pas dans la pratique. Sûrement le fait que l'on ne se connaisse pas vraiment finalement…
****

Danser avec les rubans m'a fait beaucoup de bien. M'ancrer dans le physique m'aide à ne pas rester bloquée dans mon mental. Et m'évite de me perdre dans le cosmos.
Me dépenser m'aide à évacuer.
Bonne nuit ma petite fée.

ooooooo

7 mai 2021
Aujourd'hui, nous avons étudié les canaux primaires et les éléments (Terre, Feu, Eau, Air, Éther).
Nous avons également mesuré ma perméabilité, je capte tout ce qui m'entoure.
Les problèmes et les émotions des autres ne me concernent pas !
****

Plus je m'ancre, moins je mentalise.
Sans mentalisation, l'enchaînement des événements devient fluide. Pas de projection ni d'attente pour obstruer le flux du présent.

Nous sommes allés à une grosse soirée. Ça a commencé par un apéro barbecue au bord de la rivière. Puis concert DJ chez un ami d'ami.
Un mec est revenu plusieurs fois vers moi avec envie. Il était mignon, mais je ne voulais pas aller plus loin. La clarté de mon intention l'a rendu reconnaissant de ma gentillesse et de la tendresse déjà partagée. Je n'ai pas vraiment eu besoin de parler.
Les mots ne sont pas la communication la plus puissante pour les Êtres émotionnels que nous sommes.
Merci pour toutes ces rencontres et ces partages.
Bonne nuit ma fée des câlins.

ooooooooo

9 mai 2021
Lors de ma balade en forêt j'ai eu une réflexion :
Lorsqu'une plante est mise à rude épreuve, soit elle meurt, soit elle s'adapte. Lorsqu'elle s'adapte, elle trouve la solution/ressource en elle, à l'intérieur de son Être.
En tant qu'être humain, face à des problèmes, nous préférons changer l'extérieur que de remettre en question notre intérieur.

Quand la plante doit se débattre pour survivre, elle ne blâme pas son environnement de la changer. Elle change, tout simplement.
****
J'ai guidé une séance de communication des besoins et des émotions, pour Carlos et ses colocataires. C'était très enrichissant. Je commence à maîtriser mon sujet. C'est satisfaisant d'entendre des soulagements pendant la séance.

Nous ne sommes jamais « obligés de… ». La vraie motivation de nos actions se trouve dans la visualisation de ce que l'on souhaite. Nous avons tous les droits de refuser quelque chose d'inadéquat.

Nous avons rendu le « je » seul et égoïste. Mais, encadré de bienveillance et de besoins, il est un outil d'expression de soi à l'autre.

Le « tu » accusateur tue le véritable partage du cœur.

Se comprendre et s'aimer soi est une base de la voie du cœur.

Merci pour ces échanges.
Bonne nuit.

ooooooo

10 mai 2021
Transmutation = Retour à la Terre.

Purification = Action de nettoyage et de transmutation des pollutions et énergies diverses.
Egrégore = Esprit de groupe, inconscient collectif. Plus de gens croient en quelque chose, plus ça devient réel. La religion est un vieil égrégore, la politique aussi.

Aujourd'hui j'ai appris que mon protecteur principal est Kanon, la bodhisattva de la compassion.
Le fait d'aller à Kanshoji n'était définitivement pas un hasard.
J'admets me sentir encore perturbée par mes découvertes…
Mon mental, grâce à toutes ces informations théoriques, rencontre mon ressenti pour la première fois.
J'ai encore du mal à réaliser l'ampleur de ce monde énergétique. Rien ne peut être prouvé, tout est ressenti invisible. Pas étonnant que la science n'en tienne pas compte.
Pourtant, il n'y a rien de plus vrai dans notre vie que nos ressentis, notre intuition, nos émotions.
Notre vocabulaire ne nous permet pas de décrire toutes ces subtilités. Cela complexifie

le partage de ces expériences. Elles restent souvent personnelles, voire solitaire.
Sans preuve on se tait.

J'ai pas mal de choses à régler dans mon émotionnel.
Pour le moment je mentalise pour tenter de me soigner, la CNV est un bon exemple.

La vraie différence entre les humains et les animaux ?
Ces derniers ne mentalisent pas, ils restent en permanence connectés à leur ressenti, dans le présent. En conséquence, ils ne ressentent pas le « besoin » de posséder.
Le temps passe comme une flèche, prenons garde à ne pas gaspiller le moment présent.
Bonne nuit maintenant.

ooooooo

12 mai 2021
Après mon séjour chez Carlos, j'avais prévu une visite dans un collectif. Cependant, j'ai reçu un mail demandant un test PCR négatif pour y aller.
La première pharmacie est à 8 km d'ici et ne propose que des autotests…
J'ai donc décidé d'annuler cette semaine de visite.

De là où je suis je ne suis pas loin de Mérens les Vals. Quand j'étais à Ax, j'avais entendu parler des sources d'eaux chaudes. Je n'ai jamais fait ça, c'est une chouette occasion. J'ai trouvé un site indiquant plein d'autres sources dans les Pyrénées.
Je pense en profiter pour faire une semaine de randonnée. Alternée par des bains chauds naturels.
Forêt, GR, bains chauds, camping.
La voie du cœur a parlé, ça va être un plaisir de l'écouter.
Je m'en vais à l'aventure, à la recherche de mon cœur profond. J'espère y trouver des amis.
Bonne nuit.

ooooooo

15 mai 2021
Je suis arrivée à 11 heures aux sources de Merens les vals.
Je suis impressionnée par la quantité de gens. J'ai pris mon temps pour trouver un spot de campement bien caché, pas trop loin des bains. J'ai fait mes exercices et j'ai profité d'un moment dans l'eau chaude. Moi qui voulais m'isoler un peu, je suis loin du compte…
Maintenant il est 16 heures, je suis dans ma tente et il pleut. Il n'y a plus de place pour

s'asseoir dans les bains. Il y a surtout des familles avec plein d'enfants partout.

En fait, je m'ennuie. J'aimerais avoir autre chose à faire que marcher, faire des exercices, m'entraîner dans le ressenti ou écrire.
J'ai pensé à partir, changer mes plans…
Je me goinfre en pensant aux personnes loin de mon présent.
Je ressens le besoin d'avancer. Je ne sais pas où, mais je veux y aller.
Puisqu'il n'y a pas de but, autant me laisser aller.
J'ai posté un message sur le groupe "rainbow family" de Télégramme en proposant une randonnée vers les sources. Quelqu'un m'a répondu. Il se trouve à Canaveil. En passant par le GR ça me fait 32 km. Si je m'engage dans cette voie, je ne pourrais pas faire marche arrière, ou prendre un raccourci si je fatigue…
Encore une fois je spécule et je mentalise.
Je vais retourner me baigner un peu.
****
Ça fait un bien fou ! Les gens étaient sympas. J'ai pu lâcher prise sur le mental pour ouvrir mon cœur sans rien vouloir. Me permettant de profiter.

Demain est un autre jour. Chaque chose en son temps.
Bonne nuit ma sirène des sources.

ooooooo

17 mai 2021
Hier fût incroyable !
Je suis partie tôt en stop pour aller à Canaveil. Je suis arrivée en début d'après midi. J'ai rencontré Brem qui vit en camion, il est ici depuis quelques jours. Il a eu le temps de rencontrer un groupe de jeunes encore présent quand on s'est baignés.
Toute la journée j'ai lutté contre mon besoin de savoir où j'allais dormir. Quand j'ai enfin réussi à placer mon mental dans le présent, avec mon cœur, j'ai lâché prise et partagé avec cinq personnes incroyables. Impro musicale dans les bains chauds, sous une cascade d'eau froide, le cadre était magique.
Quand la nuit et la pluie commencèrent à tomber, la question de où dormir est revenue à moi de force. Grâce à ces nouvelles rencontres, j'avais cru comprendre qu'il existait des lits disponibles dans des cabanes. Ça me semblait plus confortable que ma tente à monter.

Lilian m'a pris dans sa voiture, celle d'Hercule était pleine avec Leïla, Solena, Kitsune et sa compagnone à quatre pattes Perrona.
Nous sommes arrivés sur un parking menant à d'autres sources et aux fameuses cabanes.
Nous avons fumé et discuté dans la voiture, en attendant un peu les autres. Ne les voyant pas arriver, on décide de descendre.
Il faisait tellement noir, je ne voyais pas grand-chose du paysage. La cabane est minuscule et très cosy.
Nous avons discuté en attendant les autres jusqu'à 5 heures. En appelant Hercule, on a appris qu'iels dormaient dans la voiture sur le parking !

Aujourd'hui, ils sont tous partis au marché. J'ai pu me balader et observer les environs. Une forêt de pâturage, avec une biodiversité spécifique à la rencontre du vent méditerranéen, du froid de la montagne et de la chaleur des sources, c'est féerique. J'ai pu observer certains arbres en spirale, grandi en forme hélicoïdale. D'après les livres de Lipnick, c'est un signe de point énergétique. Tel un vortex ou une cheminée.

Je me suis pas mal baigné dans les sources. Il y a du monde et plus de bassins qu'à Merens. C'est très agréable.
En discutant un peu je rencontre des amis. Ceux squattant les lieux ont tous le même discours : iels étaient venus pour quelques jours et ne sont pas repartis.
Je comprends, ce lieu appelle et donne envie d'y rester un peu…

J'ai vite abandonné mon maillot de bain. Je me rends compte de la place de la nudité dans notre imaginaire. Elle est perpétuellement sexualisée, surtout le corps de la femme. Nous cachons les parties « intimes », sous peine de perdre le contrôle de la bête avide qu'est l'homme. À contrario, la sexualité est partout. Nous avons appris à avoir honte de (montrer) notre corps. Nous voyons la sexualité comme « sale ». Pourtant elle nous est vitale. Pas de sexe, pas de bébé. Pas de bébé, pas de société. Pas de société... Pas de système.

Les bonobos règlent leurs conflits par une baise générale. Il y a tellement de forme d'Amour. La sexualité en fait partie. Notre nudité ne devrait pas être une honte, simplement une normalité de par notre nature.

Nous restons des animaux. L'instinct primaire de reproduction nous habite, mais il n'est plus nécessaire à notre survie.
La sexualité n'est pas la seule finalité pour deux êtres consentants.
****

J'ai passé la soirée avec l'ensemble du groupe se nommant "la meute". J'aime sociabiliser, me rendre utile, besoin d'appartenance, tout ça tout ça…
Ce besoin me fait m'adapter au groupe avec lequel je partage des moments.
Le moment présent m'invite à profiter des sources chaudes et à découvrir ce mode de vie « alternatif ».
Le mot alternatif sous-entend « alternatif au système capitaliste ». Car ce lieu et cette meute n'ont rien à voir avec Ralequai, qui n'a rien à voir avec La Borie Noble… C'est drôle, en fait ce mot définit ce qu'il n'est pas…
Lilian, Kitsune, Leïla et Hercule vivent dans la "cabane d'Arthur". Léo et Solena sont dans la cabane du haut. Il y a une troisième cabane, très proche des sources. Lilian la nomme la "cabane de lutin". Une anglaise y vit jusqu'à mercredi.
Il m'a proposé de rester un peu, pour profiter du lieu. Je suis la bienvenue dans un des 3 lits

de la cabane d'Arthur en attendant que la cabane des lutins soit disponible.
****

Mon apprentissage du jour :
Si je les exprime clairement, mes besoins seront facilement comblés. L'empressement amène parfois à des manipulations, loin de la voie du cœur.

Avec patience et bienveillance, je me vois toujours satisfaite.

La voie du cœur me comble, cela déborde sur les autres.

Le Tout est un, Un est Tout.

Tout arrive en même temps.

Renouvelé à chaque moment.

La plénitude se ressent quand on vit au présent.

Ressentir la vie, c'est une partie de la voie du cœur.

Ouvrir notre esprit à l'imprévu, l'inconnu, pour se compléter.

Merci à tout ce qui rend ce moment possible dans son entièreté.

Bonne nuit ma fée des montagnes.

ooooooooo

20 mai 2021
J'ai commencé ma journée sans projection.
J'en suis comblée.

Ici, personne n'attend rien de moi. Je suis complètement libre de mes activités pour la première fois en collectivité.
Les partages sont merveilleux.
La mentalisation est une des parties de mon ensemble. Quand elle prend le dessus, je ne peux plus être équilibrée. La cohabitation entre mentalisation et ressenti a besoin d'être harmonieuse pour suivre une voie du cœur en balance.
Je suis ma propre stabilité, mon propre foyer. Tout ce dont j'ai besoin, je suis en capacité de me l'apporter.
C'est aussi l'avantage de se satisfaire de peu. Les autres m'aident à combler mes besoins sociaux. C'est également un équilibre entre les moments pour moi, et ceux avec les autres.
Mon ressenti est réel, véridique et indiscutable. J'ai juste besoin de l'apprivoiser et de le comprendre pour mieux me gérer.
****
Ce soir je vais passer ma première nuit dans la cabane de lutin. Je suis ravie d'avoir mon espace.
La cabane d'Arthur est très chouette, mais elle est trop petite pour 5 personnes.
Elle doit faire environ 15m² avec un lit superposé, un canapé, une bibliothèque entre

les deux et un coin cuisine avec un poêle à bois. L'espace restant, pour les pieds et la table basse, se résume à 1,5m². Apparemment c'est une cabane d'Ermite. Elle est régulièrement habitée depuis 20 ans. Il y a 8 ans, un certain Arthur est venu et l'a améliorée pour la rendre habitable à nouveau. Il a l'air d'être resté au moins 5 ans. Kitsune, Hercule et Lilian (ayant passé l'hiver dans cette cabane) souhaitent garder l'appellation "cabane d'Arthur" pour lui permettre de revenir « comme chez lui », quelles que soient les personnes présentes.
La cabane des lutins est beaucoup plus ressente, et ronde ! Je suis ravie !
Merci pour toutes ces découvertes !
Merci pour cette forêt pleine d'énergie bienveillante.
Bonne nuit ma fée des bois.

ooooooooo

25 mai 2021
Aujourd'hui : mission marché.
Dans mes schémas de planification, j'avais demandé l'heure de départ. Le rendez-vous fût donné à 9 h 30 au parking.
Je me suis réveillée vers 8 heures. J'ai fait un petit yoga et je suis allée me baigner dans les sources chaudes. Il y a moins de monde le matin.

Le propriétaire du terrain souhaite que l'accès reste public. Il suffit d'une descente au creux de la montagne, à côté de la rivière, pour se prélasser dans l'eau, au sein de la nature et de sa beauté. C'est un véritable luxe de vivre à côté de sources naturellement chaudes, pleines de minéraux nourrissants. Je suis reconnaissante d'avoir trouvé ce lieu et cette meute.
Pour nous appeler mutuellement, nous faisons le cri du loup. Un "Ahou" pour dire notre présence, entendre où sont les autres.
Je suis actuellement sur le parking pour aller au marché. J'ai fait un Ahou en arrivant pour me signaler. Un écho m'est revenu de la cabane d'Arthur. Même s'ils partent tout de suite, ça fait au moins 20 minutes de marche. C'est drôle. Plus j'apprends à connaître ces personnes, plus j'en apprends sur moi. À part Lilian, ils me sont plus jeunes de plusieurs années. Bien sûr, il y a plein d'autres gens dans la vallée. Mais j'ai partagé des moments avec ceux là surtout.
Leïla, Kitsune et Hercule viennent d'arriver, ils m'informent que Lilian, Solena et Léo sont partis vers 8 heures.
****

Le temps d'arriver au marché, en passant par le Lidl pour déposer Kitsune (il joue de la flûte pour faire la manche avec Perrona), il était presque 11 heures. On a retrouvé Léo, Solena et plein d'autres, sur la place centrale. Pétards et bières tournaient en attendant la fin du marché.
Le moment de la récup' est arrivé quand les vendeurs ont commencé à remballer.
Ce fonctionnement permet l'abondance de nourriture à la cabane.
Je suis abasourdie face à cette quantité, jetée car « pas assez belle pour être vendue ». Les fruits mûrs sont plus sucrés et savoureux comparés à ceux encore verts, vendus par beauté. Je redécouvre les bonbon de la nature bien mûrs.
On a « récolté » une cagette d'abricot, des poivrons, des courgettes, un gros brocoli, des échalotes, quelques kiwis, une cagette de pêche, des citrons, et même un peu de viande.
Les cultivateurs sont généreux, merci à eux.
Après répartitions, Lilian et Solena rentrent aux sources. Hercule, Léo, Leïla, Kitsune, Perrona et moi continuons la mission récup'.
****

Pour ça, nous sommes allés à l'intermarché. C'est la première fois que je faisais les

poubelles. Kitsune nous a filmés, il partage sur les réseaux pour dire « c'est accessible à tout le monde, regardez toute cette bouffe !! »
Et c'est vrai.
On a récupéré trois grandes cagettes pleines. Pas besoin de faire les courses !
Il y a beaucoup de viande. Tous ces animaux morts pour rien…

Sur le trajet du retour, Kitsune a insisté pour s'arrêter à une maison abandonnée. Il voulait récupérer des matériaux. Dans la maison, après avoir fouillé dans tous les coins, on a fait un feu, bu et fumé.
C'était également la première fois que je rentrais dans une maison abandonnée. Un peu d'urbex. La couche de poussière était épaisse. La présence de symboles nazis donnait une impression de voyage temporel…
Il n'y avait déjà plus de place dans la voiture avec 5 humains, un Chien, 4 sacs de courses et trois cagettes. Mais après l'insertion de matériaux de récup, je ne pouvais même plus bouger !
Une fois arrivé au parking des sources, il fallait encore descendre tout ça à la cabane d'Arthur.
20 minutes de marche.

Il était 21 h 24 quand j'ai eu fini de ranger les courses. Cléo, Renardo et Deep sont passés pour partager du temps.
Nous avons mangé et festoyé autour d'un feu devant la cabane jusqu'au milieu de la nuit. Deep est un merveilleux musicien ! Nous avons Jamé comme jamais !
Chaque événement me mettait hors de ma zone de confort. Rien n'était habituel pour moi aujourd'hui.
Et c'était bon ! Rien n'est grave, personne n'est mort.
Nous avons de quoi nourrir toute la vallée. Rien ne manque pour notre bonheur. Pour nous chauffer nous utilisons le bois mort de la forêt.
Le toit est prodigué par les cabanes. Structure en bois, couvertures pour l'isolation et bâches pour l'étanchéité. Je suis surprise de l'efficacité de cette simplicité.
Nous avons une source d'eau potable en plus de la rivière et de la source d'eau chaude (à 65 °C).
Le seul défaut, c'est l'électricité. Un petit panneau solaire et les voitures suffisent à nos besoins. Pour le reste, nous créons ce que nous voulons.

Solena fait des attrapes rêves, Kitsune répare tout, Hercule sculpte le bois, Leïla se spécialise dans les plantes sauvages…
Il y a forcément une voie adaptée à mes spécificités. Il y a encore plus de chemins qu'il existe d'êtres humains.
Bonne nuit après cette journée bien rempli, représentative de la vie ici.

ooooooo

27 mai 2021
Déconnectée du temps.
Les jours se suivent, se ressemblent, et à la fois non. Une journée standard est pleine de créations. Jardinage, musique, construction…
Les activités varient en fonction des envies. Cléo et Renardo sont souvent dans le jardin au-dessus des bains. Un ancien habitant l'avait entretenu pendant 5 ans. Kitsune et Hercule s'investissent sur les cabanes, leur amélioration ou leur construction. Lilian se cherche une voie spirituelle. Leïla et Solena se soignent et participent aux tâches quotidiennes.
Faire la cuisine comporte plusieurs étapes. Chercher et couper du bois est la première. Ça demande plus d'effort que le gaz. Faire un feu reconnecte à quelque chose de profondément

humain. Chacun a sa technique pour allumer un feu. Hercule conscientise beaucoup cette énergie à nourrir, pour se nourrir grâce à elle.
Personne n'attend rien de moi, la liberté d'aller vers ce qui me plaît m'ouvre les bras.
Je me laisse entraîner par l'ambiance inspirante du lieu, de toute la meute.
Merci la vie et bonne nuit.

◦◦◦◦◦◦◦◦

3 juin 2021
Déjà…
Ça va bientôt faire trois semaines que je suis au « squat des sources ». J'ai appris tellement de choses, au milieu d'une Nature accueillante. J'ai la liberté. Cette liberté naturelle, oubliée au profit de notre sécurité méritocrate et nos peurs de la perdre.
Je marche nus pieds dans la vallée. La terre est douce.
Câlin – Observation – Adaptation – Création – Débrouillardise
Je n'ai même plus besoin de me poser de question quand j'écoute la voie du cœur. Cette petite intuition m'aide à faire le premier pas. Me donnant envie d'aller quelque part, pas parce que je dois le faire, mais pare que je le ressens.

L'important, c'est l'intention, faire les choses avec envie et amour.
Même si le résultat ne comble aucun besoin, une action complètement désintéressée en entraînera toujours d'autres.
Je sens ce qui est bénéfique ou pas pour moi. Le reste viendra tout seul en restant à mon écoute.
Savoir où je vais est dérisoire comparé au bonheur d'où je vis.
****
M'investir ici, sur du long terme, implique de construire ma cabane et travailler le jardin.
Mon besoin de stabilité me presse pour poser mes valises. Mais quelque chose me dit que vivre ici sera temporaire…
En même temps, après les écolieux spirituels et le monastère, débarquer ici, c'est côtoyer l'opposé, le shlaguistant comme iels l'appellent.
Je suis encore indécise sur mes choix de vies…
Je suis un bébé ignorant, mon savoir accumulé fait partie du passé.
Observer le présent, comme le premier jour, avec la soif d'apprendre et l'envie d'amour, sans jugement ni comparaison, seulement besoin et compassion.

Bonne nuit des étoiles plein la tête.

∘∘∘∘∘∘∘

9 juin 2021

Je suis actuellement en ville, chez mon ex collègue, pour la paperasse.

Je pense déjà à rentrer aux sources.

Rentrer…

J'aime le lieu et les gens là-bas. J'ai tout ce dont j'ai besoin : de l'eau et de la nourriture à volonté, un toit et des ami(e)s bienveillant(e)s. Mes pieds m'y ont amenés. Mon cœur me donne envie d'y rester.

La meute…

Ce que j'ai compris de la voie du cœur, c'est plus simple qu'on ne le croit.

Elle est citée dans de nombreux ouvrages, tant religieux que méthodologiques. Elle est associée à l'amour, la bienveillance, la conscience de l'intention.

L'Amour est un océan, calme et solide dans ses profondeurs. Il y a des courants pour transmettre, échanger, partager. S'y plonger c'est s'enivrer et rayonner.

L'Amour est également une flamme, vacillante sous le vent des jugements et de la brise des besoins non comblés. Elle rayonne mais peut s'éteindre, essoufflée.

La voie du cœur est une flamme sous l'océan.

La flamme, protégée par le « Je » comblé, sachant s'écouter, peut s'épanouir dans les profondeurs de l'amour influé par le « Nous ». La voie du cœur est innée. De part notre nature sociale tout ce dont le « je » épanoui a besoin, c'est d'un « nous » fonctionnel. Tel les rouages d'une machine, chaque « je » représente une pièce du mécanisme, le « nous ».

« Je » est responsable, « Nous » est une responsabilité.

Aujourd'hui, notre système est un ensemble de moi-je oubliant leur participation au « nous ». Non conscientisé, le groupe nous fait sentir seul.

Avec la meute, j'ai trouvé une forme de « nous ».

Telle une flamme essoufflée, j'ai fini ma course dans les Pyrénées.

Tel un océan d'amour et d'acceptation, la meute m'a englobée. Après trois semaines là-bas, je me sens épanouie comme jamais.

La meute m'émeut. L'amour qu'elle émet me met en joie, je fais partie d'elle, elle est moi.

ooooooo

11 juin 2021

En lavant mon pantalon à la main, une pensée m'est venue : « la machine à laver a changé la vie des femmes au foyer ».

Soudain, j'ai pensé à la vie de toutes ces femmes dédiée à leur famille. Une tristesse puissante m'a envahie, j'ai eu envie de crier ma peine. Cette peine ne m'appartenait pas. J'ai eu la sensation de recevoir un message de mes existences passées. Toutes ces femmes, ces mères et ces sœurs, qui n'ont pas eu l'opportunité de vivre leur vie…

Je ne veux pas d'enfant. Cette conviction semble plus profonde que ma simple volonté. Il existe déjà trop d'êtres en manque d'amour aujourd'hui.

J'ai une grande capacité de « stockage » et d'encaissement émotionnel, car j'ai toutes ces expériences passées. Mère et sœurs endurant la vie pour aider les autres à s'épanouir, j'ai leur amour en moi. Quelle puissance !

ooooooooo

12 juin 2021

Je suis rentrée aujourd'hui.

La cabane de lutin a trouvé un nouvel habitant en mon absence. Je vais donc rester à la cabane d'Arthur avec Hercule, Kitsune et Leïla. Gaultier est fraîchement arrivé, il a

monté sa tente à coté. La cabane sature. Je comprends mieux pourquoi ceux qui sont là depuis longtemps parlent de faire des cabanes « perso ».
La cabane d'Arthur est considérée comme commune. Il y a tout le temps du passage. Des amis, des amis d'amis, des randonneurs perdus, des personnes nostalgiques repassant avec leurs souvenirs… Plus les jours passent, plus il y a de monde.

Je comprend mieux la différence entre collectif et communauté.
<u>Il y a autant de manière de vivre en groupe qu'il existe d'individus</u>.
Certains fonctionnent comme du « voisinage », chacun son espace avec des activités régulières ensemble. D'autres fonctionnent comme des organes, il y a quelque chose de commun.
Bonne nuit dans ce collectif communautaire.

ooooooooo

13 juin 2021
Aujourd'hui, nous avons créé une pièce supplémentaire à la cabane d'Arthur ! Entre la cabanc ct un mur de roche il y avait un espace avec une structure en bois et deux débuts de mur en pierre. Gaultier a commencé sa journée

en continuant le mur le plus avancé des deux. Hercule s'est attelé à l'autre. Solena est arrivée, a motivé Leïla pour faire du tressage, renforçant la structure du toit pour y installer couvertures et bâches que je m'occupais de chercher. En cours de route Léo et des potes sont arrivés. En quelques heures le travail effectué était clairement visible. J'ai fait des crêpes pour soutenir les derniers efforts. En fin de journée, la cabane s'est trouvée agrandit d'une pièce supplémentaire. Elle fait presque 25m² maintenant. Bon, des travaux seraient requis pour une viabilité hivernale, mais ça claque !

Ce mouvement de groupe spontané, activé dans la joie et l'envie, était magique. Personne n'a eu l'impression de « travailler ». Sans aucune contrainte, après l'ennui, vient l'envie de s'activer.

C'est un merveilleux exemple d'anarchie. Une organisation sans hiérarchie.

Merci la vie, bonne nuit.

ooooooo

21 juin 2021

Mon ex-collègue et amie, Caroline est venue aux sources ce week-end !

Nous avons beaucoup marché et discuté. J'ai pris la liberté de lui partager mes découvertes avec les énergies.
Je l'ai emmené jusqu'à l'arbre en spirale. Des gens ont fait un cercle de pierre autour. On s'est arrêté juste avant d'entrer dans le cercle et on a dit « Bonjour gardiens des lieux, nous venons partager l'énergie avec respect. Merci de nous accueillir ». J'ai sentie une odeur sucrée. Nous sommes entrées dans le cercle et j'ai invité Caroline à s'adosser à l'abre en tailleur. Au bout de quelques instants elle ouvre les yeux, pétillante, reconnaissante, rayonnante. Sans plus de mot nous avons continué la ballade.

J'ai envie de partager l'immatériel, mais je ne peux pas vraiment en parler… Premièrement, il n'y a pas assez de vocabulaire pour tout exprimer. Deuxièmement, la plupart des gens me prendraient pour une cinglée.
C'est pour ça que des fous squattent des lieux perdus. Ou plutôt des rejetés du système, ceux que personne ne comprend.

Avec Caroline on est assez proche. Je sais qu'elle est ouverte à son ressenti.

Elle fût impressionnée de ce « pouvoir » offert par la nature.

Je lui ai parlé de mon livre. Je ne sais pas comment aborder les thèmes dont je veux parler.

Elle m'a tout de suite répondu « Mais raconte ce que tu fais ici avec la meute ! C'est une expérience de vie unique ! »

Je suis d'accord, il y a peu endroits comme ça…

Mais décrire la vie ici n'est pas si évident. Il se passe tellement de choses tout le temps !

D'autant plus qu'à chaque événement mon mental réfléchit dans tous les sens pour déconstruire et reconstruire.

Bref…

De toute façon, depuis le temps que je parle d'écrire un livre… J'ai besoin de lâcher prise sur mes attentes. Je verrais bien quand l'inspiration se présentera.

<u>Je n'abandonne pas l'idée, je la laisse germer.</u>

Bonne nuit ma petite fée.

ooooooooo

23 juin 2021

Ce matin, avec Gaulthier, nous parlons des interactions de la meute.

Il y a des non-dits, des frustrations et des conflits tacites entre les habitants des

différentes cabanes. Rien de grave en soi, mais ça peut vite devenir des raisons de césures.
La volonté générale c'est de s'éloigner le plus possible des conventions, standardisations et autres normalisations.
Pour aborder les autres nous avons choisi comme thème « On se pose et on parle ».
****
Finalement ça a été simple et fluide. J'ai proposé l'équivalent d'une météo émotionnelle pour commencer. Le reste est venu tout seul. Chacun était ouvert, personne n'a jugé. Dans l'ensemble on a pas eu besoin de bâton de parole, il y a même eu des silences patients. Il y avait des faits, des émotions et des besoins, à cœurs ouverts.
Un collectif fonctionnel est composé d'individus avec un dessein ou des hobbies communs.
J'ai bien aimé l'idée que les objets appartiennent aux cabanes plutôt qu'aux humains. On évite ainsi le vol ou la disparition.
Tout le monde a fini la journée épuisé, mais ravis !
Parler en conscience et écouter activement, ça demande beaucoup d'énergie.

La satisfaction obtenue vaut tous les efforts du monde !
****

Gaulthier est une personne très douce. Il m'a appris le mot **<u>Comperssion</u> : Le plaisir pris à voir les autres partager de l'amour, sous toutes ses formes.**
Nouvelles idées, nouveau vocabulaire.
En discutant avec lui, j'ai compris mon besoin d'expérimenter dans la matière. J'ai voulu tendre à la spiritualité et aux énergies rapidement. Reconstruire avant d'avoir fini de déconstruire.
J'ai finalement atterri dans un lieu comblant mes besoins avant de pouvoir aller plus loin.
Je vis cette vie de matière pour jouer et expérimenter.
Chaque expérience est nécessaire d'être vécue.
Les fondations doivent être solides avant de passer à la suite.

ooooooo

28 juin 2021
Vivre dans cette vallée modifie la notion de temps.
Nous vivons au rythme de la Nature, en douceur, limitant les effets papillons.

D'un autre côté, l'enchaînement constant d'action-interaction tord le temps, donnant à trois jours l'effet d'une semaine. Seul le marché du mardi nous oblige à savoir quel jour on est.

J'aime plus la récup' du marché que de faire les poubelles. J'aime aller voir les producteurs et papoter avec eux. Il y a un boucher qui m'a dit « J'aime bien te donner à toi parce que tu as le sourire, ça fait plaisir à voir ». La vie est plus facile quand on regarde la moitié pleine du verre.

Sans la voiture et la récup, la vie serait moins tranquille. Déconnectés mais toujours dépendants.

J'observe la facilité de vivre sans revenus. Cela semble impossible, et pourtant… Il y a toujours moyen de moyenner. **L'entraide est la première des ressources.**

Ça n'arrangerait pas les entreprises qu'on s'en rende compte, puisque leurs profits dépendent de notre isolement serviable.

Bonne nuit ma rebelle préférée.

ooooooooo

5 juillet 2021

Il commence à faire vraiment chaud. La récup' se perd de plus en plus vite. J'ai décidé de creuser un trou dans le sol, comme un frigo. Je suis impressionnée de la fraîcheur gardée par la terre. J'avais déjà vu une vidéo montrant des « réfrigérateurs » de survie dans des pays chauds, se résumant à un « coffre » en terre aux parois épaisses.

Le trou recouvert par des couvertures suffit pour mieux conserver la viande. On a besoin de si peu de chose en réalité.

<u>Un objet produit est déjà un déchet.</u>

Et les déchets, il y en a partout !!

Dans la vallée il en reste plein. Apparemment, quand la meute est arrivée c'était encore pire. Ils ont fait beaucoup de missions poubelles pour rendre à cette Nature sa pureté. On va sûrement en faire une autre prochainement. Un groupe de touristes est passé ce week-end. Ils ont laissé plusieurs sacs d'ordures à côté des sources.

Malheureusement, ces efforts ne sont pas vus par les habitants locaux. Il y a une animosité évidente envers les squatteurs. Ils associent une longue présence avec le non-respect des lieux. C'est plutôt l'inverse en vrai… La meute aime cet endroit. On s'active pour sa pérennité.

****

Chaque soirée est accompagnée de discussion philosophique. Remettant le monde et son

fonctionnement en question, citant des écrivains, philosophes, sociologues, …
La phylosophie a commencée quand Homo Sapiens a cessé de ressentir, délaissant l'animal qu'il est.

Parfois, après les remises en questions de nos schémas et/ou une écoute de nos traumas, nous faisons une improvisation musicale.
Ce soir, la musique s'entretenait depuis plusieurs dizaines de minutes et d'un coup, de manière fluide et naturelle, le silence s'est installé.
Tous, nous avons eu une sensation d'unification. Chacun a utilisé ses mots pour le décrire, nous avons tous ressenti la même chose.

Nos cultures, nos expériences passées, façonnent notre personnage et notre langage. Deux personnes peuvent avoir une même définition, un même ressenti, une même intention, mais utiliser deux mots distincts.
Voir l'autre comme différent, c'est s'arrêter aux mots. Cela crée-t-il les maux ?
En ouvrant son cœur, on capte les informations d'intentions et d'émotions. Les mots ne sont

plus sources de conflit mais une ouverture d'esprit.
Bonne nuit ma petite philosophe en déconstruction.

ooooooo

6 juillet 2021

Osso (de Cléo et Renardo) et Perrona ont copulé ! Ça n'a pas duré longtemps, quelques secondes. On les avait attachés super loin l'un de l'autre… Tel Roméo et Juliette, ils s'aimaient déjà beaucoup avant.
Kitsune ne souhaite pas avoir de bébés à gérer. Il compte partir quelques jours pour chercher des affaires. C'est plus pratique de laisser Perro ici.

****

Aux sources, le beau temps amène la populace. Il y a de plus en plus de monde. Encore plus d'interactions ! Il y a les campeurs et ceux dans leur camion. Deux lieux, deux ambiances.
La fête s'instaure partout.
J'ai rencontré un mec dont le tatouage m'a beaucoup fait rire. BTLD. Je lui en ai demandé la signification. Il m'a raconté que, depuis son enfance, il oubliait toujours de se laver les dents. Alors pour s'en souvenir, il se l'est

tatoué à l'intérieur du poignet. Brosse-Toi Les Dents.
J'aime bien cette façon de voir le tatouage, comme une leçon, une histoire à ne pas oublier.
Bonne nuit ma curieuse de la vie.

ooooooooo

9 juillet 2021
Avec Hercule j'ai partagé de merveilleux moments.
Je constate à quel point je le mets sur un piédestal. J'ai tendance à voir uniquement ses qualités, comme un but de perfection. Je constate son éloignement quand mon attirance pour lui est trop forte.
Si je l'idéalise, si je l'admire, alors ce n'est pas de l'amour.
Il me serait tellement plus simple de m'aimer suffisamment. Ma solitude ne serait plus un fardeau. Quand je suis en demande tacite d'attention, comme une toxico en manque, personne ne souhaite me donner ma dose, ça ne fait pas envie. La demande est trop forte en plus d'être ambiguë.

Je souhaite toujours ce que je n'ai pas.
Finalement, qu'est-ce que j'ai ?

J'ai une multitude de qualités, accompagnées de défauts. Je fais toujours de mon mieux pour combler mes besoins et ceux des autres.
Parfois, je veux tellement « arranger » les autres, que je m'oublie. Je montre du doigt autrui, ne voulant pas voir mes propres réalités.
Avec l'affluence de gens aimants, doté d'une beauté d'âme et physique, j'ai cru recevoir suffisamment d'amour pour me reposer sur mes lauriers.
Je me suis oubliée.
En ce moment je trouve plus facile de m'enfuir dans la lecture que de regarder la compersion en face et accepter les faits. Hercule ne m'appartient pas. Le vouloir pour moi à tout moment serait un caprice, ça en perdrait son délice.
L'humains est toujours plus lumineux quand iel est libre de faire ce qu'iel veut.
Bonne nuit pleine d'amour de moi à moi.

ooooooo

10 juillet 2021
Cette semaine le nombre de campeur a doublé ! Des personnes de toutes nationalités, de tous horizons. Ça parle beaucoup d'un festival, le Rainbow européen, se situant aux

pieds des Pyrénées. J'ai rencontré un soixantenaire apaisant qui compte y aller. Même si j'en apprends beaucoup avec des personnes plus jeunes, une grande expérience associée à de la sagesse restent inégalables pour évoluer. <u>Mélanger les générations pour se sublimer.</u>
J'aurais toujours quelque chose à apprendre. Je repasse par les mêmes boucles d'apprentissages si la leçon n'est pas intégrée. J'avance sur le chemin de la vie. **Je ne peux pas être perdue car je n'ai pas de déstination.**
Bonne nuit.

ooooooo

14 juillet 2021
Le Rainbow festival s'organise à 95 km d'ici ! Leïla est motivée pour m'accompagner. Je serais ravie d'avoir cette expérience avec des ami(e)s.
La grandeur de mon énergie m'a terrorisée lors de la bioénergie avec Carlos. Les sources chaudes et les activités du lieu m'aident à me soigner.
Il est plus facile de s'orienter vers un sentier battu qu'un chemin inexploré…
Bonne nuit

ooooooo

15 juillet 2021

Nous sommes arrivées au Rainbow hier soir. Aujourd'hui, avec Leïla, on a eu le temps de faire le tour du lieu et des modalités de fonctionnement. Chacaine est libre de faire ce qu'iel souhaite, chacaine partage ce qu'iel veut. « If you see a job to do, it's yours » (Si tu vois un truc à faire, fais le.)

Le principe des Rainbow festivals, c'est d'être ensemble pour se reconnecter à la Nature. Il y a différentes tailles, nous sommes actuellement dans un gros rassemblement. Depuis la nouvelle Lune des gens de tout horizons ont commencé à établir un campement.

Le lieu de cette année a accueilli une rencontre européenne il y a 38 ans. Certains aguerris ont trouvé des objets cachés de cet événement passé.

C'est dans les années 60 qu'ont eu lieu les premiers rassemblements Rainbow. Apparemment, tout a commencé par une légende aztèque, « quand les hommes blancs auront les cheveux longs et les pieds nus, l'humain se reconnectera à la nature. »

La technologie y est déconseillée, tout comme les drogues, quelles qu'elles soient.

Ces événements rassemblent des habitués, certains vivent comme ça à l'année (d'où l'idée

de Family), ainsi que des personnes de passage ayant eu l'info grâce au bouche-à-oreille.
Apparemment il y a beaucoup de novices cette année.
Les journées s'organisent autour du feu sacré, allumé dès le début du campement. Il ne doit jamais s'éteindre. C'est le point de rassemblement. Il y a souvent des personnes qui y jouent de la musique.

Pour les repas c'est toute une organisation ! Il y a trois signaux : un premier pour indiquer le début de la préparation du repas, un deuxième à la moitié du temps de cuisine, le dernier pour appeler au « Food circle ».
Chaque signal est crié, et chacaine doit faire passer le message, pour que tout le camp puisse être au courant.
Le principe du food circle c'est de se rassembler en cercle autour du feu. Selon le nombre de personnes, il y a plus ou moins de cercles.
Chant, danse, moment de silence, puis service. Les volontaires servent tout le monde en faisant le tour du cercle. Chacaine doit avoir sa gamelle, seul les serveurs peuvent toucher les marmites.

À la fin du repas, le chapeau magique passe pour récolter l'argent servant à l'achat des provisions.
Ensuite il y a des annonces. Chacaine est libre de proposer un atelier, une activité, un partage…
****

Depuis hier soir il y a déjà plus de monde…
Avec Leïla on ne sait pas trop comment aborder les gens. Il y en a tellement, pourquoi aller voir les uns et pas les autres ? On reste en mode observation.
Une chose est sûre, il fait plus froid ici. En même temps on est à 2.800 m d'altitude !
La meute me manque… Mais je reste curieuse d'en découvrir plus.
Bonne nuit.

ooooooooo

19 juillet 2021
La meute est arrivée petit à petit au Rainbow. Cléo et Renardo sont arrivés en premiers, avec Osso (dont je suis tombée amoureuse). Suivis par Solena et Léo ; puis Hercule, une amie et sa famille ; même Lerelou a débarqué !
On commence à être vraiment nombreux. Lors des appels, on entend les échos de plus en plus loin/longtemps. Pour les repas il y a quatre cercles. Et tout le monde ne s'y intègre pas !

J'ai la sensation d'avoir ramené la ville ici…
J'observe la difficulté d'unicité face à la masse. Les anciens essaient de garder les traditions, se faisant balayer par les nouveaux.
****
J'ai conversé, échangé, interagis. Petit à petit je m'intègre.
Petit à petit, je comprends que **mes blocages sont uniquement intrinsèques**.
Joie – Paix – Bonté – Amour.
J'émane ce que je ressens.
Bonne nuit.

ooooooo

20 juillet 2021
Attendre mon RDV téléphonique pôle-emploi là où il y a du réseau.
Me laisser gagner par l'impatience, entretenue par l'angoisse des scénarios catastrophes imaginés. Au bout de 5 minutes de retard j'appelle pour vérifier. Me faisant louper l'appel.
Telle la tortue, j'étais parti à point. Ma panique m'a fait devenir lièvre, j'ai manqué la fin.
****
J'ai finalement eu l'entretien téléphonique. La nana est cool. La vraie formation commence la semaine prochaine. C'est une aide pour créer un job d'auto-entrepreneuriat.

Pour moi, l'idée serait de faire une formation de naturopathie et potentiellement m'installer à La Borie Noble.
Qui ne tente rien n'a rien. Je n'ai rien à perdre, tout à apprendre.
Je constate la pression que je me mets sur les épaules. J'ai rencontré des rainbow poeples qui viennent de créer une entepnse. C'est beaucoup de choses à gérer.

<u>Responsabilité</u> = Obligation de répondre de ses actions ou de celles des autres, d'être garant de quelque chose.

<u>Obligation</u> = _ Lien moral qui impose quelque devoir concernant la religion, la morale ou la vie civile

_ Lien de droit qui ordonne de faire ou ne pas faire

_ Titres productifs d'intérêt et remboursables dans un temps limité, que le gouvernement, des compagnies, des villes émettent pour se procurer de l'argent.

Ah ouais...
Je ne connaissais pas cette dernière définition. Tous les documentaires Arte et RTS me reviennent en tête. Le capitalisme est voué à

l'échec. Je ne veux plus y participer. Je suis peut-être hypocrite de dire ça avec mon RSA et la formation à venir... En même temps, les connaissances qu'un diplôme de naturopathie peut m'apporter m'intéresses.
Je verrais bien le moment venu.
Bonne nuit.

ooooooo

24 juillet 2021
Nous sommes rentrés du rainbow hier. Je m'en sens soulagée. Il y avait vraiment beaucoup trop de monde… L'énergie était similaire à la ville, ça brassait fort.
Beaucoup de gens viennent se reconnecter et jouer avec les énergies.
Si on s'amuse sans écouter son intuition on peut vite tomber dans la sorcellerie. Pratiquer la magie sans conscientiser son pouvoir peut être dangereux. C'est bien d'y aller en douceur.

Cette nuit c'est la pleine lune. En la regardant, une énergie Yin m'envahit.
Je me rends compte de mes besoins de repos et de santé.
J'ai envie de développer la transmutation à la Terre pour évacuer mes émotions superflues.
M'abreuver de savoir et de santé, m'épanouir pour m'envoler.

Bonne nuit ma fée des elfes.
ooooooo

25 juillet 2021
Ne rien attendre est le meilleur moyen pour recevoir et s'en trouver comblé.
Quelle est cette vague qui m'inspire, dans cet océan de soupirs ?
Parfois, je me sens perdue dans mes désirs
J'oublie le présent, je pars dans mes délires.
Sobre ou défoncé, mon esprit divague,
dans cet océan troublé par les vagues.
Le confort et la sécurité aident à se centrer.
Sortir de ces zones met en pratique de nouvelles techniques.
Ne pas lutter pour ne pas se noyer.
Se laisser porter, léger, pour ne pas couler.
Brasser le pire pour mieux l'évacuer
Embrasser la douceur pour mieux flotter.
Laisser l'amour nous détourner
S'enlacer dans la joie du moment
Voguer au gré du vent changeant.
Prélasser au soleil de temps en temps
Dans les profondeurs sans peur
dans les abysses sans supplices.
Du fond du cœur elles m'appellent
Toutes ces âmes, ces merveilles
Aussi unique chacune soit-elle.

On nage dans le bonheur quand on aime avec le cœur.

ooooooo

27 juillet
Kitsune est revenu avec toute une bande de pote !
Après un mois, Perrona est grosse comme une vache.
Beaucoup pensaient à une grossesse nerveuse. Mais l'évidence est là, on va avoir des Osso-Perro. La question d'adopter un chien me revient. À Ralequai j'y pensais déjà…
Mais je ne sais pas quoi faire de ma peau. Je ne vais pas prendre cette responsabilité en plus.
Bonne nuit.

ooooooo

28 juillet 2021
Je n'ai plus de crevasse au niveau des talons. J'en ai jamais eu beaucoup. Mais pendant mes études j'utilisais une pierre ponce pour les enlever.
Je marche nus pieds depuis plus de deux mois maintenant.
Notre corps et la Nature fonctionnent ensemble. Des problèmes existent juste parce qu'on ne vit plus dans notre milieu naturel.
Modifier la Nature à « notre image », c'est

nous faire stagner sans évolution. **<u>Adapter le milieu empêche notre adaptation.</u>**

****

« Avoir foi en l'Amour. »

Toutes les religions prônent le même concept : aimer son prochain comme soi-même.

À force d'interprétation, l'Homme a versé du sang pour avoir raison. Retenant le chemin de croix plutôt que les dons.

Nous avons besoin de croire car on ne peut pas tout expliquer ou tout savoir.

Croire encourage l'espoir.

Espérer, agir, essayer, tomber, se relever et continuer...

<u>L'Amour est un remède puissant.</u>

Bonne nuit.

ooooooo

29 juillet 2021

Je suis toujours en demande de tendresse. Il est rare que mes demandes ne soient pas satisfaites.

En fait, c'est toujours la même chose. Je ne m'aime pas vraiment, pas inconditionnellement, alors je vais chercher l'amour manquant chez les autres.

C'est tout sauf sain. Je ne peux décemment pas demander à autrui de m'aimer inconditionnellement alors que j'en suis moi-

même incapable. Ce serait prendre sans donner. Je l'ai déjà suffisamment fait.
C'est difficile de m'aimer inconditionnellement avec l'habitude de me rabaisser. J'ai encore trop d'exigences envers moi. Des exigences apprises dans l'enfance qui n'ont plus de raisons d'être.
Après, l'être Humain est une espèce sociale, c'est normal d'avoir besoin de contact avec autrui.
Tout est une question d'équilibre entre ce que je m'offre et ce que je partage.

Maman arrive dans quelques jours. Suivie de près par Papa. Ils vont se revoir pour la première fois depuis 15 ans… Comme le temps passe…
****
Dans les sources je regardais la brume se mélanger aux vapeurs de l'eau thermale. L'eau de pluie descend dans les profondeurs magmatiques de la Terre, pour remonter sous forme de source à 65 °C. Deux générations d'eau se rencontrent. L'une du présent, l'autre d'il y a 8000 ans… Le ciel et sa hauteur spatiale n'existent plus. L'eau, teintée d'un gris cendré, englobe tout sous sa forme volatile. Laissant le temps en suspend.

Sur le chemin du retour j'ai vu tellement de déchets. En ce moment il y a plein de Rainbow people débarquant pour se réchauffer. Je les comprends. Mais ça commence vraiment à être le bordel. Entre eux et les Espagnols (de plus en plus nombreux à chaque weekend) ça commence à faire des histoires…
Je comprends les villageois qui pètent les plombs. Surtout avec les camions garés en dehors des zones autorisées, ils bloquent l'accès au hameau. Ni les éboueurs, ni les pompiers ne pouvaient passer lundi dernier… Depuis, la mairie a contacté la fourrière pour enlever quotidiennement les véhicules gênants. Je trouve ça contradictoire de se dire connecté à la Nature et ne pas la respecter à ce point. Entre tous les bibelots et autres attrapes rêves accrochés partout, les sacs de bouteilles vides abandonnés… Sans parler du PQ !!! Il faudrait un guide pratique pour les ignorants de la Nature. En attendant, leurs poubelles laissées là, c'est nous qui les ramassons. Et quand je dis « nous » je parle de tous les squatteurs présent depuis plus d'un mois.
S'harmoniser avec la Nature, ce n'est pas seulement festoyer en son sein. C'est l'écouter

et la respecter, apprendre à la connaître, à s'adapter.

Ne pas utiliser de savon, quel qu'il soit, dans l'eau. Laver dans une bassine à 30 m du rivage, pour que la Terre puisse filtrer l'eau souillée. Brûler du bois mort, facilement reconnaissable car il est rigide et cassant, contrairement au bois vivant, souple et vert. En plus, brûler du bois vert c'est contre productif, il est trop humide.
Bonne nuit ma survivialiste.

ooooooo

2 août 2021
Ma mère est arrivée !!
Et Perro a accouché !! Il y a 7 Bébés, 4 filles et 3 garçons. Il y a un lion ascendant Bélier, comme moi. J'ai dit en plaisantant que ça sera le mien.
Bien sûr, on a fêté ça !
Bonne nuit imbibée.

ooooooo

4 août 2021
Mon père est arrivé hier en début d'après midi. Les retrouvailles se sont faites comme une surprise, devant la ressourcerie.
La voie du cœur suit un enchaînement que la raison ignore.

Mon père a râlé et critiqué non-stop.
J'imaginais plus ma mère dans ce rôle et mon père comme un gamin dans la forêt. Pas du tout.
Ma mère me prodigue beaucoup d'amour et d'acceptation. Son développement personnel accompagne le mien.
Mon père… Galère. Le soir il s'est bourré la gueule, Kitsune et d'autres amis se sont bien amusés avec lui. Moi ça m'énerve parce que ça me rappelle mon enfance, après leur séparation et avant qu'il ne parte en Guyane française. De mes 8 à mes 12 ans j'ai passé un week end sur deux avec lui, quand il n'était pas trop bourré pour conduire... Depuis qu'il a son traitement pour la bipolarité ça va mieux, il pique moins de crise de rage. Mais son alcoolisme n'a pas trop changé...
J'attends de mon père qu'il se comporte en parent. Mais il en est incapable… L'exemple type d'aujourd'hui : il avait froid et ses affaires étaient trempées par la pluie. Avec Maman on a tout essayé pour lui faire comprendre qu'aller aux sources chaudes lui ferait du bien. C'est seulement au bout d'une demi-heure de boudin, avec Hercule et les potes, qu'il a décidé de se tremper.

Bien sûr il a compris pourquoi on insistait autant.
Notre réaction détermine notre avancement.

Dans les bains on a beaucoup discuté avec Maman. Je peux compter sur elle.
J'ai beau me croire plus proche de l'un ou de l'autre selon les périodes, je ressemble aux deux. Chacun de mes parents fait partie de moi, je ne suis ni l'un, ni l'autre, mais les deux à la fois.
Mon rapport avec mon père conditionne en partie mes rapports avec la gent masculine. J'attends de lui un rôle protecteur. Ce qui est impossible. Je cherche une protection réconfortante auprès des hommes de mon entourage. C'est malsain.
Identifier - nommer - soigner
En mettant le doigt dessus je suis capable d'y remédier.
Les hommes ne combleront pas ce besoin de réconfort. C'est l'Amour du Yin.
Ma mère me prenant dans ses bras, me caressant la tête dans l'eau chaude, cela m'a apporté bien plus de réconfort que tous les câlins de mes amis.
Comme la tendresse partagée avec Emmy.
Love from women to women.

****

Contre vents et marées notre enfant intérieur nous guide.
Pour le peu qu'on l'écoute, on ne prend pas une ride
Notre cœur reste pur et naïf, même quand notre tête prend le périf'
C'est au cœur qu'il est intéressant de se référer
Si l'on souhaite être agréablement transporté.
Mon enfant intérieur est encore en pleure.
Il se remet de la peine dont il a souffert
D'abord exprimé dans la violence, un concert,
Puis dans les mots, les émotions, la libération.
Aujourd'hui, l'enfant sourit, les yeux rouges et bouffis.
La peine est encore profonde, creusée par des bombes.
Il y a beaucoup à écouter, j'ai ouvert les vannes sensitives
Je déconnecte et déconstruit de façon massive.
Enfant égarée dans la nuit
Je me suis laissée hypnotiser
Voyant les astres comme amies
Je me suis laissé guider,
Adolescente de la lune
J'ai foncé les yeux fermés
Indécence et infortunes.
Adulte, j'ai du mal à prendre du recul.

Formatée dans mes schémas préfabriqués
Quand je tourne en rond ça devient ridicule.
Dans ma bulle, je soliloque, souvent je hurle
Cicatrices ressassées peinent à coaguler.

Notre curiosité nous donne envie de tout savoir, tout comprendre
Au point de tout classifier dans des cases rassurantes.
Nous décomplexifions le monde pour le rendre accessible au langage.
Cependant, tout classifier fait perdre du sens à ce qui est. Le monde est rond. Vouloir le mettre en carré est vain.
Il faudra bien accepter la responsabilité de notre imaginaire, nous nous sommes mis tout seul dans cette galère.
Ce que l'on peut voir ou toucher est une petite partie de l'entièreté. Il y a bien plus à explorer, sans besoin de verbaliser.
C'est dans notre for intérieur où réside la clef de la paix. Découvrir nos couches émotionnelles. Comprendre comment sont-elles arrivées là ? Pourquoi se sont-elles accumulées ? Comment les évacuer pour être dans le présent.
Conscientiser puis aimer.
Bonne nuit ma petite fée.

ooooooooo

12 août 2021

Actuellement dans un milieu sans contrainte, chacaine est libre de faire ou ne pas faire. La plupart des gens pensent qu'en squattant ici nous choisissons l'inaction. En réalité, il est difficile d'être complètement inactif pendant longtemps. Au bout d'un moment l'ennui fait place à l'envie et la motivation.

L'ennui joue un rôle important pour notre cerveau. Ça lui laisse un moment pour ranger activement des informations, engendrant une source de créativité.

Après des semaines de ressourcement festif, j'ai envie de m'activer et de m'investir dans un projet.

J'aime m'investir avec les autres, créer un cadre bienveillant. Au delà de soigner, j'aime vraiment communiquer. Il n'y a malheureusement aucune preuve matérielle de mes actions. Peut-on dire pour autant que c'est inutile ou non productif ? Je ne pense pas. Car les gens apprécient mon aide bienveillante et m'en remercient. Je n'ai pas besoin de plus pour me satisfaire.

****

En ce moment je constate des animosités par rapport aux tâches régulières et à leur répartition. Aller chercher l'eau, le bois, faire à manger et entretenir la cabane.

Il est clair qu'un sentiment d'injustice peut survenir si chacun fait toujours la même chose avec un peu plus de frustration à chaque fois…

Quand rien n'est exprimé, rien n'a de chance de changer.

Pour vivre en harmonie avec nos similitudes, nos complémentarités et nos différences, il est essentiel que chacaine se connaisse suffisamment pour se combler seul(e) ET s'exprimer aux autres.

Je constate la formation régulière de hiérarchie tacite.

Je vis au sein d'un groupe où chacaine se proclame libre, sans volonté d'imposer quoi que ce soit aux autres, anarchiste. Dans les faits nous avons des connaissances et des personnalités variées. Celui qui sait est facilement vu comme « prof » pour celui souhaitant savoir. Il y a aussi des leaders naturels. Quand un groupe commence un travail sans hiérarchie, si l'un(e) expose une information utile, une manière de fonctionner pratico-pratique, les autres auront tendance à l'écouter et suivre ses conseils. Ces rôles tacites changent au rythme des activités.

Accepter ces hiérarchies fluctuantes permettrait, peut-être, moins d'altercations entre les ego respectifs…
À force de chercher des coupables, on oublie que nous sommes tous responsables.
L'idéal serait de travailler comme les fourmis. On fait ce qu'il y a à faire quand on le voit, pour le groupe et pour soi.
Bonne nuit ma petite fourmi.

ooooooooo

13 août 2021
Je commence à être fatiguée. Ces rythmes nocturnes de 2-3 heures du mat' jusqu'à midi, ce n'est vraiment plus pour moi !
J'ai besoin de plus de temps que mes ami(e)s pour me remettre d'une nuit blanche.
Si mon espace de sommeil est dans un lieu commun, il m'est nécessaire de me prendre du temps perso.
En même temps, pratiquement toute la montagne est pleine de gens ! Le Rainbow touche à sa fin et l'affluence ne fait qu'augmenter.
Il y a même eu deux reportages sur Fr3 et TF1. Les deux ne représentent pas du tout la réalité. Dans ces 13 minutes de vidéo (les deux reportages réunis), les deux tiers des

informations sont de fausses rumeurs, des croyances et/ou des suppositions.
C'est pas très rassurant sur notre manière de nous informer.
****

Dès mon arrivée dans un groupe, je veux m'intégrer. Surtout avec les gens formidables rencontrés ici. Je m'adapte à un rythme ne me correspondant pas pour interagir et combler mes besoins sociaux.

Avantages et inconvénients. **<u>Il n'y a pas de vie sans contraintes.</u>**
Il arrive toujours un moment où nous ressentons l'inconfort, ce point où nous sommes en dehors de la sécurité. C'est là où j'apprends le plus.

Sortir de notre zone de confort nous permet d'évoluer, de grandir, de nous renforcer, de mûrir.

Là, je suis prête à dormir. Hercule, Kitsune, Leïla et Solena sont là, à parler et écouter de la musique…

Je peux pousser les limites de mon sommeil grâce à mon mental. La vie est un jeu.

J'aurais toute la mort pour me reposer.

ooooooooo

Les corps s'entremêlent, s'entrelacent. Chacaine s'efface face à la masse. L'amour

glisse sur les peaux lisses et s'immisce dans les mœurs et dans les cœurs. Amants passionnés s'enivrent de bonheur.
Passionnelles, les émotions s'emmêlent entre elles pour s'harmoniser, se fortifier.
Partager sincèrement est un vrai délice.
L'amour et la tendresse guérissent.

ooooooooo

17 août 2021
Depuis quelques jours j'ai entendu dire que des flics se baladent dans la vallée.
Aujourd'hui j'ai vu une voiture de l'ONF, l'Organisation Nationale des Forêts. Après les problèmes de cet été, deux agents ont été mobilisés comme médiateurs entre la commune et les habitants des sources, nous les squatteurs. J'ai discuté avec l'un d'entre eux ce matin. Ils ont surtout envie que les lieux soient respectés. Notamment pour les feux et les déchets.

Je n'ai jamais vu de descente de flic, contrairement à ceux qui étaient là en novembre dernier. Je suis soulagée de l'avoir évitée. La présence de l'ONF a stressé les garçons. En particulier Kitsune, encore traumatisé de la guerre de Notre-Dame-Des-Landes (NDDL).

Tout est fait pour éloigner les pauvres, les marginaux, les « shlagues ». En ville les bancs ont des accoudoirs, les devantures ont des picots, la manche devient arbitraire, sans parler du mépris des gens... Chassés des villes, les rejetés viennent dans la fôret. Mais même ici personne n'en veut.
Les forces de l'ordre représentent la réponse du gouvernement face à ceux qui n'ont pas d'argent. Je comprend mieux pourquoi il y a une haine contre « les bleus », à force de se prendre des coups sur la tête, on déteste ceux qui nous les mettent.
Nous n'avons pas demandé à naitre, nous voulons juste vivre tranquille, sans nous sentir rejetés.

Avec des nouvelles têtes, Hercule et Kitsune lancent un chantier dans la forêt de pins. Construire une cabane collective loin de la source et des regards.
Merci la vie de m'offrir cette expérience sans galérer, avec sécurité, m'aidant à la sérénité.
Bonne nuit douce folie.

ooooooo

18 août 2021

Aujourd'hui Lerelou est venu. Il a commencé un monologue sur la manière dont Solena devrait gérer ses histoires de famille. Je trouvais ça très déplacé, même pour Lerelou, expert en la matière. Je voulais intervenir dans la conversation, donner mon avis que je pensais pertinent. À plusieurs reprises j'ai essayé de commencer, stoppée par les flots de paroles du groupe. Plus la conversation avançait, moins j'arrivais à en placer une, plus ma frustration augmentait. Effet cocotte minute... Au final, mon ego a explosé et insulté Lerelou. Il m'a décrédibilisé tout de suite, et je n'ai même pas pu exprimer ce que je voulais.
Je trouve ça tellement complexe de garder mon calme face à des gens véhéments.
Je me sens personnellement impliquée.
Alors que, contextuellement, j'aurais pu ne pas m'en mêler… Tout comme Lerelou.
Avons-nous demandé à Solena si elle voulait notre avis ! ?
À force de vouloir régler tous les problèmes constatés, je me mêle de choses me dépassant.
Comment puis-je avoir un avis sur ce que j'ignore ?
Le critiqueur ne reçoit pas les conséquences du choix à faire.

Dans chaque présent se trouvent multitudes d'émotions. Elles peuvent engendrer des réactions compulsives ou amener à des conversations constructives… Tout dépend de l'écoute empathique effectuée sur elles, parfois accumulées en mille-feuilles.
Ne pas prendre les choses personnellement.
Fait ↔ Émotions ↔ Besoins ↔ Expression/Action
Je peux aider si cela convient à moi ET au receveur.
M'occuper de moi serait mieux pour tous.
Bonne nuit pleine d'apprentissage.

ooooooooo

22 août 2021
Ce soir c'est la pleine lune. Elle est assez grosse et orangée. Dans l'air plane une odeur de fin d'été, une chaleur lourde avec un vent frais.
Comme elle se déplace vite… Je fixe cette image ronde, semblant immobile. Je tourne le regard trente secondes, elle a avancé, subtile. Souriante et silencieuse, la lune alterne entre clarté et ombre. Comme son avancée, douce et imperceptible, ses changements sont fluides. Je sens un lien avec elle au plus profond de mon âme. Notre corps, à 80 % d'eau, doit bien avoir ses petites marées.

Tout à une influence sur tout.
****

L'affluence de gens a diminué cette semaine. La construction de la cabane des pins est un peu laissée à l'abandon. On est tous assez fatigué.
Bonne nuit pleine de clarté.

ooooooo

31 août 2021
Hercule, Léo et Leïla sont partis. Il reste Solena, Kitsune et moi. Depuis le temps que je souhaitais un espace perso. Ça fait du bien moins de gens. D'un autre côté, il y a les Choursmottes (Chien-Ours-Marmotte) qui couinent toute la nuit et remuent des nuages de poussières. Je suis impressionnée par leur personnalité, spécifique à chacun. Ils ont tous, depuis leurs premiers jours, des traits de caractère uniques. Ça confirme ma croyance de l'âme.

Mon retour à La Borie Noble est prévue pour le 6 septembre.
La vie dans la cabane d'Arthur m'a aidé à réaliser ce dont j'ai besoin,
Organisation – Communication – Espace personnel.
J'aime la meute. Cet endroit est magnifique.

La Borie va m'apporter autre chose, complémentaire pour moi.

Je fais partie de la meute. Je peux partir sans peur, je laisse derrière moi un lieu en emportant des cœurs.

En arrivant ici je cherchais une famille. Après la venue de mes parents, je me suis rendu compte de celle que j'ai déjà, que j'aurais toujours. Personne ne m'abandonnera.

La meute est une autre forme de famille. Je me sens reconnaissante d'avoir fait ces rencontres. Je me sens également reconnaissante de changer d'air.

Comme les autres, j'ai envie de bouger.

Bonne nuit mon exploratrice de la vie.

ooooooo

4 septembre 2021

Je suis arrivée tranquillement sur Albi, chez Constantin. Les retrouvailles furent enthousiastes.

Hercule m'a envoyé des précisions sur le terrain qu'on souhaite acheter.

Je m'emballe vite, mais je ne dois rien précipiter.

En même temps je ressens « l'urgence » de profiter de la motivation créée.

J'ai prévu de rester un mois à la Borie. Je voyais cette étape comme nécessaire.

J'ai tellement envie d'un terrain commun avec les gens aimés. Et puis ça me permettrait d'éduquer un Choursmotte en toute liberté… On verra s'il en reste quand je reviendrais. D'ici là bonne nuit.

ooooooo

6 septembre 2021
Je suis arrivée à La Borie !
J'aime le calme et la sécurité de ce lieu. Je m'aperçois cependant de mes sentiments partagés…
Un vent de changement automnal a accéléré mes choix. Je suis prête à tout pour concrétiser le projet d'un terrain commun avec la meute. Quelle que soit la situation, mes besoins peuvent être comblés.
Bonne nuit entre deux idées.

ooooooo

8 septembre 2021
Susie a accueilli une petite soirée avec les jeunes habitants de La Borie et les stagiaires. C'était très agréable, ça m'a fait beaucoup de bien de constater une connexion avec les habitants.
Depuis mon arrivée je fais plein de comparaisons avec la vallée. Critiques, jugements et comparaisons sont en moi, sauf quand je cherche des terrains…

Je cherche des excuses pour ne pas rester. Je culpabilise de vouloir déjà repartir. Je n'ai pas envie que les habitants de La Borie me pensent réticente d'être ici. J'aime ce lieu.
Mais entre ma demande pour venir et mon arrivée, il s'est passé deux mois et tellement de choses… Mes volontés ont changé. Mes envies ont changé !
Je remercie les habitants de leur accueil.
Je veux vivre ici à un moment.
Pour l'instant je souhaite essayer d'autres choses. Plus chaotiques, moins lisses, moins spirituelo-énergétiques, plus concretes dans la matière et enrichissantes de déconstruction.
Bonne nuit ma reine des plans sur la comète.

ooooooo

10 septembre 2021
J'ai officiellement pris la décision de partir.
Les habitants sont très acceptant. Merci à eux pour leur compréhension.
Hercule viendra me chercher directement ici pour visiter des terrains dans les environs.
Cette après-midi, l'une des stagiaires a organisé une séance de sophrologie en groupe.
Les exercices de respiration m'ont décollé les viscères.

La respiration est vraiment centrale pour plein de choses. La conscientiser permet de travailler sur le subconscient.
Bonne nuit pleine d'amour.

○○○○○○○○

13 septembre 2021
Ce week-end fût génial ! Hercule est venu me chercher samedi midi. Nous avons mangé avec tout le monde et nous sommes partis. On a visité un premier terrain. Avantageux, mais la mairie ne souhaite pas de projet de cabanisation.
Le soir, nous avons trouvé un coin sympa en bord de rivière pour dormir.
Le reste du week-end s'est alterné entre route, arrêt visite, exploration, recherche de sources et démarchage auprès des locaux pour se renseigner sur les terrains à vendre.
Il y avait beaucoup de figuiers sur notre route, nous nous sommes délectés de ces fruits sucrés. Les mûres faisaient également partie des friandises de temps en temps.
Les bonbons de la Nature.
Les partages tendres avec Hercules n'ont fait qu'augmenter les plaisirs de ces trois jours.
Nous sommes tout juste rentrés dans la vallée. Je ne me sens pas encore prête pour me poser à La Borie. J'ai encore du chemin à faire.

La satisfaction ressentie augmente mes convictions de choix de vie.
J'aime ce que je fais, ce que je suis, les personnes qui m'entourent.
Amour – Bonté – Compassion – Vibrations
Merci la vie ! Bonne nuit.

○○○○○○○○

17 septembre 2021
Les Choursmottes ont été insupportables cette nuit ! Mon état émotionnel pré menstruel n'a pas aidé… Pendant notre absence Kitsune leur a fabriqué un enclos extérieur. Maintenant ils sont vraiment grands et gambadent dans tous les sens. Je vais essayer de les balader le plus possible pour les faire dormir la nuit.
Ils sont quand même mignons… On peut mieux les différencier, leur pelage change de couleur, spécifique à chaque paire de jumeaux. Ils ressemblent plus à des Chours qu'à des Choursmottes maintenant.
Nous avons commencé à faire la transition pour le sevrage. Le soir nous leur donnons un mélange de riz, légumes, viande, avec quelques épices conseillées pour l'apport en vitamines.
On leur demande de tous s'asseoir avant de pouvoir manger dans la gamelle commune.
C'est fou comme ils apprennent vite ! Bien sûr

c'est encore difficile, mais ils sont 7. Entre le moment où on apporte la gamelle et où TOUS sont assis au moins 3 secondes, il peut s'écouler un long moment !

Pour la viande, on va faire la récup' d'une grosse boucherie à 30 minutes de voiture.

Je constate mon attente envers moi d'agir à la perfection avec eux, de faire « comme il se doit ».

Mais j'en ai aucune idée !!!

Sous un poids inconnu, je tombe des nus…

Mon épée Damoclès imaginaire me pompe l'air

Étranglée par mon implication, je me confronte à la frustration.

J'attends de moi ce que je ne sais pas.

C'est de la démence un tel niveau d'exigence !

****

En ce moment je réagis beaucoup, je parle souvent avant de réfléchir et je me rends compte de l'inutilité de mes propos.

Je suis une pipelette se prenant la tête.

Mais c'est parce que je me prends la tête que je suis une pipelette ! Je mentalise beaucoup trop.

Pour une harmonie, ne pas oublier d'être dans le cœur aussi.

Leïla m'a proposé de prendre le relais Choursmottes pour la nuit
Je n'ai plus qu'à mettre mes boules Quies et dormir jusqu'au matin.
Bonne nuit maman de Choursmottes.

ooooooooo

23 septembre 2021
Je vais commencer mon implantation administrative dans les Pyrénées Orientales.
J'ai envie d'explorer la voie de la vallée.
Les autres options seront toujours là.
De l'amour plein les bras.
Je me sens inspirée, je chante à la nature de manière improvisée. Je sens ce choix de vie comme celui du cœur. Souvent ma tête y insère des peurs. Constamment, j'ai une voix me disant que je fais le mauvais choix. J'en reconnais certaines, entre mon père, mon grand-père, et la société tout à la fois.
Cadre idyllique, opportunité unique. Le choix s'opère vite.
Je verrais bien ce qu'il se passe par la suite.
Lorsqu'on offre de son énergie avec envie et amour, la vie nous le rend quand un besoin nous surprend.
J'ai bien envie d'aider Hercule à avancer sur la cabane des pins.

J'avais envie de m'activer fin août, cela n'a pas changé.
Ce n'est pas parce que je n'ai pas de salaire que je me morfonds à ne rien faire.
Bonne nuit ma fée des mots.
\–> Langage des oiseaux (fait des mots)

ooooooo

25 septembre 2021
J'ai décidé d'adopter le plus gros des chiots, Chours sera son nom. J'ai fait un rêve où il était au milieu de la route, un énorme camion lui fonçait dessus. J'ai eu un pic d'adrénaline de terreur. Je me suis jetée sur lui, l'ai pris dans mes bras, et évité le camion de justesse avec un mouvement digne de Néo.
Mon subconscient a l'air d'avoir très envie de partager sa vie.
Un couple va adopter un chiot chacun. Hercule a jeté son dévolu sur le mâle noir, maintenant nommé Oïka.

On va souvent à la cabane des pins pour avancer le projet. En ce moment on écorce tous les troncs. C'est très long.
Entre les préparatifs matinaux et le chemin pour y aller, il nous reste peu de temps avant la nuit pour travailler.

Hercule pense dormir là-bas prochainement, histoire d'avancer plus vite.

En plus de l'admirer encore un peu trop, mon amour pour lui est à double tranchant. Sa qualité d'aimer est universelle. Il aime passer du temps avec moi, comme il aime passer du temps avec la gent féminine. Pour lui, chaque femme est vénus. C'est aussi une qualité.
Compersion, aimer le partage d'amour.
Bien sûr, quand je mentalise, j'ai des peurs, peur que ça s'arrête brutalement, sans raison. Cet amour sera toujours là quand on se verra. Différent à chaque fois, parce que tout est changement. Chaque moment est unique et irreproductible.
J'ai quand même bien envie de l'accompagner pour son emménagement dans la forêt de pins.
Vive l'amour, libre d'être inconditionnel !
Bonne nuit ma fée des bois.

ooooooo

30 septembre 2021
Avec Chours je vais devoir faire preuve de sévérité si je souhaite être respectée.
Après avoir fuis les conflits, puis alterné entre douceur et agressivité, je vais enfin apprendre l'équilibre des deux.

Les chiens n'ont pas du tout le même langage que les humains. Quand ils jouent, un humain pourrait croire qu'ils se battent, à coups de mâchoires et de grognements. Mais ils n'ont pas de mots, encore moins de pouce préhenseur. Leur moyen de communication est physique, loin des mots et du mental.
C'est tout un nouveau mode de communication à découvrir avec Chours.
J'approfondis également mes connaissances de la Nature. J'apprends à suivre les sentiers d'animaux, à reconnaître le son de leurs mouvements dans les buissons. Je sais trouver des traces de cours d'eau et je commence à connaître les plantes sauvages comestibles. Orties et pissenlits sont des valeurs sûres. J'aime reconnaître les vents pour prévoir la pluie ou le beau temps. Ici, il y a surtout la rencontre du vent méditerranéen et atlantique. Avec la forme des montagnes, il est assez courant que les nuages nous tournent autour et crachent leur pluie plus loin.
Je constate mon accumulation d'informations et d'expériences. Quoi qu'il arrive je pourrais survivre. Une potentielle apocaslipe n'est jamais loin. Entre les conditions actuelles et l'habitude de voir des sénarios post-

apocalyptique depuis 10 ans, tout est probable...
Bonne nuit ma survivaliste.
ooooooo

9 octobre 2021
J'ai réussi l'épreuve de rattrapage avec Chours !
Il rechignait à me suivre. À un moment, il a voulu courir dans la direction opposée. J'ai compris que c'était un test. Si je ne le rattrapais pas, il ne me respecterait pas facilement. J'ai fait les plus grandes enjambées de ma vie. Il a viré à 90°. En tournant j'ai glissé, le bruit de ma chute l'a effrayé, il s'est figé et je l'ai eu grâce à ça !
J'ai super mal au genou mais je suis ravie ! Il m'a suivi tout le reste de la journée sans broncher.
****

Aurore, de la Borie, va bientôt passer ici !
Ça va changer l'énergie.
Vivre ici c'est la spontanéité du présent, la beauté de contempler, de se reconnecter. C'est aussi des surprises, des rencontres, des partages…
L'amour est tel une bulle,
Un moment aux formes douces.
Il existe des règles qui stipulent

Des arrangements de bourses,
Ainsi que trois catégories de relation,
Ami, Amour, fAmille, pas d'autres options.
Le même A qui anime et nourrit l'Âme.
L'amour revêt des milliers de formes, peut s'exprimer par autant de manières. Parfois fort, toujours éphémère, le temps d'une vie ou d'un verre.
Les mots seuls ne suffisent pas à tout exprimer. Même si c'est le support le plus intuitif pour communiquer.
Dans un livre j'aimerais vous partager quelque chose…
Merci de prendre le temps de lire ce que je pose.
Un souvenir me revient. Dans une journée sans rien de bien, un ciel magnifique s'est offert à moi. En apprécier sa majestuosité fût un choix. Ouvrir mes yeux avec l'allégresse innocente, renouvelée par la réalité présente. Sans les fardeaux passés, ni les peurs futures.
Simplement vivre chaque instant, au fur et à mesure.
Bonté Amour Compassion.
Conscience de soi, de ses besoins, s'harmoniser avec la Nature.
Bonne nuit, bonne vie.

ooooooooo

16 octobre 2021

Aujourd'hui, nous faisons une mission manche/récup'.

Parfois les gens me donnent spontanément de l'argent ou de la nourriture, surtout depuis que je me promène avec Chours.

Je suis impressionnée par la différence des regards à mon égard. Les gens voient d'abord mon chien, créent des peurs, et m'en veulent pour ça.

Je me balade avec Chours sans laisse. Il me suit suffisamment, je communique beaucoup avec lui pour lui apprendre les concepts bizarres de « route-trottoir », « ne pas dire bonjour à tout le monde », ne pas sociabiliser ...

Toutes les personnes créant des peurs à la vue de Chours (curieux, il veut renifler tout ce qui existe) m'ordonnent d'attacher mon chien. Comme si la laisse était une solution miracle ! Mais c'est un enfant ! Il a une capacité d'apprentissage énorme. J'ai juste à lui expliquer les choses pour qu'il réalise ma demande. Bien sûr, il a besoin de limites définies par un cadre bienveillant. La mère croque son petit quand il lui casse les ovaires. Parfois je plaque Chours au sol pour l'engueuler.

Je n'aime pas ça. Mais je vois qu'il teste. Quand il n'a pas de limite il se comporte en petit roi.

Mon lien avec Chours se noue petit à petit. Je n'ai pas envie de lui infliger la laisse par flemme d'apprendre à communiquer avec lui. Ceux qui se laissent gagner par leurs peurs et qui m'engueulent n'ont qu'à affronter leur épreuve et évoluer.

Dans les faits, tout va bien. Chours est plein d'amour.

L'accepter permet déjà l'apaisement.

Évidemment, surpasser ses peurs n'est pas une mince affaire.

Avec les chiens, cette peur provient de l'ignorance du langage canin. Je vois beaucoup d'humains tirer sur la laisse, empêcher leur canidé de sociabiliser, dire qu'il est méchant alors qu'il ne montre pas d'agressivité...

La peur n'est-elle pas le symptôme de notre ignorance… ?

Sur cette reflexion, bonne nuit.

ooooooo

18 octobre 2021

Depuis trois jours, l'idée d'aller parler à Nora me trottait dans la tête. Je ne savais pas vraiment pourquoi car je la connais peu. En

suivant cette voix j'ai compris le sens de ce besoin.
J'ai eu l'occasion de partager une conversation qui m'a aidé autant qu'elle a fait du bien à Nora.

« À toutes mes croyances limitantes, je leur dit merci et au revoir.
Pour mon plus grand bonheur, l'homme est créateur,
Je suis acceptée dans ma singularité,
c'est dit, c'est fait, Amen. »

La première fois qu'on m'a demandé ce que je voulais faire plus grande j'avais 7 ans. J'ai répondu que je voulais rendre les gens heureux. Les adultes ont rit en disant que ça n'existait pas.
Nous sommes tous des enfants ayant appris à ne pas dépasser les lignes. Reniant notre personnalité pour s'adapter à des codes insensés.
Vivre en pleine Nature est bien plus sain pour les êtres vivants que nous sommes. « Le naturel revient toujours au galop ». Je veux montrer à quel point le bonheur est accessible. Communiquer pour soigner.

Se reconnecter à ce qui nous fait du bien depuis l'enfance pour ne plus être en souffrance.

Bonne nuit ma diseuse de soin.

ooooooo

20 octobre 2021

Aurore est revenue ! Elle reste quelques jours. Finalement, comme beaucoup de gens, l'appel des sources a résonné en elle.

Elle est pleine d'énergie, nous redonnant de la motivation pour avancer sur la cabane des pins.

On a passé l'après-midi là-bas. Le toit est quasiment fini.

Kitsune a fabriqué un rocket stove naturel en creusant la terre.

****

Aurore va adopter La petite ! Je suis ravie de savoir cette union se former.

Ça faisait un moment qu'elle pensait prendre un chien, sans se lancer. La connexion s'est faite.

Elle va continuer à l'appeler "La petite". Pour elle, italienne, c'est une jolie sonorité. Comme moi avec Chours, elle ne pensait pas donner un nom à un être vivant.

Leïla a adopté Akylé, il ne reste qu'un seul chiot sans humain.

Bonne nuit quand même.

ooooooo

22 octobre 2021

Ça y est, nous allons faire notre première nuit dans la cabane des pins. Pour le moment ça ressemble à un lit en palettes sous un toit. On a pris 5 couettes pour être sûr de ne pas avoir froid.
Hercule est plutôt confiant, il a souvent fait du survivalisme. Pour lui c'est déjà ultra confort.
Je suis contente de cette expérience qui commence.
Bonne nuit étoilée.

ooooooo

12 novembre 2021

La cabane avance plutôt bien. On pensait avoir fini le toit, mais une grosse pluie nous a prouvé le contraire.
Cette fois, ça devrait aller avec toutes les bâches rajoutées.
Les murs avancent petit à petit, on rassemble beaucoups de pierres.
Pour se réveiller on va chercher une pierre.
Pour faire une pause on va chercher une pierre…
Bref, on est bien occupé.
J'ai revu Leïla aux sources avant-hier. Elle fut surprise par ma silhouette, j'ai beaucoup minci.

En même temps, passer de quasi sédentaire pendant l'été à super active depuis un mois, ça change la donne.
On utilise beaucoup le rocket fabriqué par Kitsune pour cuisiner, c'est pratique. Le froid domine de plus en plus… On va descendre le poêle d'Hercule stocké dans son coffre depuis presque un an. Il comptait le garder pour sa cabane. Le besoin se trouve actuellement ailleurs.
Et puis, il n'y a que nous pour travailler sur la cabane des pins, alors Hercule s'y sent chez lui.

Depuis le parking on a 30 minutes de marche rapide. Un poêle c'est foutrement lourd !
Une route privée passe à 1 km en amont de la cabane, c'est plus court et en descente. On va se programmer ça avant les premières neiges.
On va mettre 3 fenêtres en double vitrages pour la luminosité (deux plaques de plexiglas avec un cadre en bois. Le verre ça se casse trop facilement, il y en a déjà trop dans la vallée).

Comparé à mes peurs, il ne fait pas si froid. Le climat est sec. On a installé une couche de couvertures comme murs pour isoler du vent.

C'est déjà efficace. Quand on s'emmitoufle pour dormir on a bien chaud.

Je réalise l'accessibilité du confort. Sans les attentes matérielles conventionnelles il est facile de combler ses besoins.
Le plus dur c'est pour se lever le matin. La fraîcheur rend le yoga impossible.
Avantages et inconvénients sont dans toutes situations. L'équilibre se trouve quand les inconvénients ne sont pas subits.
****
J'entends la musique au loin sur le parking. C'est fiesta tous les soirs en ce moment. Des anciens sont revenus squatter les bains. Certains me font penser à mon père. Cerveau cramé par la drogue et passé trop lourd à porter, émotions trop profondément entassées pour être évacuées, traumas bien ancrés.
La vie est un cycle. Chacun suit le sien. Certaines boucles sont plus courtes que d'autres, ou plus vicieuses. Toutes sont nécessaires. Chacun son chemin, chacun ses choix. Tant qu'ils n'impactent pas les autres dans le désarroi, tout va bien.
Bonne nuit ma fée des bois.

ooooooo

15 novembre 2021
On a enfin installé le poële à bois dans la cabane des pins !!!! C'est impressionnant comment, habitués à peu de confort, en avoir plus devient un véritable fête.
L'un des murets en pierre est quasiment fini, bientôt prêt pour recevoir notre première fenêtre.
On a maintenant deux couches de couettes recouvertes de bâches de châque coté. Le temps que les murs en pierre se montent pérennement. On commence à être à l'aise dans cette cabane.
Bonne nuit confortable.

ooooooo

20 novembre 2021
Gaulthier est revenu avec la décision d'adopter Oursi ! Enfin, Sybarite désormais.
Après 24 heures, il était chez le véto pour la première vaccination !
Tous les Chiots ont un Humain !
Avec patience, la voie du cœur amène toujours de quoi combler les besoins de chacun. Les moments ardus ne font pas exception pour nous aider à l'évolution.
Pour moi, la vie est vraiment facile en ce moment. Je me sens bien entourée.

J'apprends à vivre l'Amour sous sa forme spontanée. Avec Hercule la notion de couple ne s'aborde même pas. Quand on se retrouve, c'est par envie. En ce moment on se lâche plus trop. Ça se passe bien et le plaisir est partagé. « En ce moment » ne dure jamais éternellement.
Un amour sain est sans attente. L'ensemble des mes ami(e)s me comblent, chacaine est la pièce d'un puzzle d'émotions tendres. Répartir mes besoins affectifs puisque je vis en collectif.
Bonne nuit ma fée du présent, cadeau d'un instant.

ooooooo

25 novembre 2021
Aujourd'hui, en faisant la queue au resto du cœur, un mec s'est approché de nous. Il s'est adressé à Hercule en lui expliquant que l'univers l'avait amené ici. Il ne connaît personne, il n'a pas de téléphone, et la voie du cœur lui chuchotait qu'on pouvait l'aider. Quand la voie du cœur est ainsi suivie, naturellement, sincèrement, spontanément, c'est un plaisir de l'accueillir.
Nous l'avons emmené aux sources. Il connaissait Kitsune ! Ils ont beaucoup discuté.

On a passé la soirée ensemble. Il est parti se coucher de son côté.
Je suis ravie de participer au cheminement d'autrui.
Cela m'aide à m'ancrer dans ma propre voie.
Amour – Entraide – Bienveillance
Bonne nuit.

ooooooo

23 décembre 2021
Je suis arrivée à Royan, pour passer Noël avec ma famille maternelle.
Avec un chien, le stop est bien plus précaire...
J'ai très envie d'acheter un camion, ou un véhicule pouvant contenir un matelas. Histoire d'avoir la sécurité d'un toit au-dessus de la tête quoi qu'il arrive, où que je sois.

Les conversations familiales sont toujours aussi superficielles. Parler sentiments, ça remuerait de la merde fossilisée. Alors on lisse la surface pour un moment familial « chaleureux ».
Hypocrisie normalisée...
Tous ces codes que l'on apprend, ne pas mettre ses coudes sur la table, ne pas parler de ce qui fâche, ne pas, ne pas … Ce sont des restes de codes bourgeois. Je suis issue de la petite bourgeoisie culturelle, où l'on inculque un

langage détourné, épuré de toute émotion. Un sophisme inconscient évitant les mots vrais pour ne pas être « brutal ».
C'est pour ça que c'est si dur pour moi de changer. Mon histoire familiale est chargée de non-dits, de vocabulaire détourné. Une accumulation étendue sur plusieurs générations.
Nommer c'est aussi soigner.
Bonne nuit et joyeux Bordel.

ooooooo

26 décembre 2021
Je suis sur le trajet du retour vers les sources. Voir ma famille m'aide à comprendre d'où viennent mes problèmes de communications, mes schémas et mes jugements…
Il paraît que savoir d'où l'on vient permet de savoir où l'on va. Je sais où je ne veux plus aller en tout cas.
Je vais pouvoir bénéficier de la cabane des pins toute seule ! Hercule est chez sa famille.
Je me sens si bien dans le calme de cette forêt, en sécurité.
Je suis en paix avec ce lieu de vie. Je me sens bien ici.
Merci la vie.
Bonne nuit.

ooooooo

3 janvier 2022
Petit à petit l'ambiance collective de la vallée a évoluée.
Hercule a tacitement besoin d'être seul. Son côté muet m'énerve. Je m'étais réfugiée à la cabane d'Arthur pour le laisser tranquille.
En discutant avec Gaulthier, on est d'accord que Kitsune considère cette cabane comme chez lui, tacitement toujours…
Dans la vallée, deux autres cabanes ont vu le jour. L'une retapée par Leïla. L'autre fabriquée par un des gars du parking.
La volonté évoquée cet été de se déposséder matériellement s'est envolée avec le vent hivernal.
Je comprends, le froid donne envie d'avoir une sécurité de logement. C'est d'ailleurs la seule raison poussant Kitsune à ne pas exprimé sa contrariété en me voyant débouler juste après Gaulthier.
Faire sans envie crée une ambiance « moinveillante »...
Plus de vocabulaire pour de nouvelles idées.
****

En arrivant à la cabane de Léo, qui n'est pas là, on a vite fait à dîner avec un petit feu et une boîte de raviolis, pour se mettre rapidement sous plusieurs couches de couettes.

On a longuement discuté. Nous avons les mêmes besoins et beaucoup d'envies similaires. Je lui ai lancé, pour voir, s'il voulait acheter un camion avec moi. C'est l'un de ses projets aussi, pourquoi ne pas essayer. Depuis le temps que je fais des recherches sur Leboncoin, ça m'a grave motivée à persévérer !
L'avantage de l'acheter à deux est surtout financier. Je ne suis pas inquiète du reste. Nous avons une bonne communication et envie d'aller aux mêmes endroits. Il n'y a pas de raison que ça ne marche pas.
Bonne nuit à nous dans le froid.

ooooooo

16 janvier 2022
Nous passons notre première nuit dans notre camion !!
On est parti avant-hier de la vallée.
On a passé la nuit dernière dans un hangar désaffecté sur Perpignan.
Notre blabla car nous a amené jusqu'à Grenoble avec les deux chiens. Après 7 arrêts de Tram le vendeur est venu nous chercher avec notre Camion.
C'est un Peugeot Boxer de 1998. Il est presque aussi vieux que moi, plus vieux que Gaulthier.

Il a l'air en bon état pour son âge, 241.328 km, avec un peu d'isolations déjà installées.
1.250 € Chacun. Tout était fluide.
On est confiant dans notre acquisition.
Dans l'idée : on va chez les parents de Gaulthier, puis je retourne dans les Pyrénées en attendant qu'il passe son permis. Après on va faire des tours en Belgique et vers Le Havre pour ses stages de cirque. De nouvelles aventures nous attendent !
Bonne nuit

ooooooooo

5 février 2022
Aujourd'hui fût une putain de galère ! Le vase d'expansion de liquide de refroidissement fuit. Avec les températures actuelles ce n'est pas tant grave, mais c'est mieux quand ça fonctionne normalement. J'ai donc décidé de faire une « mission ville » en passant par la case garagiste.
Déjà, le matin, sur les deux personnes voulant venir, l'un annule, l'autre a oublié son porte-monnaie à la cabane d'Arthur.
Nous sommes arrivés en ville un peu avant l'ouverture du garage. À 14 heures j'avais mon RDV pour 15 h 30.
En attendant on a fait la manche et la récup'.

En balade, Chours voit un chien dans un jardin de l'autre coté de la route. Je lui dit non pendant que je suis au téléphone avec ma mère. En me retournant pour voir où il est, il a déjà traversé. Je commence à gueuler, pleine de stress. Ne sachant quoi faire, il commence à me rejoindre. Sauf qu'il se met au milieu d'un carrefour où deux voitures arrivent. La peur m'envahit. Je lui saute dessus, le soulève avec la poignée de son harnais, et le plaque au sol pour l'engueuler.

Finalement c'est moi qui me fais engueuler. Une vieille sort de sa voiture. Un mec (avec un tatouage de larme) vient en voulant me casser la gueule. Pendant qu'on se hurle dessus, la vieille essaye de me prendre Chours en douce sur le côté. Je mets ma main autour de la sienne sur la poignée, elle me montre son poing. Je lui dis droit dans les yeux « frappez-moi tant que vous voulez, mais vous ne prendrez pas mon chien ! ».

J'ai eu le droit à une laisse et une explication avec les flics.

La fameuse laisse, résolution de tous les problèmes…

Heureusement les flics étaient moins impliqués et plus compréhensifs.

J'ai rejoint le super marché où ma pote faisait la manche. Elle a eu 40 € et m'en a donné 20.
Je la trouve géniale et sa joie me remonte le moral.
À 18 h 30 le garage m'appelle, il faut changer le vase d'expansion (sans déconner!).
Ne voulant pas laisser ma maison tout un week-end au garage, je paye pour partir avec. 125 €.
Je n'avais pas assez sur mon compte, ma pote a dû m'avancer.
Merci à elle !
Avec toutes ces émotions nous nous dirigeons ailleurs pour une dernière course. Sur le retour je tombe en réserve. On se refait une petite manche essence. On récolte 12 litres de gasoil ! On pouvait enfin rentrer.
Dans le froid de la nuit, je vois deux auto-stoppeurs. Je m'arrête pour ne pas les laisser dans cette galère. Ils en sont reconnaissants.
Je roulais à 40 km/h, une longue file de voitures s'est amassée derrière moi. Je m'arrête dans un parking sur la droite pour les laisser passer et j'en profite pour refroidir un peu le moteur. J'éteins le contact, frein à main.
Je sors, et le sol se dérobe sous mes pieds.
Dans l'obscurité je n'avais pas vu le camion se

déplacer dans la pente. J'essaye de tirer le frein à main plus fort. Inefficace.
Le camion prend de la vitesse vers le fossé. J'essaye d'appuyer sur l'embrayage avec ma main pour que les stoppeurs mettent une vitesse. À l'arrière, ma pote sent qu'il se passe un truc chelou et saute du camion par la porte latérale. Chours prend peur et court.
Le Camion percute la barrière en métal (celle évitant aux véhicules de tomber dans le fossé). Merci à elle. Sinon, plus de camion ni d'auto-stoppeur…
Je demande « est ce que tout le monde va bien ? », c'est là où ma pote m'annonce que Chours est parti en courant.
J'ai fait deux kilomètres en hurlant. Une voiture s'est arrêtée pour me demander si je cherchais mon chien. Ils l'ont vu plusieurs kilomètres plus bas et me proposent de me le ramener. 10 minutes plus tard une autre voiture vient le déposer.
Il était tout tremblant et ne voulait pas trop remonter dans le camion. Moi non plus…
J'étais sincèrement désolée pour les auto-stoppeurs…
Plus tard, ils m'ont envoyé un message bourré d'insultes, en particulier "pute". Sur 7 lignes de texte, ce mot y était 9 fois.

Ça m'a fait penser au message envoyé quand j'étais au lycée pour m'inciter au suicide…
Dans ma réponse j'ai essayé d'expliquer mon intention louable, mais le résultat loin de ce à quoi je m'attendais… J'ai appris, en même temps qu'eux, que mon frein à main ne fonctionne pas très bien… Cette leçon, je l'ai intégrée directe.
Je ne suis pas près de retoucher au camion.
Vivement que Gaulthier ait son permis.
D'ici là, bonne nuit.

ooooooo

6 février 2022
Aujourd'hui j'ai eu une super discussion avec Renardo.
Les regards, les jugements… Ils ont la place qu'on leur donne.
Dans la société de comparaison, on a grandi en leur attribuant une valeur. C'est long de s'en détacher. **Faire les choses par plaisir, pas pour plaire aux autres**. En faisant ce qui nous comble, nous rayonnons de paix. **Cessons d'être gentils, soyons vrais !**
Si autrui n'est pas content, avec toute la bienveillance du monde, qu'iel trouve sa propre voie !
Chacaine est unique avec un chemin spécifique. Certaines voies se croisent, des

choses fonctionnent pour plusieurs d'entre nous.
Depuis le temps que je veux écrire un livre…
Le nombre de fois où j'ai commencé, stoppée par des contraintes n'existant plus.
Je souhaite partager des mots pour résoudre les maux. Je veux sortir cette énergie de mon âme pour la partager. En espérant qu'iels trouvent leur voie, spécifique à chacun, cela va de soi.
Les sentiments sont un liant commun.
Bonne nuit et à deux mains.

ooooooo

14 avril 2022
Je visite tranquillement les forêts domaniales du Nord… Je suis en train de changer d'avis sur les chasseurs.
Toutes les forêts publiques de France sont gérées par l'ONF. Cette dernière est devenue privée depuis quelques années.
Profit et rentabilité transforment nos forêts en exploitations linéaires d'une seule essence d'arbre.
Les terrains de chasseurs ressemblent plus à la « nature sauvage », pour attirer les animaux.
Dans un sens, ils préservent beaucoup de flore et de microbiodiversité.
Avantages et inconvénients sont partout.

J'observe également des structures anciennes, des déviations de cours d'eau, des ponts, …
Autant de vestiges humains partout. Comment savoir si les paysages sous mes yeux sont entièrement naturels ? L'Homme a déjà apporté tellement de modifications depuis ces 500 dernières années…
On veut absolument laisser une trace.
Cela passera. Tout ce qui est ne sera plus. Les conséquences dramatiques de nos actions sont vouées à se laisser effacer par le temps. Finalement, le plus important, c'est l'intention avec laquelle les choses sont faites. Puisque, sur le long terme, tout disparaîtra. Autant que ça nous apporte de la joie dans le présent.
Bonne nuit.

ooooooo

4 mai 2022
Je suis partie de Saint Romain de Colbosc.
Avec Gaulthier nos chemins se séparent.
Vouloir un camion avec lui c'était ne pas couper le cordon avec la meute…
Il m'a demandé de lui racheter sa part. Je suis officiellement propriétaire d'un camion qui tombe en ruine. Enfin, il est vieux quoi. Il roule tout le temps, mais plein de pièces sont à changer.

En y repensant, je n'ai pas été complètement seule depuis 4 ans. J'ai sûrement besoin de me retrouver avec moi-même. Avec MA maison.
Je passe d'une insécurité de toit à la certitude d'une maison bulle.
Je passe d'une vie où le RSA me permet de mettre de côté à… Putin comment c'est cher le gazoile !!!!!
Et avec les réparations… Si je pouvais trouver une bonne récup' de bouffe ça me ferait bien plais'.
C'est drôle, les sources c'était l'opulence de tout. La vie en camion c'est une nouvelle galère. Ou plutôt un nouvel apprentissage !
Il faut de tout pour une vie harmonieuse.
Bonne nuit Vikamionneuse.

ooooooo

15 juin 2022
Une vie sans contrainte n'existe pas. Il y a toujours avantages et inconvénients.
J'ai le temps.
Je peux m'arrêter pour choisir le chemin.
Il n'y a pas d'objectif. J'ai tendance à vouloir être où je ne suis pas encore. La vie en camion m'offre des choix. Je peux continuer à me dépêcher. Dès mon arrêt penser à la suite des événements, où je vais aller. Ou alors, je peux choisir de m'arrêter vraiment.

Qu'est ce qui m'empêche de rester deux ou trois semaines au même endroit ?

Maintenant que je peux accumuler du matériel je me suis acheté toute une caisse pour dessiner et peindre... Mon séjour chez l'art thérapeute m'a rappelé pourquoi j'avais arrêté de peindre.
   _ Premier souvenir : J'ai 13 ans, je peints une interprétation très sombre des Nénuphars de Monet. Je vais voir mon ex beau père pour lui montrer car il peint beaucoup. Il me dit « Et c'est sensé être quoi ? »
   _ Deuxième souvenir : J'ai 14 ans, je dessine des cadavres, trais noirs et éclats d'ancre rouge. Dans une dispute, mon ex beau père me hurle « Ce ne sont pas des dessins d'enfant saine ! » en montrant ceux accrochés dans ma chambre.
   _ Troisième souvenir : J'ai 16 ans, je viens de recopier à main levée une grenouille que j'aime bien, je la colorie avec joie. Pour faire du lien je vais la montrer à mon ex beau père ; « Tu sais, il faut s'entraîner pour bien dessiner. »
J'ai abandonné le dessin alors que ça me faisait du bien.

Je veux profiter de mon voyage pour me reconnecter avec mon enfant intérieure. M'autoriser l'exploration de ce qui me fait profondément du bien.

Les besoins de réparations constants de Boxi sont un message pour moi.

Je n'ai pas besoin d'aller vite.
Je n'ai pas de destination à suivre.
Juste vivre.
Bonne nuit juvénile.

ooooooooo

7 Juillet 2022
Je suis à Tours, chez Lou. Il n'a toujours pas de papier mais il a réussi à trouver une situation stable.
Cette nuit des gamins ont cassé ma vitre avant droite pour voler mon enceinte sur le tableau de bord. Je suis surtout dégoûtée pour ma vitre... Une fois la colère partie je me suis demandé qu'est ce qui est vraiment important pour moi. Qu'est ce que je ne peux pas remplacer si on me le vole ?
Mon livre.
On me donne plein de choses sur la route, les poubelles sont pleines d'objets encore utilisables. Même mon ordi je pourrais le

remplacer. Mais nul part ailleurs je pourrais retrouver le temps et le travail investit dans mon livre. Ce qui compte le plus pour moi c'est ce que je crée.

Cette pensée me soulage. Je me détache encore un peu plus de tous ces objets que je peux accumuler ou remplacer. La vie est une suite de joies et de deuils.

Merci pour le rappel de ce qui est essentiel. Bonne nuit.

oooooooo

19 Août 2022

Boxi tombe en ruine et mon budget s'amenuise. Si je veux le remettre en état il va me falloir plus d'argent que le RSA. Là je dois changer les courroies de distribution, j'en aurais pour 750€ environs. J'ai rdv dans 10 jours.

Je m'arrête à coté d'un biocoop pour faire une manche massage. Ils ont accepté que je viennes pendant deux jour.

Après 5h de manche et 50€ en poche je cherche un spot sympa où me poser, où Chours peut gambader.

Dans chacune de mes galère, le voir jouer me remplie de joie. Cette allégresse juvénile est un merveilleux rappel : la vie est un jeu.

Il y a un terrain vague à 5km du biocoop. Après m'être garée je me suis baladée. Au détour d'un buisson il y avait une meute de chiot et un grand loup blanc magnifique et protecteur. Chours qui veut dire bonjour s'approche. Je dis bonjour à mon tour, les loulous se reniflent. L'un des mecs se présente comme le propriétaire. Après avoir expliqué ma situation il m'a dit que je pouvais squatter là sans problème, et rester autant de temps que je voulais.

En passant la soirée avec eux je découvre qu'un des habitants est mécano. Il m'a dit que j'allais me faire escroquer au garage où j'allais. Il m'a donné des adresses où acheter les pièces et il va me les changer.
C'est merveilleux ! La voie du cœur m'offre tout ce dont j'ai besoin quand je l'écoute sans peur.
Merci la vie.
Bonne nuit.

ooooooo

24 Août 2022
J'ai passé l'après midi avec le mécano, ex militaire, devenu ami. Le nez dans mon camion il m'a aidé à constater l'épave dans laquelle je roule depuis 6000km. Cache de

vice, corrosion extreme. Mon support moteur n'a plus que trois vis fonctionnelles sur 4.
Je repense aux paroles de ma mère : « c'est un miracle qu'il roule encore. Des trucs comme ça c'est pas fiable. ».

Une entreprise familiale de noix m'a répondu pour m'embaucher.
Je vais bichonner ce camion et reprendre mon voyage autour du globe.
Bonne nuit pleine d'espoir.

ooooooo

27 Septembre 2022
Je me suis fait virer des noix par manque de budget. Je me suis fait virer des vendanges par manque de rentabilité.
Et je viens de perdre mon camion.
Je me suis mise une telle pression pour garder mon troisième job qu'au bout du quatrième jour j'ai vomi et je me suis planté derrière un virage. J'ai glissé et perdu le contrôle, le camion a basculé sur le coté.
Les pompiers sortaient de leur séminaire et j'étais sur leur route. En voyant mon camion il m'ont mis dans le leur et ont commencé à me faire des examens. Ils me disent qu'il faut m'emmener à l'hôpital alors que je leur dis que je vais bien. Ils me séparent de Chours et

m'emmènent de force. Je hurle et pleure, ma panique se transforme en furie.
Sur le trajet je reste roulée en boule, je me balance d'avant en arrière, je répète en boucle « Chaque expérience vécue est nécessaire, chaque expérience vécue est nécessaire, Chaque expérience vécue est nécessaire, ... ».
Je suis obligée d'attendre la validation d'un médecin pour partir 4h plus tard.
Heureusement des potes de camion s'ont venu me chercher. Merci à eux.
J'ai pu récupérer Chours ce matin chez le véto du coin.
Heureusement tout le monde va bien.
J'ai attéri à la Barrak Studio, dans le sud de la creuse. Il y a une caravane pour me loger tant que j'en ai besoin.
Merci pour toute cette bienveillance. Bonne nuit.

ooooooooo

21 Novembre 2022
Maman m'a racheté une voiture. C'est une 307 très bien entretenue.
Dans cette caravane au bord de la rivière toutes mes affaires ont commencé à moisir. Il est grand temps de prendre le large. J'ai bien avancé sur mon livre. Merci aux habitants de ce studio d'enregistrement de m'avoir aidé.

Perdre mon camion m'a ramené à mon projet initial : Trouver un lieu et y construire un dôme en terre.

J'ai fait une demande pour aller vivre à La Borie. En attendant leur réponse je vais retourner aux sources chaudes.

D'ici là bonne nuit.

ooooooooo

10 Février 2023

Je suis arrivée à La Borie le 6/02. Je pensais pouvoir rester au moins un mois, on m'a annoncé que je pouvais rester 10 jours. Les habitants ont gardé en tête mon départ précipité de la dernière fois et sont moins enthousiastes pour ma visite avec Chours. Je me sens moins à l'aise que dans le passé. Chours est un enfant de 30kg qui adore jouer. La douceur et le calme de ce lieu me laisse perplexe. Dans le passé je m'en sentais ressourcée. Aujourd'hui je constate mon malaise. La vie n'est pas uniquement tendre et douce. Elle est aussi violente et chaotique. Tel le Yin-Yang, l'equilibre se trouve dans toute chose, calme et véhémence co-existent pour former un ensemble harmonieux.

C'est pour ça que je ne peux pas supprimer la violence, elle est et ne peut être effacée du monde.

Je comprend que La Borie n'est pas un lieu pour moi et Chours.
Aux sources chaudes j'ai entendu parler d'un squat de montagne qui a l'air sympa.
J'ai encore de l'exploration à faire.
D'ici là, belle nuit.

ooooooooo

4 Avril 2023
Je suis enfin arrivée à un endroit safe. 150ha de forêt squattés depuis des décennies. Les propriétaires sont des étrangers anonymes. Aucun risque d'expulsion.

J'ai trouvé le coin idéal pour creuser ma terrase. Je souhaite adapter mon habitat à l'environnement. Ici il y a des fougères. Je vais en récolter et les mettre à sécher pour remplacer le chanvre de la Kerterre®.
Je ressens un vent de stabilité ici.
Merci aux ami(e)s qui m'accompagnent et me soutiennent.
La vie est un jeu !
Bonne nuit.

ooooooooo

13 Août 2023
Finalement je vais utiliser des bouteilles d'alcool pour faire les murs de ma cabane. Il y a beaucoup de consommateur sur le lieu. En

quelques semaines j'ai déjà accumulé pas mal de caisses de verre.
Le taux d'addiction est proportionnel aux traumas. Je croise des gens d'une grande sensibilité qui se sont fait maltraiter et rejeter. Enfants incompris, ils ont trouvé refuge dans la drogue.
Aujourd'hui iels cherchent juste à aller mieux. Se sentir accepté dans son entiéreté aide beaucoup.

J'aime voir comment mon chantier évolue. En creusant j'ai rencontré la falaise. Je n'ai pas pu la tailler entièrement, alors je fais avec. J'ai des idées et la matière me donne des contraintes. Avec souplesse je m'adapte à l'inattendu. Je lâche prise, je suis la bise. Je réalise mon rêve de sculpter ma maison.
J'ai découvert le jeu de rôle sur papier. On passe de belles après midi à inventer et jouer dans un univers entier. Krafoin aimerait le faire en vrai. Il est adepte de la « Bagart » et souhaite rassembler plein d'humains costumés et « armés » dans une bataille épique.
Krafouin a passé 5 ans dans l'armée et connait bien le combat, l'art de se battre. Il y a tout un arcenal dédié à la « Bagart ». Des boucliers (casserole en poignée et planche de bois), des

épées (branche taillée, enrobée de frite de piscine solidement scotchée).

Je rencontre la Sharklo family, une bande de Sauvage Des Forêts. Les SDF du monde d'après. Certains ont construit une cabane collective dans les bois, pas loin de mon spot. Des gueules cassées, des cœurs brisées, comblants le besoin d'acceptation en ouvrant leurs bras aux autres.
Nous avons tous un trauma d'abandon.

Je découvre un peu plus le « Shlaguistant ». Un Shlag est un être qui se débrouille avec ce qu'il a sous la main. Iel fait ce qu'iel veut car tout est possible. Comme des MacGyver de la récup'.

Quand on va en ville, on nous colle l'étiquette de « punk à chien » sur le front, comme si nous étions des démons. Sans voir notre amour qui déborde, on nous montre souvent la porte.

Je viens du milieu social dit de la petite bourgeoisie culturelle. Encore récemment je jugeais les gens. Qui suis-je pour me permettre d'émettre un avis sur la vie d'autrui ?

Se déconstruire est compliqué pour les gens aisés comme pour les pauvres. Ces derniers ont besoin de se valoriser, iel n'est pas une merde mais bien un être humain. Pour les riches c'est redescendre de leur piédestal, reconsidérer leur place à sa juste valeur : égale aux autres.
C'est ça l'Anarchie, l'absence de hiérarchie, un point de vue horizontal sur l'ensemble des êtres vivants. Ni patrons, ni parents, que des êtres vivants se respectant.
Bonne nuit ma révolutionnaire du monde d'après.

ooooooo

28 Septembre 2023
J'ai fait mon adresse auprès d'une association, je suis officiellement implantée dans la région. C'est génial ! Entre ma cabane et mon adresse il y a une source chaude qui s'écoule dans une rivière. Bon, même s'il est un peu caché, le spot est en ville... J'apprends à être à l'aise avec ma nudité, le regard des autres dépend aussi de ma façon d'aborder les choses.

Un peu plus loin il y a un super marché dont les poubelles sont toujours pleines. L'autre jour ils ont appelé les flics quand on y est allé. On nous enquiquine avec des notions de propriété

privé alors qu'ils jettent des quantités titanesques. C'est injuste et scandaleux.
J'aimerais créer une asso pour faire de la récup' légale.
En tout cas, même avec ce qui ne va pas, je vis la meilleure de mes vies.
Merci et bonne nuit.

ooooooo

24 Novembre 2023
Il fait incroyablement beau et chaud. Des copaines en profitent pour fabriquer une cabane avec un max de récup'. Murs en planches de palettes, fenêtres qui s'ouvrent et se ferment (suffisamment rare dans des cabanes pour le notifier), isolation en vêtement, matelas et couvertures et sol en dallage de pierre – chaux.

Nous sommes un collectif de voisins ou chacaine fait ce qu'iel veut dans la limite de la liberté des autres. Des fois on se rassemble pour des chantiers ou pour festoyer. On a un four à pizza, se les faire soi-même est un régal. Avec des potes qui ont des poules on attend la validation de création de notre association. Bientôt la récup' légale !

****

Je viens d'avoir une confrontation avec mon plus proche voisin. Je ne me rendais pas compte de ma médisance. J'ai semé du seum, je récolte ce que j'ai semé.

Rester longtemps avec les mêmes humains me met face à mon Moi profond. Je ne suis plus en voyage, où je montre mes masques quelques instant avant d'aller ailleurs. Je fais face au pire de mes mœurs.

J'ai tout le temps raison, j'arrive avec mes vérités en voulant les imposer. Je parle à l'imperatif et donne des ordres sans m'en rendre compte.

La petite bourgeoise que je suis a encore du chemin à faire pour ne jamais critiquer autrui. Merci à mes amis de m'accepter comme je suis et de me sonner les cloches quand j'en ai besoin.

Je fais de mon mieux à chaque instant.

****

Avec Krafouin je divaguais sur mes défauts. Ses mots m'ont apaisé et montré du doigt ce dont j'avais besoin. C'était la cerise sur le gâteau, l'instant cadeau. Car **chaque moment est un présent**.

Le plus simple c'est de ne pas parler des absents, se focaliser sur les gens environnants. Bonne nuit ma fée des commères.

ooooooo

8 Décembre 2023
J'ai eu un rdv pole emploi aujourd'hui.
En patientant j'ai observé la salle. Les seules affiches visibles parlaient de l'armée ou la gendarmerie. « Nous sommes en guerre »...
Lors du rdv j'ai parlé de mon livre, de ma cabane, de l'association. On m'a demandé si je pouvais être autonome financièrement dans 6 mois. Je n'en sais rien. On m'a demandé si je cherchais du travail, j'ai parlé de mon projet de masser sur les marchés, on m'a demandé quelque chose de concret.
Je me suis sentie démunie, jugée, méprisée. On est allé jusqu'à me dire que c'était à cause de gens comme moi qu'il y a une différence entre salaire brut et net sur la fiche de paie. Sidérant.
J'ai observé beaucoup de mépris pour les pauvres, mais là c'est le ponpon.
« J'aurais préféré que vous me mentiez »
C'est tellement mal vu d'être pauvre qu'il faut forcément être malheureux ou en recherche de travail.
Les moines boudhiste ont tous le RSA et personne ne leur demande d'être autonome financièrement.
C'est surement lié à la prestance des activités. Méritocratie...

On m'a traité de fainéante, profiteuse au dépend du système.
Je suis en colère face à une telle injustice.

S'il n'y avait plus de chomeur, les sans emploi serait ceux de Pole emploi. Le serpent se mange la queue, ce système marche sur la tête et ceux qui ont souffert veulent faire souffrir les autres.
Je ne veux plus y participer. Si je n'ai plus de RSA je me débrouillerais autrement.

Je me demande si les gens continueraient de travailler sans salaire... Je pense que non.
BOYCOTTONS LE CAPITALISME !!
Bonne nuit ma révolutionnaire du présent.

ooooooo

18 Janvier 2024
Je suis révoltée !
Après l'acceptation de notre dossier d'association par le département, j'ai pris contact avec tous les supermarchés alentour. Ils m'ont tous répondu négativement en se justifiant qu'ils donnaient déjà à la croix rouge et/ou aux restos du cœur.
J'ai pourtant précisé que nous avions des poules et un compost, qu'il n'y a aucun risque à nous donner des produits « périmés ».

Je me suis rendu en personne à l'hyper marché où l'on fait la récup'. Il ne m'avait pas répondu. Je demande à voir un responsable au nom de l'association.

L'homme arrive vers moi, me serre brièvement la main et me dit « Si je ne vous ai pas répondu c'est que je ne suis pas intéressé, veuillez sortir du magasin. »

Le froid de ses propos me laisse penaude. Je cherche mes mots et lui répond « Mais vos poubelles sont pleines » (je me garde de dire que je les fais régulièrement et qu'on ne peut pas tout mettre dans ma voiture tellement il y a de nourriture).

« Je fais ce que je veux de mes poubelles et je ne parle que sur rendez-vous. Maintenant au revoir ».

Je suis révoltée par l'injustice de ce monde. Par l'incohérence du système et de la perte d'humanité de certaines personnes. **Plus on possède, plus on se méfie**.

Les gens qui font les poubelles c'est mal vu, alors on en veut pas.

Sortir du système capitaliste esclavagisant et destructeur ne veut pas dire perdre ce que l'on

a. Ça ne veut pas dire revenir à l'age de pierre. Cela signifie s'organiser autrement.
Bonne nuit ma révolutionnaire.

ooooooo

27 Avril 2024

La saison des pluie commence. Mon chantier à bien avancé mais je ne suis pas en mesure d'être à l'abri pour ces prochaines semaines. Krafouin veux faire des tours sur les lieux qu'il a visité, notamment Notre-Dame-Des-Landes (NDDL).

Depuis le temps que j'en entends parler, j'ai envie d'y aller. Pratiquement tout mon entourage actuel a vécu dans des Zone A Défendre, vécu un combat pour utiliser ce qui était à l'abandon ou pour éviter la destruction de biodiversité.

J'ai encore des choses à apprendre. Mon égo à déconstruire. Mon fardeau à lâcher prise. Krafouin m'aide beaucoup. Son point de vue est simple et pragmatique.

Chaque humain a des qualités et des défauts. Personne n'est parfait. Chacaine est unique avec des capacités spécifiques. De par notre diversité nous nous complétons dans l'union. Je ne parle pas d'union de couple. Ce cliché n'a que trop longtemps duré. Je parle de revenir à

une réalité de groupe, de meute, de tribu. Plus qu'une famille, une grande équipe.
C'est ensemble, en agissant directement pour nous, que nous évoluerons.
Prenons conscience de notre interdépendance, l'autonomie individuelle est une illusion capitaliste.
Bonne nuit vers un autre monde.

ooooooo

16 Mai 2024
Je suis actuellement à NDDL.
Je rencontre d'autres « meutes ». Certains se nomment schlag, d'autres pirates, teufeurs, punk, hippies, Légalo ou Anarcho, d'autres encore créent des noms de gangs...
Quand on créer un groupe c'est notre besoin d'appartenance qui parle. Les noms diffèrent, pourtant je les trouve similaires. Nous voulons tous la même chose : se libérer du capitalisme qui nous fait souffrir.
NDDL a une histoire politique. Aujourd'hui c'est un lieu de pélerinage pour se déconstruire et se politiser.
Si tous ces groupes englobaient une même banière, on rentreraient dans une nouvelle aire. Mais c'est compliqué car le nombre peut vite nous dépasser. **Prendre conscience du groupe aide à s'assembler, s'associer pour s'activer.**

J'aime les rencontres que je fais. Elles me confortent dans mes choix.
Je réalise que je suis une opposante au système politique actuel. En temps de guerre je représenterai la résistance.
Je n'aime toujours pas la violence. Pourtant il y en a en moi. Toutes ces injustices accumulées, toute cette colère enfouie... Les nier serait du déni. Me politiser serait les accepter.
On m'a parlé du livre « Comment la non violence protège l'état ».
Le titre me parle. Je me remémore les manifestations récentes et leur armée de CRS en réponse...
Les politiques disent que la violence rompt le dialogue.
Mais il n'y a pas de dialogue !
Ils nous montrent du doigt en disant qu'on est méchant alors qu'on veut être entendu.
Je pense à ma mère qui a manifesté toute sa vie jusqu'à très recemment (depuis que l'on se prend des bombes lacrymo dans la gueule).
Les gens s'expriment depuis des années et ça ne fait qu'empirer.

Les médias associent souvent l'anarchie au désordre, car si nous nous organisions entre nous, le gouvernement acuel n'aurait plus aucun pouvoir.

Un monde Anarchique serait une toile de groupuscules s'autogérant et interagissant entre eux.
Transposé au monde actuel ça ne changerait pas tant de choses. En ville chaque immeuble ou chaque quartier peut s'autogérer et communiquer avec ses voisins. Prendre la responsabilité de demain.
Verdir les balcons, faire fleurir les jardins, tout est déjà là pour nous émanciper. On a plus qu'à se servir de ce qui existe déjà pour faire ce dont on a besoin.

****

Quand on arrive en ville les gens pensent qu'on casse des gueules alors qu'on est juste des gueules cassées. Des rejetons traumatisés par la société. Des scélérats dont on veut se débarasser.
Moi j'étais la reine des pestes, réponse à tout, personne ne peut test.
Détestée pour envisager d'autres vérités.
J'entonne ma détresse face au manque de tendresse.
Pas de compassion avec la comparaison.

Et pour les gueules cassées qui cassent les codes, passé traumatique n'est jamais monotone.
Affrontement par étape pour ne pas basculer par la trape.
Remonter à la surface pour que la douleur s'efface.
Colé à un arbre, la Nature nous soigne. En déconstruction je l'empoigne, gros câlins aux arbres.
Reconnectée, enracinée, j'envisage une autre direction.
J'enlève peu à peu les masques de mon visage et découvre mes émotions.
Beaucoups de colère et de rage face aux conditions.
Élevés comme du bétail à l'école, on nous désapprend les vrais codes.
Ceux du cœur et du respect, loin des mœurs dites nobles, qui divisent et nous volent.

Osez vous aussi l'exploration de vos envies.
Inventez de nouvelles idées pour être satisfait.

Abandonnons ce Monopoly géant, perdu depuis longtemps.
Qu'aimiez-vous faire étant enfant ?
Votre vie c'est maintenant.
Ensemble c'est plus amusant.

© 2024 Victoria Legrand
Édition : BoD • Books on Demand GmbH, In de Tarpen 42, 22848 Norderstedt (Allemagne)
Impression : Libri Plureos GmbH, Friedensallee 273, 22763 Hamburg (Allemagne)
ISBN: 978-2-3225-5461-4
Dépôt légal : Août 2024

Merci d'exister